皮永生　著

获得和参与：
教学价值取向研究

ACQUISITION AND PARTICIPATION:
RESEARCH ON TEACHING
VALUE ORIENTATION

四川美术学院学术文丛
四川美术学院出版基金资助

重庆大学
出版社

前　言

　　我国正处于经济社会的转型期，创新驱动发展业已成为时代主题，而创新的主体是人，这就需要从初等教育到高等教育培养出合格人才。人才的培养离不开教学活动，而无论是初等教育还是高等教育都充斥着两种截然不同的教学价值取向，如在高等教育中有强调"厚基础，宽口径"的思潮，也有强调产学研协同的具体实践模式。在初等教育中，新一轮的课程改革更着力于改变强调学生知识和技能的获得而导向学科活动的参与。这些教学活动实践看似发生在不同的教育领域，但其实质均指向学生核心素养的提升，两种不同的趋势带来了两种截然不同的教学理论研究和教学活动实践，同时也形成了两种截然不同的教学价值取向。两种价值取向共存于教学主体的头脑中，其竞争与冲突带来了教学主体的迷茫，引起了教学实践的失范，不利于社会转型期急需的创新人才的培养。因此，厘清这两种教学价值取向的本质及其表现，有利于后续从初等教育到高等教育的教学改革的开展。

　　本书从文化学视角，对近年来发表的有关教学的文献进行梳理和挖掘，探讨其所蕴含的教学价值取向，并借用库恩的范式理论将其归纳，提出了获得教学价值取向和参与教学价值取向。获得教学价值取向和参与教学价值取向并不是凭空产生的，在教育教学史中都有着深厚的渊源以及文脉，分析各种教学理论和思想其实质都指向了获得和参与教学价值取向。本研究对获得和参与教学价值取向的理论基础进行研究，探明了其产生的原因。再从文化学角度分析和比较获得和参与教学价值取向的价值层面、思维层面、行为层面以及在教学活动中的表现，把握两种教学价值取向质的规定性以及两者的差异，从而建立本研究的理论分析框架。

在此基础上，应用理论框架开发出调查和分析的工具，对教学实践进行调研，考察获得和参与教学价值取向在教学实践中的存在情况。调研结果显示，两者更多是以一种冲突的形式共存于教学活动中，引起了教学主体的种种迷茫和困惑，造成了新课改所倡导的教学方式频频出现失范的现象。分析实践中两者冲突的现实情况，并对这种冲突进行理论上的解析，探讨这种冲突的原因和特征，并在总结获得和参与教学价值取向利弊的基础上提出了从冲突走向融合的观点，进而从文化学的角度探讨用"核心素养"概念来统整"获得"和"参与"，提出了和合生一的融合策略。总之，本研究所主张的获得和参与教学价值取向的融合能够解决课改以来所面临的问题并推动其深入发展。

以上构成了本书的逻辑起点和思路，并据此分四个部分对相关问题进行论述：

第一部分，从文化学视角对教学活动进行审视，认为教学活动本身就是一种文化活动；并就教学文化的价值层面、思维层面以及行为层面进行分析，在这三者中价值层面处于核心位置，行为层面则外显于教学主体的具体实践中，而思维层面起到连接两者的作用。由于教学价值取向具有规范、定向和驱动的功能，在具体的教学研究和实践中教学文化的价值层面、思维层面以及行为层面又具体表现为教学主体的教学价值取向，即为教学主体在教学实践中依据自身需求与教学客体属性在相互满足与被满足的关系中主观上进行价值选择的稳定的总体方向和趋势。在此基础上，进一步对教学价值取向概念进行辨析，在充分把握该概念的基础上审视新课程改革前后的教学理论研究，应用库恩的范式理论分别对各自进行归纳和总结，提出了获得教学价值取向和参与教学价值取向。所谓"获得教学价值取向"是指将学生个体作为分析和理解的单元，将知识理解为个人心智而无视其文化环境，教学活动则被理解为在个人心智中的知识传递活动，大脑就成为知识的容器，而所有的教学行为都围绕着促进这种传递活动更好地展开而进行。所谓"参与教学价值取向"是指在教学活动中尊重学生的主体地位，在教师的引导下结合情境，学生用自身的行动参与到教学活动之中，在积极参与中建构知识、体验过程、培育情感，教学则围绕对话、合作、探究等教学方式展开。

第二部分，用获得和参与教学价值取向的概念对教育教学史进行了考量，发现其并非无源之水，在教育教学史中能够清晰地看到其各自的发展脉络，各种教学理论和思想在本质上都分别指向获得和参与教学价值取向。之所以获得和参与教学价值取向能够贯穿整个教育教学思想史，主要原因在于各自都有着坚实的哲学基础、心理学基础以及教育学基础。在厘清上述问题的基础上，从文化学角度对比了获得和参与教学价值取向在价值层面、思维层面以及行为层面的差异，于是发现，正是这些差异造成了在教学实践中的教学目标观、教学方式观、教学过程观、师生关系观以及教学评价观等方面的不同，上述系列问题的澄清使本研究把握住了获得和参与教学价值取向质的规定性，同时建立起分析当下教学实践中所蕴含的获得和参与教学价值取向的理论框架。

第三部分，在理论上对获得和参与教学价值取向进行了澄清和比较之后，将视角转向教学实践领域，应用建立起来的理论分析框架，在访谈的基础上设计制作调查问卷对当下的教学实践进行考量，发现获得和参与教学价值取向共存于当下的教学实践之中，而两者的差异性导致了冲突，具体表现为师生关系、教学方式、教学过程、课堂评价以及教学目标等方面的冲突。这些冲突虽然表现方式各异，但是归结起来都是以获得和参与教学价值取向为核心的传统教学文化与外来教学文化、自在教学文化与自觉教学文化的冲突。对这些冲突进行理论上的分析，厘清了冲突的原因和特征，提出了两者并不是只具有竞争和争鸣的一面，同时也有着都是为了促进学生发展的共同基础；因此具有可调适性。对获得和参与教学价值取向的优缺点进行反思，两者都有其合理的一面，但是也有着自身无法摆脱的困境；在促进学生发展方面两者各自的优点正好是对方的不足，两者的相互协调才能促成学生的全面发展。因此本研究提出了获得和参与教学价值取向从冲突走向融合的观点，两者融合能够消解教学理论研究领域和教学实践领域中的种种冲突，使教学实践更加有序和规范，从而推动新课程改革的深入发展。

第四部分，在文化学视野下，价值是文化的核心，那么获得和参与教学价值取向的冲突就可用解决文化冲突的方式予以消解。任何一种教学文化都由多种成分构成，都具有个性与共性，个性的一面引起冲突，而共性的一面走向融合。我们首先应该正视获得和参与教学价值取向的冲突，同时让两者对视并进行对话，在"获得"与"参与"不断相互扬弃的过程中，用"核心素养"概念来统整二者，那么"学科知识的获得"和"学科活动的参与"就能有机地统一于提升学生核心素养的教学活动之中。以此为原则，采用中国传统的和合智慧，在"和合生一"的具体策略下，使获得和参与教学价值取向的冲突在"知参守获"和"知获守参"的能动状态下得到融合，这使教学的价值层面、思维层面以及行为层面均产生了变化，具体表现为教学目标观、教学方式观、教学过程观、师生关系观以及教学评价观等从冲突走向融合。实现共存融合需要教师成为智慧型教师，学生成为主动学习的学习者以及因需而变的教学过程作为其条件保障。

　　本书适合于从初等教育到高等教育的从事教学研究和教学实践的相关人员阅读，本书并不提供教学的相关策略与方法，而只是让教学研究者和教学实践者自觉运用其头脑中存在的教学价值取向，在自觉的基础上依据具体的教学情境能动地选择教学策略、方式与方法。

目录

第一章

教学价值取向竞争的凸显

一、从教学实践到教学理论中的问题

伴随着时代的发展以及对教学认识的不断深入，特别是社会转型期对创新型人才的需求而进行的教学改革实施以来面临的种种问题，教学价值取向的竞争逐渐进入人们的视野。

在教学实践领域，由于教师对于教学理解的不同以及升学、考评等方面的压力，在实践中存在很多困惑，集中表现为两种极端倾向：其一为以"双基"为核心，以中、高考为导向，对于"过程与方法""情感、态度与价值观"等缺乏量化考核指标的教学目标就被弱化甚至被忽视。其二为每堂课都追求"过程与方法"或"情感、态度与价值观"，使课堂看似热闹实则脱离双基，本末倒置，学科味缺乏，从而背离了新课改。① 同样在高等教育领域也存在着两种不同的趋势：其一为以学科知识为本位，强调宽基础，让学生掌握扎实的学科知识和技能，一旦掌握这些知识和技能就能迁移到实际的工作环境中而解决实际问题；其二为强调实际的问题情境，以工作室、研究进课堂等形式让学生不以学习间接经验为主，而是强调面对真实问题来建构学科知识和技能。站在教学文化的视角审视这两种极端倾向，前者的教学价值取向是依据长期存在于我国教学活动中的自在教学文化的授受式教学，而后者是依据近年来受西方教学文化所影响的自觉教学文化的探究式、自主式、合作式教学。

在理论研究领域，学者并未达成共识，一些人坚守旧理论，一些人欣然接纳新理论，而另一些人则试图将新旧理论进行整合统一。王策三教授认为：在应试教育向素质教育转轨的过程中隐含着一股"轻视知识"的思潮，同时他强调课程本质上体现为知识，而学校教育的主要任务在于教授间接知识，学生的发展也是通过作为中介的知识来达成的；放弃或者削弱知识，学生发展将失去依靠，情感、态度、能力、价值观等更是无源无本。② 然

---

① 廖晓翔.实践与反思：新课程的"三维目标"［J］.教育导刊，2005（5）：19-22.
② 王策三.认真对待"轻视知识"的教育思潮——再评由"应试教育"向素质教育转轨提法的讨论［J］.北京大学教育评论，2004（3）：5-23.

而钟启泉教授并不赞同王策三教授的学校教育应以传授和学习间接知识为主的观点，他认为："知识习得具有以下特征：一是强调知识的经验基础；二是强调知识的建构过程；三是强调知识的协同本质。"[①] 对两位教授的观点进行分析可以看到：王策三教授强调知识是一种间接经验，而学校教育应该是教师传授这种间接经验，而学生则是通过习得来占有这种间接经验，从而发展自身。所以王策三教授对教学显然持强调传授的倾向。钟启泉教授则不同，他强调知识的情境性以及个人的建构，学生需要融入一定的情境之中才能进行有效的学习和发展，这显然是一种强调合作、对话、探究的倾向。从上面的教学实践中可以看出，两种教学理论倾向都从初等教育到高等教育的教学实践中得到了相关的应用，事实上两者的应用都能取得相应的教学效果，这也是两者能够共存并在理论和实践领域进行竞争的原因所在。

教学的思想历史悠久，教学的理论流派纷呈，是否有必要对这些纷繁复杂的流派进行分类，并找到每一类所依赖的基本信念和前提假设？答案无疑是肯定的，即在为培养创新型人才改革浪潮的强势推动下，为教学改革厘清基本信念和前提假设是一条必由之路。然而，关于教学的两种理论价值取向的探讨与选取问题又会引发相关的思考，教学改革是追随理论的流变而变化还是应该对原有理论进行批评吸收、对后续理论进行反思选取？在相同教学环境中是只采用一种流派还是让多种流派并存？如果让多种流派并存，那么又该如何进行调适以及策略如何？在对这些问题进行思考的基础上，结合当前从初等教育到高等教育教学改革的现实状况，本书将目光投向厘清目前教学改革研究和实践所隐含的教学价值取向，并逐步以文化学视角，在厘清和认识不同的教学表现形式所依据的教学价值取向的基础上、以分析两种价值取向的异同为路径、以找到合理的选择策略为目的，并聚焦于获得和参与：教学价值取向研究。

（一）教学文化建设的必然需求

人类从诞生以来，便有了教学活动，但对于什么是教学活动这一本体论的追问却从来

---

① 钟启泉.概念重建与我国课程创新——与《认真对待"轻视知识"的教育思潮》作者商榷[J].北京大学教育评论，2005（1）：48-57.

没有停止过。教学活动作为人类特有的实践性活动，一方面传承着人类的知识和文化，另一方面其自身也是人类文化的一种表现形式。恩斯特·卡西尔说过："人类文化不是从其建构的物料中，而是在形式以及建筑结构中获得其特有的品性、理智和道德价值，而且该形式可以用任何感性材料来表达。"[①] 卡西尔更是极端地强调人是符号的动物，文化是符号的形式，人类活动本质上是一种"符号"或"象征"活动。符号是人的一种行为方式和把握世界的方式，是对自然和生活所作出的新的探讨和解释。符号与象征是存在于人的价值系统中而表现在人类社会的具体文化之中的。那么对于教学活动而言，对其本体的追问就应该透过其表现形式，对其所持有的价值取向进行研究，从而能够很好地把握过去和开创未来。经过了农业时代、工业时代、信息时代，当下所面临的全球化、知识经济以及学习型社会正在改变着人类的生活、工作以及交往等的习惯和结构。社会在不断转型，而教育教学也应该进行相关变化以适应这种变革。进行中的为培养创新型人才的课程教学改革在本质上是一场教学文化变革。在文化变迁中必然会出现有关价值观念、思维模式、行为方式等的混乱和冲突，课改以来基于不同的认识和立场的学者们发表的各自关于教学的评论和看法，正是这种混乱和冲突的具体表现。[②] 我们必须重新审视对于教学的内在假设，即教学是什么？学生如何得到发展？教师如何组织教学并促进学生的发展？这些问题需要重新给予回答。进入 21 世纪短短的 20 年时间内，为回答这些问题，教育改革运动风起云涌，学术思想和流派令人眼花缭乱。而对于这些问题不同的回答构建了不同的教学文化。本书的重点并不是指向教学文化，而是采用文化学视角分析教学，研究两类教学理论研究和实践所依据的教学价值取向是什么？在教学实践中有什么冲突？两种教学价值取向能融合吗？通过这些问题的回答必然能在教学价值取向自觉的基础上来建立新的教学文化，能够对中国本土特色教学文化的建立提供内容上的参考和理论上的关照，从而形成从初等教育到高等教育的教学文化，为中国社会经济转型培养创新型人才。

---

① 恩斯特·卡西尔.人论［M］.甘阳，译.上海：上海译文出版社，2004：288.
② 肖正德.国外教学研究文化学取向述评及启示［J］.比较教育研究，2007（8）：28-33.

（二）两种教学理论所隐含教学价值取向研究的应然突破

以教学价值取向为视角浏览 CNKI 所收录的近 20 年的教学研究论文发现，其中包含着研究者的两种不同的倾向如下：

一是获得倾向，所谓获得倾向是强调让学生占有知识的倾向。近 20 年发表的学术成果中有如"增进知识的获得""概念获得模式""隐性知识的结构及其获得的途径研究"等不胜枚举的题目。在这些研究论文中都指向一种共同的隐喻，即将知识隐喻为货物，一旦获得就能够被使用、迁移以及与其他人分享。而教学活动正是由教师向学生传递这种知识的过程，那么衡量教学活动的优劣是以知识传递的多少和效率为依据，而考试就成为最好的方式和方法。

二是参与倾向，所谓参与倾向是强调在教学活动中引导学生行为参与的倾向。该类研究题目主要表现为："教育教学改革呼唤反思性教学""课程教学中交往学习法的应用""论交往的教学价值""师生是学习共同体""对话教学应用探究""反思性对话与共同反思""生活世界中的数学""浅议课堂中的民主参与""探究学习在教学的应用""让课堂成为探究共同体""参与式教学设计研究""工作室教学探究""产学研协同创新为平台的专业教学"等。这些题目或多或少地含有学习类似专业实践活动之意，那么学习某种学科被看作某种共同体成员的过程，学生需具备使用共同体语言与行动规范的能力以及在共同体中完成相关任务。这种认识是否是间接性的经验就变得不那么重要了，学习则变为一种为解决实际问题而建构的直接经验。

两种倾向是否都具有各自共同的价值取向和基础信念？这些价值取向和基本信念的区别与联系在哪里？两者的优缺点各是什么？在教学实践中能够融合发挥各自优势吗？在理论上澄清能够为后续研究的开展找准方向，为社会转型期所需的创新型人才培养的教学改革提供相关的理论基础。

（三）教学实践中对于各种教学方式选择应用的实然要求

在强调创新驱动的时代背景下，教学实践也表现出对探究、参与、合作学习等新理念的迎合，而对传统教学理念则是采取一味地批判。但在实践中却又出现了诸多只停留在形式和表面的失范现象。如徐学福在《论探究学习的失范与规范》中指出："由于在认识上存在误区，我国当下的探究学习在实践中出现了基于经验、始于经验又止于经验的自发状况，存在着问题泛、方法泛、结论泛等的失范现象。"[①] 陈媛在《参与性教学方法在马克思主义基本原理课中的运用初探》中将分数追求、形式吸引、强权介入等参与形式看作"消极参与"，也就是非但不能调动学生的主体性，反而使学生反感、抵制参与等。[②] 郭华在《新课改与"穿新鞋走老路"》一文中指出："新课改强调教师改变被动的教学方式，让学生进行自主、合作、探究等参与式学习，许多中小学教师认为其有道理、很诱人且应当采用，但在教学实践中，只有少数教师作了深入尝试，很多教师只是流于表面，使新学习方式徒有形式，出现'穿新鞋走老路'的现象。"[③] 由此可以看出，无论在初等教育领域还是在高等教育领域，都存在着教学理论与教学实践不一致的现象。为什么会出现这种"为形式而形式"的教学实践，笔者认为是中国自在的教学文化突然向自觉的教学文化转型所带来的冲突和混乱，要解决教学实践中的这些问题，就需要从文化学视角，以文化融合的基本立场来解决这些冲突和混乱。而新旧教学理论所依托的教学价值取向是否能够共存融合？怎么样共存融合？正是本研究的指向所在。

二、两种教学价值取向研究的历史回顾

围绕本书所涉及的相关主题进行相关文献的回顾和研究，即教学价值取向研究以及获得和参与教学价值取向的研究。其中前一个主题涉及本书写作的基础，后一个主题则直接涉及本书写作的目的。

（一）关于教学价值取向的研究

无论是国外还是国内，都有学者站在不同的视角以及不同的层面讨论并论述教学价

---

① 徐学福. 论探究学习的失范与规范 [J]. 教育学报，2009（2）：21-25.
② 陈媛. 参与性教学方法在马克思主义基本原理课程中的运用初探 [J]. 南方论刊，2008（10）：71-73.
③ 郭华. 新课改与"穿新鞋走老路" [J]. 课程·教材·教法，2010（1）：3-11.

值取向问题。毫无疑问地说，作为与教学活动紧密联系的教学价值取向问题是一个恒久课题，同时在为创新型人才培养而进行的教学改革的当下，在不同教学价值取向碰撞之时它又是一个弥新的问题，有着无限的研究空间和可能。

1. 西方学者关于教学价值取向的研究

纵观国外的相关研究，在《教育论》中赫伯特·斯宾塞发出了"什么知识最有价值"的追问之后，教学价值取向从隐性走向显性被纳入研究者的课题，并伴随着教学理论的流变和教学实践活动的发展不断嬗变。威廉·钱德勒·巴格莱于1911年在《教育价值》一书中系统地阐述了教育教学价值取向问题，并建立起学生完整人格的根基作为教育教学的最高价值。按照巴格莱的观点，学校的一切教育教学活动都应该围绕增进完整人格建立方面开发，而完善人格就成为教育教学的最高价值取向。在《民主主义与教育》一书中，约翰·杜威强调了教育教学的价值属性，依据其理论体系，可将教育教学价值划分为内在价值和工具价值两类取向，该划分被大多数学者所认同，进而作为一种典范和基础展开了相关研究。这些研究主要包含以下几个方面：

（1）教学价值取向的内涵

在教学价值取向的内涵方面主要的观点有黛博拉·考特将教学价值取向定义为人们所坚信的有意义的准则的综合并体现为教师的实践性知识。[①]考特在这里突出了教学价值取向实践性品质，强调教学价值取向的规范、定向以及驱动功能，通过传导进而影响教师的教学思维和行为。而普兰凯特则从学理性方面对教学价值取向进行了归纳，他认为：价值取向是有关客观事物存在和作用的认识偏好和稳定性的选择趋势，在教学方面表现为研究人们需要教学提供什么来满足自身需求的问题。[②]而查尔斯·G.莫里斯则认为：教学价值取向是用来在主观上考量教学活动的优劣以及是否应该作为持续坚持的基本信念。他进一步指出一个有效教学价值取向体系的建立，主要依靠经验、科学、文化和宗教四个源泉，而判断其建立的标准则是看其是否协调统一并表达清楚、是否依据现实并灵活机动以

---

① Deborah Court. Studying Teachers' Values, The Annual Edition: Education, 1993/94, The Duckpin Publishing Group, Inc, 1993, p96.

② Dudley Plunkett. Secular and Spiritual Values: grounds for hope in education, Rutledge, London, 1990, p9.

及具有意义并令人满意。[①]

（2）教学价值取向的分类

关于教学价值取向的分类问题，在国外比较有特色的分类有：依据"罗克齐价值量表"，马克斯和莱默兰茨将其中与教育教学相关的进行筛选综合得出了最高价值取向和工具价值取向的划分。其中最高价值取向主要包括智慧、自由、内心协调、成就感、平等、自尊等。工具价值取向主要包括聪明、能力、独立、诚实、乐于助人等。[②] 这一教育教学价值取向分类主要侧重于表述教育最终所提供给学生的应该是什么。相对而言，普兰凯特的教育教学分类更注重宏观与微观的统一。他认为：教育教学价值取向分为理性的、整体的和精神的三类，而这三类又具有三类形式，分别为实用性、直觉性以及超俗性。将这三种形式交叉则可得到衍生的四种教育教学价值取向：普系的价值取向、世俗化的价值取向、再生的价值取向、理性—科学主义价值取向。[③] 这些分类能够为本研究将新课程改革前后出现的不同教学理论与实践倾向按照价值取向进行分析、整理和分类并提供参考。

（3）教师的教学价值取向

教师能够主导教学活动，教师的教学价值取向能够对整个教学的结果产生重大影响，因此教师的教学价值取向也是国外研究的热点。马克斯和莱默兰茨在其研究中指出：我们在培训新教师时，总是希望教师能够合理自如地安排教学内容以及对采用什么教学方法等做出最佳选择，但很少探讨教师自身的教学价值取向与这些选择之间的关系。[④] 根据马克斯和莱默兰茨的观点，由于对教师教学价值的忽略或者探讨不够深入，以至于教师在进行教学内容的安排和教学方式的选择时无法找到基于根本原则的依据。对照当下我国的教学实践，该问题也是新课改以来让教师产生种种困惑的原因之一。而朱尔斯和斯库拉则指

① Charles G. Morris. Contemporary Psychology and Effective Behavior（7th Ed.），Scott，Foreman and Company，1990，p15.531-535.

② Merle B. Marks. Johanna K .Lemlech. As a Study of Values for the Metropolitan Teacher，The Journal of the Association of Teacher Educators，vol. ix，no.3，fall 1987，p65.

③ Dudley Plunkett. Secular and Spiritual Values：grounds for hope in education，Rutledge，London，1990，p19.

④ Merle B. Marks. Johanna K .Lemlech. As a Study of Values for the Metropolitan Teacher，The Journal of the Association of Teacher Educators，vol. ix，no.3，fall 1987，p64.

出：教师所持有的教学价值取向能够影响其教学思想和行为，而教师之间所持的不同教学价值取向又关联着教学水平。这一研究成果向我们展示了教师教学价值取向与教学水平之间的关系，同时也指明了其传导是通过教学思维模式和教学行为方式而进入教学实践活动中的。斯考特进一步指出：教师的教学价值取向在其职业生涯中具有十分重要的意义，为此他还设计了相关问题供教师时时反省。这些问题主要是：价值是暂时的还是永久的？是关联的还是独立的？社区、学校以及个人的教学目标中包含哪些价值取向等。[1] 斯考特的研究告诉我们教学价值取向是多元的，同时也是可以随着情况的变化而变化的，他还指明了教学价值取向可以是独立的也可以将两个独立的教学价值取向进行关联。本研究旨在探讨和挖掘新课改前后的教学价值取向，并且希望能够在新时期将两者进行很好的融合，这些研究无疑能够为本研究提供相关的方向和参考。

（4）教学价值取向冲突

教学价值取向冲突一直伴随着教学活动，特别是在教学改革过程中显得尤为突出。斯考特认为：只要在学校、课程以及教学中还存在价值取向问题，那么以那一套价值体系为主的争夺就无可避免，矛盾和冲突也就随之产生。他认为这些冲突主要表现为：社团（宗教）与人本主义价值取向、全球主义与国家主义价值取向以及进化论与神造论价值取向等。[2] 这一观点无疑有助于让我们从价值取向的角度去思考新课改以来发生在教学实践和研究领域中的各种冲突，为本研究的展开指明了方向。而普兰凯特指出：教育教学中普遍存在着价值取向冲突，而其主要表现有：个人间不断升级的竞争削弱了人际关系、被多数人认可的价值活动与全球和平共处的理念抵触、呆板而常规的教学与个性需要的矛盾、教育中个性与社会性发展的不协调、在选择传授何种价值观念时社团与个人意志相互牵扯等。[3] 普兰凯特的研究揭示了教学价值冲突的普遍性，这也是新课改以来我国在教育教学实践中所遇到的问题。

---

① Richard D.Van Scotter. Social Foundations of Education. Prentice-hall Inc. New Jersey. 1991，p80.

② Richard D.Van Scotter. Social Foundations of Education. Prentice-hall Inc. New Jersey. 1991，p87-96.

③ Dudley Plunkett. Secular and Spiritual Values：grounds for hope in education，Rutledge，London，1990，p9-14.

2. 国内关于教学价值取向的研究

通过对 CNKI 的检索发现，1996 年出现了第一篇关于教学价值取向研究的论文，随着 2001 年新课程改革的推进，教学价值取向的研究逐渐升温。截至 2016 年 10 月共检索到 362 篇文献，剔除无关与重复的文章，经过筛选得到与本研究相关的文献 180 篇。从 1996—2016 年共发表的文章来看，新课改之后的 2002 年成为转折点，一直到 2014 年呈现出上升趋势。表明新课改后教学价值取向研究备受研究者关注，而在 2011 年出现研究成果回落，表明在经历了浅层问题的研究之后转入深层次问题的研究需要时间的积累。这些研究成果主要包含以下一些方面，如图 1-1 所示。

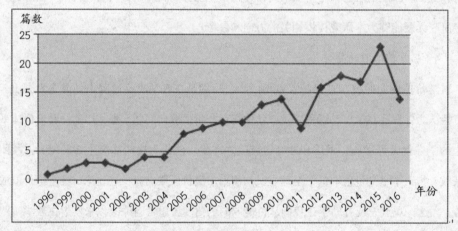

图 1-1　1996—2016 年教学价值取向研究的文献量统计

（1）为教学价值取向赋予某种意义内涵

通过文献分析发现，这样的研究主要包括：熊华军在《意义生成：当代大学教学价值的新取向》中将意义的生成作为当代大学的教学价值取向，并指出只有找到新的教学价值取向，大学教学才能走出"意义失落"的困境[1]；刘冬岩在《实践智慧：一种可能的教学价值》一文中将实践智慧的意义赋予教学价值中[2]；柳士彬在《追寻潜隐性：一种新的教学价值取向》中认为：对于潜隐性的追寻可以作为一种新教学价值取向[3]；王春锡在

① 熊华军.意义生成：当代大学教学价值的新取向［D］.武汉：华中科技大学，2008：4.
② 刘冬岩.实践智慧：一种可能的教学价值［D］.南京：南京师范大学，2006：13.
③ 柳士彬.追寻潜隐性：一种新的教学价值取向［J］.天津市教科院学报，2004（1）：7-10.

《人文关怀：学校教学的新价值取向》中指出：注重人文关怀是学校教学价值取向的一种新旨趣[①]；周先进在博士论文《"学会关心"取向的教学价值观研究》中明确表示教学价值取向需要体现出学会关心的一种人文关怀[②]。黎琼锋、王坤庆在《引导选择：让教学成为丰富的价值世界》一文中明确提出：在实现人生价值教育的过程中，教师负有对学生进行价值引导的责任，教育要回归生活才能展现教学的真实意义。[③] 这些研究都是从一定的理论出发提出研究者认为具有意义的教学价值取向，然后通过逻辑推导进行相关的阐释。这样的研究能够为我们提供关于教学价值取向的新的理论养料，但是未能对教学实践中现存的教学价值取向进行归纳、分析、总结，进而对其进行理论思辨。而本研究旨在对当下教学研究和教学实践进行分析，提炼出其中隐含着的教学价值取向，进而为解决当下教学实践中的各种冲突建立可能的理论指导。

（2）从某一理论视角探讨教学价值取向的意义

从收集到的文献来看，其主要包含多元智能理论、哲学、社会学等视角。如曾莉和贺春湘、王开富都从学习社会的视角下探讨教学价值取向问题，又如董丽、孙海燕在《多元智能理论视域下音乐教学价值取向》中就是在多元智能理论视野下探讨音乐教学价值取向。[④] 再如熊华军《大学教学价值取向的生存论反思》就是在哲学视角下进行的探讨。[⑤] 现有的文献中鲜有从文化学视角对当下教学价值取向进行反思，而本研究则是以文化学为视角用解决文化冲突的方法对现行教学价值取向的冲突进行关照并进行相关策略研究。

（3）教学价值的反思

这方面的研究主要是对现有教学价值取向的问题进行反思进而提出应然的状态，从而改进现有的教学实践。如王辉、华国栋在《论差异教学的价值取向》中谈道：所有教学活动无法回避价值问题，差异教学价值取向的目的在于最大限度地发展每个学生的人本价

---

① 王春锡. 人文关怀：学校教学的新价值取向［J］. 当代教育科学，2003（7）：24-25.

② 周先进."学会关心"取向的教学价值观研究［D］. 重庆：西南大学，2009：7.

③ 黎琼锋，王坤庆. 引导选择：让教学成为丰富的价值世界［J］. 华东师范大学学报：教育科学版，2005（4）：9-16.

④ 董丽，孙海燕. 多元智能理论视域下音乐教学价值取向［J］. 时代文学，2009（6）：219-220.

⑤ 熊华军. 大学教学价值取向的生存论反思［J］. 大学教育科学，2008（1）：53-56.

值、实现高水平高质量教育的教学价值以及推进民主进程的社会价值和协调文化多元发展的文化价值。① 赵文平在《教学价值研究：教学论亟需深入关注的领域》中就谈到教学价值研究的重要性问题，并指出教学价值研究将成为教学论学科重点关注的一块处女地。② 同时在这些研究中也包含课程和具体学科的教学价值取向研究，如李寒梅在《中学政治课程价值取向的反思与建构》一文中谈到如何建构当代中学政治课程价值体系。③ 张晓亮、李森在《课堂教学价值取向的反思与建设》中谈到我国课堂教学价值取向受到传统文化的钳制，对于知识本位的教学目标价值取向仍然无法摆脱，进而带来灌输式的教学过程和以考试为主的教学评价，基于此，课堂教学价值取向应该被重新审视并进行不断整合。④ 这些研究在反思具体的教学实践中所隐含的教学价值取向的思路与方法能够为本研究提供相关的借鉴和参考，同时，其对现有教学价值取向的问题思考以及应然状态建构也为本研究提供了诸多的启示。

（二）获得或参与教学价值取向相关研究

国内外对于获得或参与教学价值取向的单独研究并不多见，但是在国内外教育家的教学理论论述中都渗透着这两种价值取向。关于获得教学价值取向，一些学者认为学习就是获得知识、技能或习惯等，而教学正是为了促进这种获得。如古希腊哲学家苏格拉底把学习看作"回忆"生来就有的永恒不变的理念，我国唐代文学家韩愈则把教师的职责描述为"传道、授业、解惑"。而对于参与教学价值取向在国外的教学论流派中，无论是皮亚杰的"主动自发教学原则"、杜威的"从做中学"，还是罗杰斯提倡的"自我主导型"教学，主体参与的思想均贯穿始终。在我国的教学思想史上，从孔子的"不愤不启，不悱不发"到陶行知的"教学做合一"，众多教育家关于教学的理论中均渗透着主体参与思想。

1. 西方学者关于获得或参与教学价值取向的研究

近代以来，从夸美纽斯的《大教学论》到赫尔巴特的"五段教学法"，再到行为主

---

① 王辉，华国栋.论差异教学的价值取向［J］.教育研究，2004（11）：41-45.
② 赵文平.教学价值研究：教学论亟需深入关注的领域［J］.当代教育科学，2011（23）：17-21.
③ 李寒梅.中学政治课程价值取向的反思与建构［J］.课程·教材·教法，2013（4）：85-90.
④ 张晓亮，李森.课堂教学价值取向的反思与建设［J］.当代教育科学，2015（2）：48-51.

义的学习理论，无不为了促使学生多、快、好、省地获得知识与技能。受皮亚杰与维果茨基研究成果的影响，概念被理解为知识的基本单位，可以积累、完善、合并后形成更丰富的认知结构，但教学的目的是促进学生学习和掌握概念。到了建构主义把学习者称作意义的建构者时，意思也基本相同，仍是获得知识，只不过强调获得的主动性与独特性。这一系列理论以及由其所指导的具体教学实践无不渗透着学习就是学生获得知识，而教学就是为了促进这种获得。

西方文献早在古希腊政治学中就提出参与的思想，但是直到20世纪60年代欧洲发生了大规模的学生运动后，人们才首次把"参与"概念引入教育领域，并进一步扩大了其使用范围。从此，参与作为一种教育民主管理的思想，逐渐被西方教育界所认同。早在20世纪60年代末，西方学者对学生的参与形式、特点、类型以及参与学生的心理发展等进行了广泛的探讨。比如：杜威就强调学生在教学活动中的"做中学"，从他以后在这方面有重要研究的教育家有吉姆·罗杰斯和苏霍姆林斯基等。

西方学者斯法德从知识管理的角度提出有获得取向和参与取向两种学习存在，分析了两种学习各自的优缺点，并指出在教学实践中只采用一种的危险性。[①] 对于这些文献的研究能够对当下我国的教学实践进行相关的关照，便于梳理新课程改革前后两种教学理论与实践倾向中所隐含的价值取向的渊源、理论基础以及思想与行为表现，同时分析两者的差异与优缺点也能为后续理解其冲突、建立其融合的机制和策略打下基础。

2. 国内学者关于获得或参与教学价值取向的研究

国内学者曾文婕、柳熙从人类学习的视角探讨了在人类的学习中存在获得取向和参与取向，并对两者进行了相关的解析以及比较，并指出获得取向和参与取向能够带来相关的关照、分析、反思和改进具体的人类学习活动，是一个值得持续探索的方向，其中孕育着无数尚待系统研究的课题。[②] 目前没有专著专门讨论获得取向与参与取向，但在一些著述中能够看到两者的并列。如李森教授在《课堂教学创新策略研究》一书中论述教学观创

---

① Anna Sfard. Two metaphors for learning and the dangers of choosing one [J].Educational Researcher, 1998（2）：3.

② 曾文婕，柳熙. 获得·参与·知识创造——论人类学习的三大隐喻 [J]. 教育研究，2013(7)：88-97.

新时认为："建国以来，以知识价值为取向的教学价值观一直受到推崇，……学校教育肩负着文化传承的责任，要传递知识，要培养有知识的人，这都是无可厚非的事情……走向极端以后就会窒息学生的思维，弱化学生的能力，甚至带来心灵上的创伤；进入现代社会以后由'知识取向'教学价值观向'生本取向'转向，强调师生间的互动交往、对话，引导学生开展自主、合作和探究学习。"[①]笔者认为李教授所说的前一种取向强调知识的传递正是一种获得取向，而后一种取向强调对话、合作、自主正是一种参与取向。论述该种转向相关的硕博论文还有：《从获得到参与：新课改教学创新的趋势研究》《教学文化变迁研究》《新课改背景下教学价值冲突与调适研究》等。这些研究可以为本书提供具体的参照，同时更多的研究存在于对两种教学价值取向各自分开的论述中。通过对这些文献的研究可以发现，学者们已经在潜意识中或者明确地认识到有获得与参与两种教学价值取向，而研究的重点多集中在当下课程教学改革背景中的获得教学价值取向向参与教学价值取向的转型上，更多的是批判获得教学价值取向进而寄希望于参与教学价值取向。然而存在对于两者的优缺点的比较不够，对于在我国经济社会转型期创新型人才培养的过程中两者冲突的解决策略研究不够等，而这些正是本书的目的所在。

（三）国内外研究成果的启示

笔者梳理了教学价值取向相关研究，众多的研究者从多个视角论及了相关的含义、特征以及冲突与变革等。这些都能为本书提供具体的参照，同时现有研究存在以下一些问题：

第一，有关教学价值取向的基础研究还相对不足，特别是在其特征、功能等方面的表述上过于宏观而对教学实践关照不够，同时有关教学价值取向的形成机制以及冲突原理等的系统研究还比较少见。如果不对这些问题加以详细研究，那么教学价值取向的研究就只能停留在笼统的经验阶段，而很难对教学实践进行相关的关照，在教学活动中的教学价值取向转变更是难以实现。

---

① 李森.课堂教学创新策略研究［M］.重庆：西南师范大学出版社，2008：40–41.

第二，现有研究多从宏观层面进行论述，而鲜有对教学实践的关照和考量。而教学价值取向本身根植于教学主体的头脑中，没有相关深入教学实践的详细调查与客观分析，就很难对这一实践性极强的课题进行实质性研究，因为只靠宏观建构很难触及问题的实质。

第三，当下我国教学价值取向应然转变方向研究力度不够，也就是现实中的两种不同教学理论在实践中的冲突和乱象没有上升到教学价值取向的高度进行研究，进而很难推动具有当代中国特色的教学文化的形成。

最后将文献的回顾整理落脚于获得和参与教学价值取向的研究。获得和参与教学价值取向的研究就目前的文献来看主要将问题隐藏于教学实践问题的研究之中。依据着各自的理论，坚守着各自的阵地。这些研究能够为本研究提供现实的参照，从这种理论与实践争鸣中找到新的研究点，同时带来以下一些启示：

第一，一方面对于教学实践中的种种冲突和乱象还未能上升到教学价值取向的高度进行概括和总结，另一方面教学价值取向的研究也未能对当下的教学实践进行相关的关照。

第二，对于教学实践中的种种冲突和乱象，多采用争鸣的方式，而很少看到各自自身的优缺点，更鲜有将其上升到教学价值取向的高度以文化学的视角，采用文化学的理论和方法来融合这些冲突，发挥各自的长处而规避各自的短处，从而根据教学的实际情况在自在与自觉平衡的基础上建立起新时代中国本土特色的新的教学文化。

第三，在文献研究的基础上，笔者认为获得和参与：教学价值取向研究意义重大且刻不容缓，而与此相关的研究成果又相对较少，因此使本书具有较大理论探讨空间。

三、思路方法与核心概念

（一）研究思路

对当下教学研究与实践进行深度的剖析并挖掘出其隐藏的教学价值取向，借用库恩的"范式"理论将其归纳为：获得教学价值取向和参与教学价值取向；从文化学视角，用解决文化冲突的理论和方法；并以教学价值观、教学思维模式、教学行为方式等诸多方面冲突的相关问题为研究的逻辑起点进行相关研究。那么什么是获得教学价值取向？什么是参与教学价值取向？获得教学价值取向和参与教学价值取向能从冲突走向融合吗？如何处理？对于这些问题作系统和深入的思考，就成为本书的研究思路。

（二）概念界定

本研究指向获得和参与：教学价值取向研究。而要对这一问题进行深入研究，那么必然需要对新课改前后教学理论研究和教学实践中所隐含的教学价值取向进行提取、归纳和厘清。正因为如此，就需要对教学价值以及教学价值取向的概念进行界定。

1.教学价值

根据马列主义价值学说，价值来源于客体属性对主体需要的满足关系的不断生成。[①]那么界定教学价值，就首先需要界定教学主体和教学客体，在教学活动中教师和学生是教学的主体，而教学客体则由教学活动、教学构成要素以及通过教学促使学生身心的变化构成；基于此，教学价值是指教学主体与满足其需要的教学客体之间不断生成的关系。而教学不仅是一个事实世界，同时也是一个价值世界，教学价值都受到教学主体信念、旨趣等的导向和指引，也就是教学主体在实现教学价值过程中对于教学客体的选择的总体倾向。基于上述认识使得本研究的另一个重要概念得以凸显，即教学价值取向的概念。

2.教学价值取向

教学价值取向是指教学主体在教学实践中依据自身需求与教学客体属性在满足与被满足的相互关系中主观上进行价值选择的稳定总体方向和趋势。教学价值取向一经形成便对整个教学实践具有了规范、定向以及驱动等功能。规范功能是指教学价值取向对每一个教学主体的教学行为有着规范作用，从而促进教学实践活动的开展以及保证教学主体个体活动的基本一致性。定向功能是指教学价值取向能够对教学主体在进行教学实践时的价值观、思维模式、行为方式的方向性进行限定。影响教学主体教学实践方向的因素很多，但教学价值取向作为价值系统起到了根本性作用。驱动功能是指教学价值取向激发教学主体

---

① 阮青. 价值哲学 [M]. 北京：中共中央党校出版社，2004：160.

每一个个体内在的潜能以及选择相应的教学客体属性，朝着所追求的教学价值方向进行教学实践。

（三）研究方法

本书采用社会建构性知识观，以定性研究为主，结合理论与实践相统一的原则。一方面通过文献分析与比较建构出"获得教学价值取向"和"参与教学价值取向"的概念，从而建构起本研究的分析研究框架；另一方面深入教学实践展开调查研究，从而找准问题。本书的具体研究方法如下：

1. 文献研究法

作为基础性研究方法的文献研究法贯穿本书始终。通过文献研究法主要解决以下一些问题：第一，通过文献研究全面地收集、挖掘相关获得教学价值取向和参与教学价值取向研究的已有文献（特别是外国文献），在对文献资料进行全面扫描的基础上，对重点文献进行分析并对相关研究进行评述，以便确立起本研究的起点和方向以及本研究的思路和研究框架。第二，通过文献研究建构获得和参与教学价值取向融合的理论基础，同时为本书确立独特的研究视角和坚实的理论基石。第三，通过文献研究，梳理"获得教学价值取向"与"参与教学价值取向"两个概念之间的逻辑关系，为全文提供理论引导。第四，通过文献研究探讨基于获得和参与教学价值取向共存融合的独特意蕴、运行过程，并在此基础上建构出系统结构。第五，在文献研究的基础上，通过理论演绎来建构获得和参与教学价值取向的融合策略。

2. 问卷调研法

教学活动情境性极强，对该问题的研究应该深入情境之中，首先是在文献研究的基础上选取学校的师生进行访谈，了解获得教学价值取向和参与教学价值取向在教学实景中的现实情况；而后编制相关问卷对两种教学价值取向的冲突的现实情况进行调研，并对现实的冲突问题进行理论上的分析，为后文建构两者的融合策略奠定基础。

3. 比较法

在本书中，比较法旨在比较"获得"与"参与"两个关于学习本质的隐喻，以及"获得教学价值取向"和"参与教学价值取向"概念的内涵和外延，对其异同进行辨析以把握研究对象所特有的质的规定性。

四、目的与意义

（一）研究目的

为满足社会转型所进行的教育教学改革实施以来，教学实践领域和教学研究领域均进行着教学价值取向的转变，然而对于传统教学价值取向的批判有余而对新的教学价值取向的反思不足造成了教学实践中的失范现象，这成为一个基础性的问题。基于此，本书提出了获得和参与教学价值取向的融合问题，以"教学即获得""教学即参与"两个关于教学价值取向的隐喻以及两者的异同为分析起点，试图建构出获得和参与教学价值取向融合的策略，以便形成新教学思路以及指导具体教学实践的新路径。围绕这一研究目标，本书重点要探讨以下问题并达成以下具体目标：

第一，"是什么"的问题，即什么是获得教学价值取向和参与教学价值取向？该部分研究主要通过文献回顾探索并归纳提炼教学价值取向，涉及的问题主要有：什么是教学？什么是获得教学价值取向？什么是参与教学价值取向？两种价值取向对教学的假设是什么？两种价值取向的差异性表征是什么？厘清这些问题，为本研究建构出研究的生长点。

第二，"为什么"的问题，即教学实践为什么需要两种价值取向并存融合？本问题涉及两种价值取向各自的优缺点是什么？两种价值取向片面认识与极端实践的后果是什么？两种价值取向的融合能解决什么问题？通过这些问题的澄清为教学实践的失范进行理论阐释，从而为后续研究提供一个可行的分析框架。

第三，"怎么样"的问题，即教学实践中两种教学价值取向并存的现实状况是怎么样的？通过访谈、调研等揭示教师和学生对两种取向的认识、应用以及实施过程冲突的实然状态，为后续的策略研究提供现实参照，最后勾勒出两种取向共存融合的理想图景。

第四，"怎么做"的问题，即如何提升教学实践中两种取向共存融合的有效性？本部分勾勒出实现获得和参与教学价值取向共存融合后的教学景象，提供一个如何做的摹本。

（二）研究意义

教学价值的多元性决定了没有一种教学价值取向能够成为"价值真理"而独霸教学活动，而正是价值体系的多元化决定了各种价值取向之间的矛盾与对立，我们无法消除这种矛盾与对立，但是应该努力在多种可能性中寻求最佳选择。教学价值取向冲突对新课改具有重要影响，传统自在教学文化倾向于获得价值取向，而新课改以来的研究和实践所提倡的参与教学价值取向虽掀起了一股热潮，但自觉的教学文化尚未形成。正因为如此，一方面使得教学价值失范，导致教学主体的不适应以及内心的矛盾，影响了新课改的继续推进；另一方面对获得教学价值取向的过分批判和对参与教学价值取向缺乏反思造成了教学实践中的一些失范现象。因此"获得和参与：教学价值取向研究"能够为教学改革提供动力和契机。具体而言有以下研究意义：

1. 理论价值

教学价值取向问题是教学文化建设的核心问题。在新时代课程教学改革的背景下，教学价值取向的选择问题实质上就是依据一定的标准和自在、自觉的教学文化，对教学价值取向进行选择的理性动态过程。因此本研究的理论意义如下：

第一，教学价值取向研究具有先行性特征，对其进行深入研究有利于人们正视教学价值取向冲突，认清冲突的类型与特性，在思想观念层面厘清教学价值取向冲突的种种原因和掌握融合教学价值取向冲突的机制与策略，是建构具有新时代中国本土特色的教学文化的重要组成部分。

第二，以文化学的理论和方法来研究获得和参与教学价值取向，鲜明提出将具有耦合性的"教学即获得""教学即参与"两个教学隐喻进行融合，阐释了教学获得价值取向和参与价值取向共存融合的特征、意义、要素等，建构了获得和参与教学价值取向融合的策略，对教学实践具有直接的理论指导意义。

2. 实践意义

作为主要教育形式的课堂教学，是进行学校教育活动的主要载体。然而新教育教学改革中的教学价值取向转型中带来的迷茫和困惑严重影响着教学质量的提高以及教师和学生的发展。"获得和参与：教学价值取向研究"能有效提高课堂教学质量、增强教师专业发展以及促进学生全面发展。具体而言其实践意义表现在以下两个方面：

第一，便于教学主体在教学改革实践中消解获得和参与教学价值取向冲突所引起的迷茫和困惑，在充分理解和深刻把握获得和参与教学价值取向的基础上，发挥各自的优势、克服其不足，使人们达到思想观念、心理与行为上的平衡与适应，从而促进培养创新型人才事业的不断发展与深化。

第二，将当下教学实践中的各种教学方式失范问题归因于获得和参与教学价值取向冲突，在访谈基础上，通过问卷调查全面考察教学实践中教学形态的实然状态，并据此设计相关的应对策略和展现应然的教学情境，研究成果能够直接用于教学实践。

第二章

教学价值取向辨析

从文化学视角审视教学活动，按照文化学的划分，教学文化可以分为价值层面、思维层面以及行为层面。在教学实践与研究中，由于教学价值取向具有规范、定向和驱动的功能，从而能指引教学主体的价值观、思维模式以及行为方式，统整教学文化的三个层面，因此教学价值取向对教学活动具有引导作用。所以有必要进一步对教学价值取向概念进行辨析，在充分把握该概念的基础上审视新课程改革前后的教学理论研究，应用库恩的范式理论分别对其进行归纳和总结，提出获得教学价值取向和参与教学价值取向，从而奠定本书的基础。

一、文化学视域下的教学

早在公元前 20 世纪的甲骨文中就出现了"教"，其上下文表达为"丁酉卜，其呼以多方小子小臣其教戒"[①]，其含义为在丁酉这一天占卜，让殷商周边国家的年轻人到殷都来学习"戒"，由此可以看出，教学的历史与文化的历史几乎等同，从殷商起国家就设立教学机构来从事教育。而"学"字也同时出现在甲骨文中，如"壬子卜，弗酒小求，学"[②]。意思是在壬子这一天设酒祭问上天让"弗"这个人入学是否可行。将"教学"作为整体含义最早出现在《礼记·学记》中："玉不琢，不成器；人不学，不知义；是故古之王者建国君民，教学为先。"其含义为：天生的玉石如果不经过打磨，是不会成为有用的器物；而人如果不学习礼教，就不会懂得道理；所以君王建立国家与统治人民都应该把教育教学放在第一位，从而达到教化民众，便于治理的目的。同时，"文化"一词最早被使用是在《说苑·指武》中："圣人之治天下也，先文德后武力。凡武之兴为不服也，文化不改，然后加诛。"其中包含的意思是在治理国家时圣人应该先使用道德和文化进行教化而服人心，如果不服就用武力进行降服而后教化，如果还是不服其心就只能诛灭了。在

---

① 孟宪承．中国古代教育史资料［M］．北京：人民教育出版社，1961：15.
② 沈灌群．中国古代教育和教育思想［M］．武汉：湖北人民出版社，1956：5.

英语中，teaching（教），常与教师的行为相联系，learning（学）指学习之意，instruction（教学）常与教学情境有关系，侧重于交往，强调过程。而 culture（文化）原为耕种之意，后来引申为发展、教育、教养等含义。

我们从中可以看出教学含有教化、育化的意思，也就是作为一种文化传递的工具，然而教学在教化人的同时自身也是人化的产物。也就是说作为特殊实践活动的教学活动，其本身就是一种文化的表现形式。

依据不同视角的不同学者对文化有着不同的定义，如泰勒认为："文化包含着信仰、艺术、知识、习俗以及作为社会成员所需获得的能力、习惯等的复杂整体。"[①] 泰勒勾勒了一个大而全的文化概念，是否无所不包？但泰勒所描述的文化是由人们内心信仰所统领的众多表现形式的整体。而本尼迪克特则将文化描述为：某种文化就如同一个人，是其行为与思想的某种一贯模式。[②] 在这里文化的概念显得具体一些，指明享有同一文化的人具有相同的思维模式和行为方式。霍贝尔从文化产生的角度提出：文化是某个社会成员所特有的行为方式的完整制度，这些行为方式不是来自遗传而是后天习得。[③] 霍贝尔强调的是表征出来的现象及其后天习得性。

虽然这些概念对文化有着不同的理解和解释，但是我们从中还是可以发现，在文化中价值（信仰）层面处于核心地位，而行为层面是其具体的表征形式，在两者之间的思维层面起到了连接作用。所以对于文化可以理解为在一定历史时期、一定地域人们所追求的一种价值、思维以及行为所构成的整体。而在其中价值层面处于核心地位影响着思维层面，思维层面进一步调节着行为层面，而行为层面又体现着该文化的价值层面。

既然教学活动是文化的一种表现形式，那么在对文化进行了相关界定之后，以文化学视角对教学文化进行解析。作为文化的教学同样包含着价值层面、思维层面以及行为层面的规定性，也就是说在教学实践中，教学主体对于以上三个层面所形成的基本认同就形成一定的教学文化。

---

① 庄锡昌.多维度视野中的文化理论［M］.杭州：浙江人民出版社，1987：99-10.
② 露丝·本尼迪克特.文化模式［M］.王炜，译.北京：生活·读书·新知三联书店，1988：48.
③ 克莱德·伍兹.文化变迁［M］.何瑞福，译.石家庄：河北人民出版社，1989：4.

（一）教学文化的价值层面

如果将教学看成一种文化，那么教学中表现出来的欲实现教学目标的过程即是一种文化的价值追求过程。教学从来都不是脱离价值或者价值中立的纯粹技术性活动，而是一种具有价值取向的符号性活动。价值本身体现着一种客体对主体需要满足关系不断生成的关系性活动。对于教学价值而言，主要是表现为教学主体与满足其需要的教学客体之间的关系。不同的主体有着不同的文化体系背景，从而产生差异化的教学价值诉求，因而形成不同的教学文化。比如在传统儒家文化背景下，教学价值诉求在于让学生"明德"，将"君子"的培养作为最高教学价值目标；而法家则注重培养遵纪守法的观念。这样的教学文化正好体现了儒家与法家所代表的利益集团需求的不一样，儒家代表传统阶层而法家代表新兴地主阶层。在教学文化中，教学价值层面对于教学的影响往往体现为价值冲突和调和，在冲突与调和中形成新的需要指向，从而推动教学活动随之不断的演变。

（二）教学文化的思维层面

思维存在于大脑中，是对客观存在的内化与概括反映。它借助于语言实现，又通过人的行为进行外化。而心理学研究表明，文化能够对人的思维模式产生极大的影响，主要表现为其中包含着价值选择以及衡量标准，蕴含着价值判断而体现为一种思想的倾向或者思维方法。[①] 基于此，教学文化的思维层面主要是指人们基于某种价值观而对教学活动的一种认识和反映。教学思维是社会文化的产物，受到教学价值的制约。比如梁漱溟先生在分析中西文化时指出：中国文化将持中作为其价值和根本精神，而西方文化将进取作为其价值和根本精神，体现在教学思维上西方注重批判、合作思维而中国注重传递思维。在不同的教学思维影响下，所呈现出来的教学行为也差异迥然，中国传统的教学行为以讲授为主，而西方则表现为以探究为主。

（三）教学文化的行为层面

教学文化的行为层面是指基于特定文化情境所表现出来的教学主体间的互动方式和

---

① 包宵林.论思维模式在认识过程中的功能机制［J］.学术界，1994（2）：8-11.

过程，其指向目标为学生身心的发展。基于不同的教学价值观和教学思维模式会形成与之相适应的教学行为方式。比如中国传统的教学文化之下，教师以教科书为权威，通过讲授的方式将知识传递给学生，然后通过测试卷的方式来考查学生对于教科书的记忆水平和掌握程度。教学文化的行为层面直接呈现着教学活动的整体面貌，受到教学价值观的指引，是教学思维模式的外化和教学实践的文化表现。

（四）作为教学指引的教学价值取向

在分析了教学文化三个层面后，在文化学视野下的再对教学活动按照价值、思维和行为三个层面进行解读，有助于厘清在新时代中为培养创新型人才所进行的教育教学改革前后教学文化交替中的冲突和争鸣的实质。在价值、思维、行为这三个概念中，价值居于首要位置，行为则是一种文化的外在表现形式，因此选取相关的价值也就是价值取向，对于文化而言就起到了规定性作用。对于教学文化而言，"教学价值取向"是指教学主体在教学实践中依据自身需求与教学客体属性在相互满足与被满足的关系中主观上进行价值选择的稳定的总体方向和趋势，也就是教学价值取向决定和包含着教学的价值层面、教学的思维层面以及教学的行为层面。

在价值多元化发展的当今社会，教学价值也变得越来越多元，这就使教学文化也存在着教学价值的选择问题。目前表现在教学理论和教学实践中的种种矛盾和争鸣说到底就是不同的主体依据不同的理论而做出的价值选择之间的冲突。那么如何能够更好地实现"三维目标"来提升学生的创新能力，现今的教学价值取向包含着相似、互补以及矛盾的成分，教学价值取向的选择和整合则需要符合社会发展方向，进而对教学发展的方向、教学方式的变革以及教学组织等起到指引作用。基于教学价值取向的这种决定性作用，有必要对其进行揭示和阐释。

二、教学价值取向的理论阐述

为了深入地揭示和阐释教学价值取向，首先需要对价值、教育价值、教学价值以及教学价值观等概念进行相关理解、比较和阐释，进而能够很好地把握教学价值取向的内涵和外延，并最终落脚于对获得教学价值取向和参与教学价值取向的界定。

（一）价值

价值这一概念在中国传统文化哲学体系中并无直接表述，但其中仍然包含着价值的相关思想，只是采用了其他词语进行论述。比如采用"贵"字。张岱年先生在《张岱年全集（第6卷）》中指出：以前不流行的"价值"二字是最近才开始使用的，而与其意思相近的名词是"贵"。《论语》中提出的"和为贵"；《老子》中强调的"道之尊，德之贵"；这个"贵"字的意思就是指"有价值"。今天更通俗地理解是"有用"，即有用便有价值，能在功能上满足主体的需求我们都称之为有价值。[①]

在西方，最早提出价值概念的是古希腊哲学家苏格拉底，他在提出价值问题的同时还阐明了什么是价值，以及公正、平等、自由等相关问题。英国哲学家休谟则从认识论的角度对"价值"与"事实"作了区分，并将认识分为"事实的认识"和"价值的认识"。在此基础上，价值哲学家们在哲学高度上以可研究观察的三大领域对世界进行了划分：其一为事实领域，即现实的事物和现象世界；其二为普遍规律的领域，即必然有意义的、真正的王国；其三为价值的领域，即对美、善和神圣的思想作出判断的世界。

基于以上的关于价值的思想渊源，不同的研究者站在不同的角度对价值概念的理解存在差异，而总体来说主要包含以下三个层面：其一为日常生活中主要表达的客体对主体的效用和善良等，如一个包子能够让一个人饱腹，那么包子对于人来说就有价值。其二为美学、社会学以及经济学等科学中广泛论及的价值概念，比如在政治经济学中马克思将"价值"定义为商品中凝结的无差别社会劳动，其本质体现为商品对人的有用或者给人带来的愉悦感等品质，这里体现了一种人与物的关系属性。[②]其三是对价值概念的哲学解读，也就是从各具体学科中抽象出的价值本质特征，从日常价值现象中发现价值规律，进而形成

---

① 张岱年. 张岱年全集（第6卷）［M］. 石家庄：河北人民出版社，1996：233.

② 中共中央马克思恩格斯列宁斯大林著作编译局. 马克思恩格斯全集（第26卷）［M］北京：人民出版社，1961：326.

相关的理论体系。这样的理论体系能够赋予价值更广泛的含义，同时也能为各门具体学科提供统一的研究范式。

阮青在其《价值哲学》中指出：价值源于主体需要，而客体的属性能够满足此需要，其实质在于主客体间需要和满足关系的不断生成。[1] 基于此，一般哲学上价值的概念体现为一种生成性的主客体间需求满足的关系，其重点强调关系的不断生成，从而使得价值会随着时间、空间以及其他的一些因素而变化。李德顺在《新价值论》中将价值表述为：价值是指主体和客体相互关系的过程，这包含客体是否满足主体的需要，是否同主体相一致并为主体服务。[2] 李德顺强调的是需要审视客体的属性是否与主体的需求相一致。袁贵仁则认为："价值指向人的对象性活动，是人的本质力量的对象化，是客体对主体的效用。"[3] 袁贵仁强调的是主体对于客体的选择和改造，主体通过自身本质力量的对象化对客体进行改造来满足自己的需要。张宝印进一步指出："价值本身超越知识追求的范畴，不同主体的人或社会均带有自身的理想、信念以及愿望等现有知识无法解决的问题。"[4] 张宝印强调的是主体基于自身所处的文化环境对于有价值的客体的选择问题，在两个或者多个客体都能对主体的需求进行满足时，主体会根据自身的愿望或者信念对客体进行选择，比如当一个人饿了，其可以选择米饭或者面包来充饥。

上文梳理了关于价值内涵的研究，对于价值内涵的理解，学界还存在着显著的差异

---

① 阮青.价值哲学［M］.北京：中共中央党校出版社，2004：46.

② 李德顺.新价值论［M］.昆明：云南人民出版社，2004：30.

③ 袁贵仁.价值学引论［M］.北京：北京师范大学出版社，1991：44-50.

④ 张宝印.价值界定、价值取向和价值碰撞［A］.哲学研究编辑部、中共中央党校哲学部、武汉大学马克思主义哲学研究所、中共上海市委党校哲学部、上海华夏社会发展研究院、东华大学人文学院、南京政治学院上海分院哲学教研室、湖北大学哲学系、广东商学院人文与传播学院、空军工程大学文理学院社科系、陕西省哲学学会、陕西省价值哲学学会、陕西省社会科学学会联合会、西安交通大学人文学院、中共陕西省委党校、西北大学公共管理学院、陕西师大政治经济学院、西安邮电学院社科系、长安大学、西安市社会科学院、西北政法学院政治与公共管理系、西安建筑科技大学人文学院、人文杂志编辑部.中日价值哲学新探论文集［C］.哲学研究编辑部、中共中央党校哲学部、武汉大学马克思主义哲学研究所、中共上海市委党校哲学部、上海华夏社会发展研究院、东华大学人文学院、南京政治学院上海分院哲学教研室、湖北大学哲学系、广东商学院人文与传播学院、空军工程大学文理学院社科系、陕西省哲学学会、陕西省价值哲学学会、陕西省社会科学学会联合会、西安交通大学人文学院、中共陕西省委党校、西北大学公共管理学院、陕西师大政治经济学院、西安邮电学院社科系、长安大学、西安市社会科学院、西北政法学院政治与公共管理系、西安建筑科技大学人文学院、人文杂志编辑部，2004：7.

性。而在本书中直接指向教学价值取向，要对其进行深入研究，需要依据前人相关研究和本书具体情境对价值概念进行界定。所谓价值，概括地说就是作为客体对象满足主体需要的生成性关系，不同的人或是人群对于这一生成性关系的认识不同，进而会形成不同的价值观念，所形成的观念又能供人们选择并用来指导实践活动，而具体表现为价值取向。

（二）教育价值与教学价值

1. 教育价值

教育价值概念在学界存在多种界定，主要有"实体说""属性说""意义说"以及"关系说"等。比如陈忠就坚持实体说，他将教育看成一种商品，认为教育不但具有人们习见的使用价值，同时还具有交换价值。桑新民则认为教育是作为教育客体满足教育主体的中介。另一些学者则坚持意义说，认为教育价值体现于对人的满足中，在这个过程中表现为教育对人的意义。也有学者认为教育价值的界定需要从教育功能属性出发，也即教育的效用，探讨其是否满足了人的需要。以上观点从一些方面反映了教育价值的意蕴，但是更为主流的观点乃是"关系说"，认为教育价值处于价值的下位概念，对于价值主要表达生产生活中的普遍关系，强调客体存在、变化和主体之间的作用；那么教育价值则可以理解为：教育教学客体存在、变化和主体之间的需求满足关系的作用。

基于以上关于教育价值的研究，笔者认为教育价值包含教学价值，并通过教学实践得以具体体现；教育价值包含社会需要和个人需要，而本书侧重于个人需要，也就是说人的发展，但是这一个人需要也是基于社会经济发展需要的创新型人才。概括地说，教育价值就是在一定的社会环境中教育能够满足和促进人的发展的关系，教育对人的发展的满足存在动态变化，随着社会文化的变迁而变化。

2. 教学价值

笔者对收集的资料进行整理发现，目前相关教学价值研究的专著有六本，分别是李长吉的《教学价值观念论》、尚凤祥的《现代教学价值体系论》、辛继湘的《教学价值的生命视界》、黎琼锋的《教学价值与美好生活》、周先进的《学会关心：教学价值观的反思与重建》和刘冬岩的《实践智慧—— 一种可能的教学价值》。基于不同的视角，学者们对教学价值问题进行了系统的研究和详细的论述，其中尚凤祥在《现代教学价值体系论》中以哲学为视角，从结构论和系统论出发，认为教学价值是一种相互联动的体系，在体系中使学生增长知识、发展能力、形成优良品格以及学会科学方法是当代教学的基本价值，并在此基础上论述了教学价值形成特征以及基本结构，特别是不同主体产生不同价值体系的差异与平衡问题。李长吉应用文献分析法和田野考察法在《教学价值观念论》一书中对中外古今的文献进行了梳理并考察了我国当下的教学价值观现状，进而提出了变革与重构教学价值观的观点。黎琼锋在《教学价值与美好生活》中以人的全面发展为基础并以存在主义哲学为视角认为：教学价值等同于人的价值，通过不断引发人的需求并创造满足需求的可能条件的方式，在教学过程中实现，使人的需求不断满足与发展，从而实现教学自身的价值。辛继湘在《教学价值的生命视界》中认为教学承载了生命的发展，教学价值的体现就在于对生命的关怀、拓展以及提升。周先进在《学会关心：教学价值观的反思与重建》中用价值哲学作为分析的逻辑起点，整合教学价值论与教学伦理学来进行"学会关心"取向的教学价值观建构。在建构新的教学价值观的过程中作者进一步指出在"功利主义"与"工具理性"的影响下，长期以来教育教学的价值观念直接指向如何促进学生知识的增长，进而影响整个教学过程，特别是在教学目的观、教学过程观、师生关系观和教学评价观等方面。刘冬岩在《实践智慧——一种可能的教学价值》中强调没有教学价值能够独霸教学领域，它是一个多元范畴，而教学价值的多元化则必然存在矛盾与冲突，需求在其间寻求平衡点是我们在实际教学活动中重要的一环。在此基础上，作者进一步提出"实践智慧"是我们能够在教学活动中实现的价值。作者将客体属性与主体需要之间的动态关系作为价值概念解析的基础，将客体属性与主体需求满足的和谐统一作为教学价值的考量。

已有相关成果从不同视角为本研究提供了相关参照，有些从某一理论出发对教学价值本身进行分析，而另一些则根据自身研究提出可参考或者可行的教学价值，但是缺乏从教学文化的角度对当下教学价值的解析，进而分析教学思维模式和教学行为方式。本书立足于转型期教学文化变化所引起的教学思维、教学行为以及教学价值的转变过程中的冲突，分析其调和的可能性和策略。基于此，本书所指教学价值是一种关系范畴，也是教学客体对于教学主体需求的满足关系。在这一互动关系中教学主体根据自身的感受和体验来选择相应的教学客体，从而实现学生全方位的发展，来实现培养创新型人才的培养目标。在教学实践中表现为教学行为，而在教学行为和教学价值之间则由教学思维加以连接。

（三）教学价值观与教学价值取向

1. 教学价值观

教学价值观的分析需要建立在考量"观念"内涵的基础上，对于"观念"基于不同的角度有着不同的理解：洛克把内心活动或者对外界观察的反应看成观念，康德认为观念是超越经验而存在的一种"纯粹理性的概念"，贝克莱强调外界客观事物仅仅是观念感觉的简单组合，黑格尔则认为观念是客观存在和真理概念的统一。[①] 从以上哲学家的论述中可以看出：在他们的认识中观念存在于物质客观世界和人的意识的关系中，对这种关系的不同认识从而形成不同的关于观念的概念。

在日常工作和生活中，观念能够影响人们对事物的认识、看法以及态度，进而指导人们的思维模式和行为方式。这些观念有些是在对客观事物真理性探究中形成，而另一些则是从主体的需求出发，探究事物的好坏又或者对主体的益处等，后者所形成观念总是与主体的需求、目的以及期望等相互关联，从而形成人们的价值观念。[②] 对于价值观念有学者对此进行了研究，如黄希庭教授将其分为自我价值观、婚恋价值观、宗教价值观、审美价值观、幸福价值观、人生价值观、政治价值观、道德价值观、职业价值观和人际关系价值观十类。[③] 而被普遍接受的价值观念内涵乃是：在长期价值活动中形成的对某类事物的价值信念、目标、标准以及一般价值规范的稳定思维模式。[④] 本质上体现着主客体的生成性关系，包含着人们的价值评价、选择以及创造等一系列的活动。而本文所探讨的价值观等同于价值观念，因此能够通过审视"观念"和"价值观念"的内涵来逐步澄清教学价值观的内涵。

---

① 李长吉.教学价值观念论［M］.兰州：甘肃教育出版社，2004：56.
② 李长吉.教学价值观念论［M］.兰州：甘肃教育出版社，2004：57.
③ 李德顺.价值论［M］.北京：中国人民大学出版社，2007：8.
④ 李长吉.教学价值观念论［M］.兰州：甘肃教育出版社，2004：57.

在教学价值观的研究中，学界常常将教学价值观与教育价值观放在一起讨论。依据本研究的指向对相关研究做了梳理。杨季兵、李森强调教学价值观形成需要依据人性理论和教学，是将培养人的活动作为前提假设，进而确定教学目标，再由教学目标确定教学内容、方式以及组织形式等。教学价值观也会随着人性假设的变化而演变。① 沈小碚、宋秀红则强调教学价值观反映着对于教学实践中教学主客体间需要满足关系的看法，而最后体现为对教学目标的追求。② 周波指出人们在一定文化环境中对于教学属性与主体需求满足关系的观点的理论化、系统化形成教学价值观，而后决定教学思维模式和引导教学行为方式。③ 马志颖强调教学价值观是人们对教学活动统一价值标准、目标、信念等的稳定思维模式，具体体现在教学的构成要素中。④ 刘冬岩指出教学价值观是理论化和系统化的关于教学功能、意义以及本质的观念体系。⑤ 综上所述，对于教学价值观的认识，由于认识的角度不同，故而在表述上有所差异。但是，它们的共同之处较为明显，教学价值观是指在长期的教学实践过程中形成的稳定的教学价值信念。其主要体现在以下两个方面：其一，为教学价值观是以追求教学目标为目的的关于教学价值稳定的认识，它直接相关于主体的内在需要和利益。其二，为处于不同文化语境的主体具有不一样的教学价值观。

2. 教学价值取向

对于教学价值取向概念的理解需要建立在价值取向概念基础上。所谓价值取向是价值主体在进行价值活动时指向价值目标的活动过程，反映出主体价值观念变化的总体趋向和发展方向。⑥ 由此我们可以看出，价值取向是主体对某种外在客体的选择，带有很强的主观意愿，同时在实践中的价值取向都蕴含着一种价值观，也影响着价值目标的实现。因此价值取向的意义在于帮助人们对客体进行选择，也就是说有什么样的价值取向决定着什么样的活动方式，从而影响着价值目标的实现。正如弗·布罗日克在《价值与评价》一书

① 杨季兵，李森.论教学价值观的人性理论基础［J］.江苏教育研究，2009（7）：3-7.
② 沈小碚，宋秀红.对现代教学价值观的哲学思考［J］.西南师范大学学报：人文社会科学版，2004（3）：79-83.
③ 周波.新课改中教学价值观的冲突与调适［J］.教育理论与实践，2009（20）：17-18.
④ 马志颖.教学价值观再认识［D］.银川：宁夏大学，2005：7.
⑤ 刘冬岩.实践智慧：一种可能的教学价值［D］.南京：南京师范大学，2006：128.
⑥ 阮青.价值哲学［M］.北京：中共中央党校出版社，2004：160.

中所指出主体的自我意识自觉且有目的的倾向产生价值取向，而正确的价值取向能够引导方向正确和目标明确的行为。[①]

基于价值取向的概念，教学价值取向可以简单理解为在教学活动中，依据教学主体需求满足而在主观上对教学客体进行价值选择稳定的总体方向和趋势。也就是说，在有多个教学方案可供选择时，依据一定的教学价值取向选择主观上认为最有利于教学目标实现的方案加以实施。教学价值取向蕴含着教学价值观，进而激发出相应的教学思维模式和教学行为方式。影响教学价值取向的因素有以下三个方面：其一，教学目标引领着整个教学活动，间接影响教学价值取向的选取；其二，为教学行政主管部门对教学的行政指挥权，比如通过行政命令推动或引导教学改革、左右学校发展等，这些必然会影响教学价值取向；其三，教师所处的教学文化背景会形成其教学思维和行为习惯，而教学思维和行为本身就代表着一种教学价值取向。站在文化学的角度来看，由一定的教学价值观、教学思维模式以及教学行为方式共同构成一定的教学文化，一种教学文化同时实质性地反映着一种教学价值取向。

三、获得教学价值取向和参与教学价值取向

长期以来，我国近代教育教学思想受到赫尔巴特的影响形成了以知识传递为主要特征的教学文化。然而新课改以来强调更大程度地解放学生，学生不再是接受知识的容器，应该更充分地展示其主体性、发挥特长、促进发展，更自由地享受教学过程。显然新课改所提倡的是一种与传统教学截然不同的教学文化，在两种文化进行转型的过程中难免会出现冲突。通过上述分析，教学文化的冲突实质是一种教学价值取向的冲突，包含着教学价值观、教学思维模式以及教学行为方式的不同，并最终在教学实践中体现出来。

前文已述，当下出现了获得和参与两种倾向，在教学的事实世界里这两种倾向很难严格区分，当知识的获得达到一定程度之后就会向参与进行转化或者是对参与活动有所促

---

① 弗·布罗日克.价值与评价［M］.李志林，盛宗范，译.北京：知识出版社，1988：171.

进；同样学生在参与教学活动过程中也会有知识获得的成分；如此就很难将获得与参与分开考虑，更不用说将二者对立来分析其在教学中的冲突了。但是教学不只是存在于事实世界，同时也存在于价值世界中。本书所指的"获得"或"参与"是在价值世界中对教学进行考量，也就是说在教学实践或研究中，主体的教学价值取向偏向获得或是偏向参与。而这样的划分有助于厘清不同教学文化及其争论的实质，对其最核心的教学价值取向进行分析，进而揭示出其教学价值观、教学思维模式以及教学行为方式的不一样。为此，美国科学史学家托马斯·塞缪尔·库恩的范式理论能够为我们提供相关的分析方法。用库恩的范式理论对教学价值取向进行分析就需要对其最核心的"范式"概念进行解析。

对于范式，在《科学革命的结构》一书中库恩写道："我所谓的范式通常是指那种公认的科学成就，它们在一段时间里为实践共同体提供典型的问题和解答。"[1]库恩表达了在科学活动之中，实践共同体是基于共同的科学成就框架，在研究和解决问题的活动过程中产生新问题。同时库恩还在书中进一步解释，那种公认的科学成就可以理解为实践共同体成员所共享的信念、价值以及技术等的综合体，而这里的实践共同体也正是具有这一相同范式的科学共同体。从以上可以看出，范式表明了群体对于个人科学研究与实践具有指引和规范作用，而该作用的发挥主要依赖于所共享的信念，这种信念具有约定俗成性，甚至连共同体成员也未必会明确意识到。但是诚如库恩所言，共同的信念提供给研究团队以偏爱的或者允许的类比和隐喻。[2]比如在物理学中，采用水的属性来隐喻电的特征。在这里我们借助库恩的范式理论的核心思想对现存的两种教学进行考察，考察其背后所隐含的共同分别坚守的信念而不拘于具体理论，并通过教学价值取向探讨教学理论研究和实践的本质差异、冲突以及融合问题，以便能够更好地实现教学目标。人类所有的行为、思维都可以追溯到更上位的价值观，当我们使用库恩的范式理论进行分析，可以清晰地发现新课改前后教学研究与实践有很大的不同，而它们各自又共享着相同的价值观。下面就对获得教学价值取向和参与教学价值取向分别进行探讨。

---

[1] 托马斯·库恩.科学革命的结构［M］.金吾伦，胡新和，译.北京：北京大学出版社，2003：5.
[2] 托马斯·库恩.科学革命的结构［M］.金吾伦，胡新和，译.北京：北京大学出版社，2003：165.

（一）获得教学价值取向

对前文所提到的如"对儿童数学符号意义获得的研究""论非目的语环境中的汉语获得和汉语教学""知识获得及其标准研究""儿童对普通话中否定词的获得""隐性知识的结构及其获得研究""数学证明过程中缄默知识的获得研究""试论符号意义获得能力及其培养——以数学教学为例""认知负荷与认知技能和图式获得的关系及其教学意义""词汇获得年龄效应的眼动研究""论语言运用与语言获得"等用库恩的范式理论进行分析。从这些研究题目中可以明显感到学生的学习具有积累和获得某种实体的意味，而教师的教是否也是促进学生更多的获得，而教学活动则是该种实体的传递过程。对于如何获得，可以是学生被动接受，也可以是主动建构，但不管如何，教学活动都被隐喻为向学生大脑中填充材料的过程，而犹如货物的知识等一旦获得便能迁移、应用以及分享，评价教学好坏就看这种实体传递的有效性，也就是看学生能够占有多少知识。在这一隐喻的研究框架内形成了一套对于教学活动的话语体系，对于教学活动中所传递的实体常常应用如内容、事实、知识、原理、图式、材料、意义、观点、理论等；表示学生为获得这些实体进行活动的话语有：接受、掌握、内化、建构、发展等；表示教师为促进实体获得而进行活动的话语有：促进、调节、教授、传递、调节等。[①] 这些术语虽然有着不同的内涵，但是都指向如何将诸如知识一类的实体传入学生的大脑，而教学研究和实践都将其作为根本目的。这样的一种根本的信念广泛存在于教学理论中，从行为主义主张的知识被动接受，到认知主义主张的概念发展，再到建构主义主张的主动建构，然后是如何使学生能够内化概念，直到学生、教师以及文本互动的自动调节。这些教学理论虽然对于教学活动的机制有所不同，但是它们的基本信念都是为了学生的获得，在这样的信念指导之下所有的教学思维模式和行为方式都围绕其展开。这样就使得以上理论与实践的差异性小于共同性，由其基本信念（价值观）、思维模式以及行为方式构成了一种教学价值取向，其核心信念乃是获得，我们可以称之为获得教学价值取向。

对于获得教学价值取向概念的理解，首先需要理解获得的含义。对于获得的解读离

---

① 徐学福. 获得学习模型的困境与参与学习模型的转向［J］. 教育学报，2014（2）：50—57.

不开对学习本体论的思考。学者斯法德是从隐喻的角度阐述获得，认为"学习就是学习者对一些实体的拥有权"，而这些实体可以是被动接受也可以是主动建构。[①]我国学者曾文婕和柳熙也从认知方式的角度对获得的概念进行了解读，他们认为获得就是强调心智模式、强调命题性知识、概念化的知识结构，而将逻辑地组织起来的知识结构和普遍知识视为智力的理想结果，将学生作为这些符号的处理者。[②]基于以上，获得的过程实质上就是将大脑隐喻为容器，符号化的知识由教师传递给学生，学习就是往大脑中填充符号化的材料，而教学就是为了促进这种获得。那么，获得教学价值取向就是指：在教学活动中，为满足学生知识获得，教学主体主观上对教学客体进行价值选择的稳定的总体方向和趋势。进一步分析，获得教学价值取向乃是将学生个体作为分析和理解的单元，将知识理解为个人的心智而无视其文化环境，那么教学活动则被理解为在个体心智中的知识传递活动，大脑就成为知识的容器，而所有的教学行为都围绕着促进这种传递活动更好地展开而进行。

（二）参与教学价值取向

在最近的强调创新型人才培养以后的研究成果在论述教学的话语时出现了与获得教学价值取向本质不同的话语体系："课程改革呼唤反思性教学""课程教学中交往学习法的应用""论交往的教学价值""师生是学习共同体""对话教学在小学语文中的应用""反思性对话与共同反思""生活世界中的数学""浅议语文课堂中的民主参与""浅谈小学数学中的合作学习""探究学习在中学物理教学的应用""让课堂成为探究共同体""参与式教学设计研究"等。从这些题目来看，研究者并不再坚持教学是一种将知识由教师传递给学生的活动，学生的大脑也不再被看作盛装知识的容器。在这里，教学变成了一种由教师所主导的专业实践活动，由师生一起组成学习共同体，在其中学生作为认知学徒而教师只是平等中的首席，整个教学活动则成为合法的边缘性参与。在这里，知识或者概念的获得不再作为讨论教学活动的焦点而被强调教学活动中的"行动"或者

[①] Anna S.Fard. Two metaphors for learning and the dangers of choosing one［J］. Educational Researcher, 1998（2）：4-13.

[②] 曾文婕，柳熙. 获得·参与·知识创造——论人类学习的三大隐喻［J］. 教育研究，2013（7）：88-97.

"行为"所取代。用语上的变化反映着基本观念的明确转换，从一种对知识实体传递、占有的关注转移到教学活动过程本身的关注，也就是学生参与教学活动行为本身的关注。研究者探讨教学活动偏爱"教学情境""文化中介""反思""对话""交往"等，教学活动不再以知识的占有为终点，而要求主体参与其中循环往复。教学活动被看作学生成为共同体成员的过程，教师是其中的维持者，学生是新成员与推动共同体发展的变革者，学习也不再是个人的奋斗而变为共同体成员协作解决问题，并在具有情境性的问题解决过程中发展自身的合作者。由此可见，一种有别于获得的教学价值取向正在形成，同时也正是近年来为培养创新能力所提倡和推动的一种新的教学价值取向，依据其核心术语我们可以称之为参与教学价值取向。相对于获得教学价值取向强调个人大脑的储备与填入内容，参与教学价值取向强调个体与其所在整体的关系与互动，这种参与凸显了教学主体间的交互作用性：部分与整体相互影响、相互促进。一方面，整体完全依赖部分而存在，另一方面尽管获得意味着拥有什么决定了拥有者的身份，参与却取决于个体在整体中的存在与所起的作用。因此，谈论"孤立奋斗的学习者""游离情境的学习"，就像不参照有机体来谈论四肢或心脏一样毫无意义。[1]对于参与教学价值取向概念的理解，首先需要理解参与的含义。西方文献中"参与"来自拉丁文"partiepare"，现代文献也常常用"engagement"或"involvement"来表示，用得更多的是"engagement"，包括"美国国家参与研究中心"在内的西方官方研究机构都采用"Student engagement"来表示"学生参与"。参与的价值观最早出现在古希腊时期，主要是指政治参与，而后在管理学、组织行为学等领域也开始使用。第二次世界大战后，"参与"这个概念广泛地应用到政治、经济、文化、教育及其他社会领域，并取得了普遍的社会意义。以教育学的角度来看，参与强调教育主体间的平等对话、协商与共同发展，突出主体性、文化性以及共享性等。教育家杜威、罗杰斯、苏霍姆林斯基等都非常重视在教育教学过程中学生主体参与教学。如罗杰斯强调学生在教学中的参与不仅仅是一种躯体的积极活动，更是一种情感和情绪的投入。[2]对学者们的参与概念进行概括主要有以下三类：其一为普遍所认同的参与是一种行为，参与意味着学生

① 徐学福. 获得学习模型的困境与参与学习模型的转向 [J]. 教育学报，2014（2）：50-57.
② 方展画. 罗杰斯"学生为中心"教学理论述评 [M]. 北京：教育科学出版社，1990：99.

全身心投入教学活动的状态过程，而教学效果与学生的参与程度成正比例关系。其二是认为参与是一种心理活动，诚如约翰·亨利·纽曼强调参与是教学活动中学生理解知识、掌握知识和掌握技能的心理投入情况，也是学生心理的变化情况。[①] 其三是认为参与是学生行为、认知、情感和态度的有机统一。菲恩指出学生参与学习生活有两种形式：一是指学生身体的行动参与，二是指学生在情感、态度方面对学校的认同感和归属。[②] 基于此，参与教学价值取向就是指在教学活动中，将满足学生行动参与到教学活动中的需求作为教学主体主观上对教学客体进行价值选择的稳定的总体方向和趋势。进一步分析，参与教学价值取向乃是在教学活动中尊重学生的主体地位，在教师的引导下结合情境，学生用自身的行动参与到教学活动之中，在积极参与中建构知识、体验过程、培育情感，教学则围绕对话、合作、探究等教学方式展开。

① Newrnann F.M.Student Engagement and Achievement in Ameriean Secondary School［M］.New York：Teachers College Press，1992.

② 孔企平.数学教学过程中的学生参与［M］.上海：华东师范大学出版社，2003：19.

第三章

获得教学价值取向

获得教学价值取向并不是凭空产生的，其在教育教学史中具有深厚的渊源，对其源与流的梳理，便于抛开具体的教学理论和思想而把握获得教学价值取向的实质。在此基础上探讨了形成获得教学价值取向的理论基础，以便能够深刻理解其产生的原因，进而从文化学角度分析获得教学价值取向的价值层面、思维层面、行为层面以及在教学活动中的表现，能够把握住获得教学价值取向的质的规定性，为后续与参与教学价值取向进行比较并提供参照。

一、获得教学价值取向的源与流

在教育教学史上，把获得教学价值取向作为教学活动指导的研究成果俯拾即是，并在工业革命后一度因批量化培养人才的需要而在教学研究与实践领域占据主导地位。韩愈在《师说》中将"传道、授业、解惑"作为教师的主要工作，苏格拉底认为教学是帮助"回忆"头脑中与生俱来的理念。而后夸美纽斯在《大教学论》中阐述的教学原则、赫尔巴特的四阶段教学模式、行为主义所影响的教学理论等，无一不是为了让学生更好地获得知识和技能。促进学生的"知识获得"与"概念发展"似乎是自然而然的事情，获得教学价值取向也好似一种约定俗成，有着深厚的渊源。现将具有代表性的教学梳理如下：

（一）追求知识获得的古代教学思想

随着生产力水平的不断提高，教学活动逐渐从生活与生产部门独立出来，而从事任何一种活动都必然有一种信念为基础，并通过价值取向指导行为。

在古埃及，人们认为需要设立专门的教学机构才能迅速地将知识和经验传递给下一代。为了促进这种传递，使学生能够更好地获得这些知识，教师甚至可以对学生进行体罚，"您打在我的背后，您的教导就透入我的耳内"[①]。从这里可以看出，古埃及的教学

---

① 麦丁斯基.世界教育史上册［M］.叶文雄，译.北京：五十年代出版社，1952：7.

强调教师通过教授将知识和经验传递给学生，学生则通过倾听和记忆将知识和经验装入自己的大脑，而在教学方式方法方面则显得过于粗暴，不惜采用体罚来促进这种获得。

古希腊教学中理性占据着重要位置，苏格拉底、亚里士多德以及柏拉图等强调概念先于事物，教学就是将理性概念传授给学生。柏拉图就曾指出：理性知识优于感性知识，通过回忆等方式来获取理性知识是教学的目的所在。[①] 在教学过程与原则方面主张循序渐进、由易到难地传授知识和技能。由此可以看出古希腊的教学是把让学生获得理性概念作为目的，同时更加注重教学的过程，以便让学生能够从知之甚少向知之更多不断发展。在理性知识的不断传递过程中，古希腊的教学还强调获得的系统性、程序性以及连贯性，并通过强化练习等来巩固这种获得。

古罗马的教学在很大程度上是建立在对古希腊教学批判吸收的基础上的，进而开始进行教学研究并创立相关的教学理论。其中，昆体良承认个别教育的必要性，但同时认为更多学科需要教师同时对众多学生进行教学。[②] 这无疑是作为班级授课制的先导，这样的教学形式更加有利于将知识和技能更有效率地传递给学生。昆体良强调无论学生的多少，教师都需要让每一个学生听清楚教学知识。通过这样的方式，教师处于教学过程中的权威地位，通过语言均等地向学生传递知识，而后通过评价来判定学生学习到多少知识。昆体良还认为学生在团体中学习能够相互竞争，并且通过老师的评价纠正过失等，都有利于获得知识。在这里，我们可以看到师生处于一种教师权威和学生顺从的关系中，而生生关系则是对知识占有的竞争性关系，学生通过竞争决定自身在团队中的地位，同时这种竞争可以调动学生的积极性从而使其更好地获得。1500 年后夸美纽斯所著述的《大教学论》中渗透着以上思想。

古代中国的教学主要为迎合科举考试，采用儒家经典作为教材，强调教师的绝对权威，以获得儒家经典的知识来达到"修身、齐家、治国、平天下"的目的。而国家也以掌握儒家经典知识的多少作为选拔人才的标准。

---

① 田本娜.外国教学思想史［M］.2 版.北京：人民教育出版社，2002：19.
② 任钟印，昆体良教育论著选［M］.北京：人民教育出版社，2001：150.

（二）近代教学中知识获得教学理论的建立

在近代史中，整个社会发生了颠覆性变化，工业革命引领着生产方式的改革，启蒙运动唤起了对平等、自由、博爱等的追求，资产阶级革命确立了资本主义制度，而马克思主义理论与实践的发展更是促进了人们意识形态的变革和对生产、生活方式的思考。其中教育教学取得了长足发展，形成了系列传统教学理论。在这些教学理论中除了个别，大多数均强调教学的任务是传授知识，而学生主要是接受知识，这其中凸显了教师的主导地位。主要的教学理论如下：

强调把一切知识教给一切人的夸美纽斯成为泛智主义教学的代表，为了实现这一目的，夸美纽斯把学校隐喻为工场，那么教师就犹如在生产线上为学生大脑填充知识的工人，而学生就犹如流水线上的产品。基于此，夸美纽斯进一步指出教学要取得好的效果，就需要教师掌握相应的教学原则和方法，概括起来说，夸美纽斯认为应该实现其愉快性、彻底性以及迅捷性。就愉快性而言是指教学活动过程中要让学生保持愉快的心理状态，只有在愉快的心理状态下学生才能将教师所传授的知识牢固而迅速地掌握；而教师在教学活动中应该教得彻底，不仅使学生能够牢固掌握知识，同时还应该使学生获得如何独立增长自身知识的方法以便自身能够长足发展；而迅捷性也不是一味地强迫性的灌输而是需要引导、启发等，同时还需要将知识归类，相同或者相似的知识一起教授，精练内容以便节约时间。在《大教学论》中，夸美纽斯对这些教学原则与方法作了深入阐释："我们可以为教师找出一条金科玉律，在可能的范围内，一切事物都应该尽量放到感官跟前。"[1] 夸美纽斯认为应该调动各种感官来促进学生对知识的掌握，除了图像和模型以外，事物本身的刺激更利于学生知识的获得。"人的智慧具有对知识的意向，求学的欲望应当彻底在学生身上激发起来。"[2] 夸美纽斯认为，学生天生就有获得知识的倾向，老师应该对学生学习某种知识的要求给予肯定和支持，教学内容安排上要从已知到未知，语言上要通俗易懂，学校也应该建设良好且富有教育意义的环境来促进和推动学生这种对知识的意向，同时教师应该让学生进行必要的练习，只有练习和应用才能够将知识更牢固地记忆在头脑之中。

---

[1] 夸美纽斯.大教学论［M］.傅任敢，译.北京：人民教育出版社，1984：156.
[2] 夸美纽斯.大教学论［M］.傅任敢，译.北京：人民教育出版社，1984：123.

夸美纽斯还强调学校应该实施班级授课，教师讲授和学生自习练习的时间各为半小时，以便学生能够巩固所学知识，为新的学习保持足够的能量和活力；而对于知识的获得，夸美纽斯认为只需要记忆重要的事项，其余只需要领会大意。[①] 这一观点反映了在对学生进行知识传授的过程中，要充分考虑学生的接受程度，在教学思维、教学行为方面进行适当的调控。同时夸美纽斯还根据知识属性的不同，提出了不同的学科应该采用不同的教学方法。比如对于艺术学科来说，他认为首先应该让学生理解材料如何应用，再是熟练地指导，而更为重要的是学生要经常练习。从以上夸美纽斯对于教学的观点和看法我们可以发现，他认为教学主要是为了让学生获得知识，而学校与班级授课制的建立是更好地促进这种知识的获得，同时他还依据知识的不同建立了不同的学科教学方法等，为获得教学价值取向建立了范本。

主知主义的教学以知识为本位，强调知识的教育价值，其中典型的代表是赫尔巴特。他认为教学就是传授知识，在"知、情、意"中以知识为本，多方面的兴趣其实质是多方面的系统知识，而道德观念和行为也依赖于一定系统知识的掌握。赫尔巴特采用统觉概念来解释教学中的认识过程，所谓"统觉"是指人们在认识某一新事物时利用原有的经验来理解新事物。[②] 统觉将分散的感觉整合为整体，用原有观念吸收新观念的方式来扩大观念体系，而教学活动的成败就在于统觉过程能否顺利进行，教师应该创造条件促进原有知识再现，以便学生能够更好更快地吸收新知识。赫尔巴特仍然将教学活动看作教师将新知识输入学生大脑，从而促进了学生发展的过程，但是在这里不再是一种简单的灌输，而是要注重学生大脑中的原有知识，并将其唤醒以便吸收新知识。在这样的理念指导之下，教师不再是仅仅知识较多就能胜任，还需要懂得如何合理地将新知识传递给学生和组织教学活动的开展。如何组织教学，赫尔巴特认为不应该将儿童交给适应自然的原则而应该寻求一种教学程序，按计划向学生传授知识，促进学生"知、情、意"的全面发展。他以统觉为基础并结合学生多方面的兴趣以及注意力提出了教学阶段理论。他认为学生在获得知识的过程中心理状态会存在"注意—期待—探究—行动"四

---

① 夸美纽斯.大教学论［M］.傅任敢，译.北京：人民教育出版社，1984：114.
② 田本娜.外国教学思想史［M］.2版.北京：人民教育出版社，2002：195.

种情景的转换，因此赫尔巴特的教学阶段理论包含"明了—联合—系统—方法"四个阶段，在"明了"阶段，首先要清楚学生已有知识的储备情况，通过分解教学内容让学生感知新教材并引起学生的注意，讲授应该由浅入深、分析应该透彻精准，以便能够与学生已有的知识进行对接，使所要教授的新知识成为注意的中心。在"联合"阶段，教师应该继续将新知识传递给学生，学生的心理状态表现为一种期待，也就是期待新旧知识统觉的结果，期待将新知识中蕴含的观念联合为概念，在此阶段教师在教授知识时应该由分析转向综合、从特殊现象转向一般。在"系统"阶段，教师应该引导学生从期待进入探究，使学生新近初步联合起来的各种概念与众多统觉系统发生联系，深入思考理解并寻求规律性联系，达到系统化知识的目的。在"方法"阶段，教师采用练习法使学生将已获得的系统知识应用于实践，变得更加熟练和巩固，从而变为吸收新知识的工具。从以上我们可以看出，赫尔巴特将教师传递知识过程程序化了，即在旧知的基础上感受新知，新旧知识整合，将知识进行系统化和应用，在完成这一程序后学生就占有了知识并为后续学习新的知识打下基础，而在这一过程中教师和教材占据了绝对主导地位。

（三）现代教学中获得教学理论的发展

在社会思想文化多元化的推动之下，现代教学思想与流派精彩纷呈，表现为以下特征：其一为百家争鸣催生学派林立，如以斯金纳代表的新行为主义与以罗杰斯为代表的人本主义在教学中关于"人"的地位问题的争论。其二为重视人在教学中地位的研究，对于人的身心发展的不同理解，使教学价值取向迥然不同。如新行为主义虽然强调学生"内驱力"的重要，但是其还是认为教学活动是教师向学生传递知识的过程，学生获得知识的多少通过其行为表现出来。而人本主义则不那么强调教师的传授作用，认为老师只是一个咨询者，充分尊重学生的个性和创造性以及自主选择性，提倡一种非指导性的教学模式。其三是并不只把知识作为教学内容，而是强调知识、智力以及个性的协调发展。但是每一个学派在这三个方面的侧重各有不同，产生了如永恒主义、要素主义、新行为主义等学派。通过梳理发现，获得教学价值取向仍然贯穿其中，主要的教学理论如下：

实验主义教学因受到实验心理学成果的影响而逐渐发展起来，认为教学活动不是只凭借感觉和经验的活动，而是一种科学性活动。科学活动注重实验，而教育教学实验则依据教学因素与教学结果之间的因果关系事先做出假设，然后在真实的教学环境中进行验证，最后是实验结果的评价和推广。[①] 精准的测量是进行教学实验的主要依据，爱德华·李·桑代克认为：凡存在的，就有数量，凡有数量的，都能测量。[②] 同时实验主义学派还将测量用在了其重点研究的学生领域，用来测量学生学习的效果。对于学习效果的测量目的在于以外显出来的知识占有情况检验学生在教学活动中获得发展的情况，同时通过对学生掌握知识的多少以及效率来判断教学要素中哪些更有助于促进学生知识的获得，从而为后续教学活动中教学要素的选择和组织提供依据。这样的一种通过测量学生知识获得多少从而改变和调整教学要素的方式显然是一种获得教学价值取向，同时实验主义教学还试图量化学生的获得，并通过这种量化的结果来指导教学行为的改变进而促进获得。

永恒主义教学将学生获得经典的文化知识作为教学的永恒价值。永恒主义教学认为真理具有普遍、共有等属性，而教学的目的正是要教授这些永恒不变的真理。因此教育教学并不是生活的副本而是要为以后的生活做准备，人本质上应该理性生活；在教学组织和方法上强调严格，让学生非常辛苦地去读和学；在教学内容上主张百科全书式的通才教育，用以培养"知识贵族"。赫钦斯强调通才应该精通文化遗产并将其联系起来，从而进行创新和发展。[③] 永恒主义教学的观念体现着浓厚的获得教学价值取向，整个教学活动都以知识获得为核心开展，强调知识的获得以及知识系统化后的增值。学生主要学习间接性的经典文化遗产，而教师通过严格的教学让学生获得知识，并用贵族的隐喻强调占有知识的重要性。

新行为主义教学对行为主义刺激—反应（S—R）模式进行了修正，嵌入中介变因，使模式变为 S—O—R。强调主体因素对于刺激—反应的重要作用。由此获得知识的过程就变为积极、主动的个体转换、加工、调节信息的过程。新行为主义教学强调教学活动本质上是使学生行为发生积极变化，而外显和内在的行为通过学习获得。教学目标上强调将

---

① W. A. 拉伊. 实验教育学 [M]. 沈剑平，瞿葆奎，译. 北京：商务印书馆，1996.
② 瞿葆奎. 教育学文集·教育研究方法 [M]. 北京：人民教育出版社，1988：30.
③ 吴杰. 外国现代主要教育流派 [M]. 长春：吉林教育出版社，1989：90.

其具体化为可观测的行为目标，斯金纳的程序教学的行为目标就非常明确和可观察，同时也深深地影响了本杰明·布鲁姆的教育目标分类学，后者将其具体细化为识记、领会、运用、分析、综合、评价。他在师生关系上不但强调教学方法、教学技术以及有效的指导，同时强调作为中介变因的学生主体因素的主动性、能动性，注意学生学习动机的调动，使学生能够主动学习。在教学内容和形式上注重教材并按照一定的序列进行选择、组织、设计，学科分成单元，单元下再进行更细的划分直至最小的知识点，学生按照编排好的知识点逐个学习直到最后完成学习任务。在教学手段上注重强化的作用，教师可以根据教学需要选择各种方式对学生的学习进行强化，比如在学生取得成绩时表扬，反之则批评。新行为主义教学将知识的获得进行了程序化，强调学生自身内驱力的重要性，同时通过一步步地测试巩固所获得的知识。

结构主义教学受到康德提出的"结构"与"图式"的影响，强调学生知识结构的形成，而知识结构建立在心理结构之上。皮亚杰认为"图式"是心理结构的最初形式，在同化和顺应中逐步发展为心理结构。克劳斯·施瓦布进一步指出知识结构乃是规定学科所研究的题材和方法，也就是该学科的概念、原则和方法。[①] 这种知识结构一旦被学生获得，在大脑中构成整体就具有再生能力而产出新知识，也就是说结构主义教学强调学生获得知识的系统整体性，而不只是对零碎知识的死记硬背。在教学方法上结构主义教学强调探究法与发现法，强调发现法是为了使学生获得科学家的思维和方法，而在结构主义教学的研究者看来，学习本身就是一个探究的过程，那么教学就是探究。在这里，学生获得知识不再是一种权威、教条的单向传递的知识，而是一种充满不确定与变化的知识。在结构主义教学中，已经从学生对知识的被动接受转向学生积极主动地建构知识，虽然获取知识的方式和手段发生了变化，但是在本质上仍然强调教学是使学生获得知识。

---

① 田本娜.外国教学思想史［M］.2 版.北京：人民教育出版社，2002：349-350.

二、获得教学价值取向的理论基础

（一）哲学基础

通过以上的分析和梳理，获得教学价值取向认为学生是通过对知识、技能等的占有和应有内部逻辑加工来进行学习，教师则是知识的提供者和传递者，即只是担任一种中介角色。也就是曾文婕所提到的"学习只是发生在个体心灵之中的独立活动""知识是个体心灵（mind）中用逻辑手段加以处理的事物，教师通过知识的传递使得学生获得能用心灵加工处理的实体"[①]。而这样的观点源远流长，它的产生和发展都与哲学思想的发展相关联。哲学在本质上具有批判和反思的功能，使其成为时代精神的精华，因此获得教学价值取向同样深受哲学的影响。

1.理性主义哲学

培根提出"知识就是力量"，凸显出知识的重要性，敲响了信仰主义、蒙昧主义的丧钟。而笛卡尔以"我思故我在"奠定了理性主义哲学。[②]追溯其根源，理性主义哲学始于古希腊的巴门尼德，巴门尼德指出哲学探索存在问题要遵循逻辑确定性原则。真理之路和意见之路是人们认识事物的两条路径，所谓"存在物存在"强调，只有理性能指引认识存在，即为真理之路；"非存在者存在"是意见之路，在此种状态下无法认识存在。概括起来就是只有理性才能把握真理，意见的对象不真实存在也就不包含真理。而柏拉图正是基于此提出了概念实在论，从而奠定了形而上学的基础，他认为是理性而不是感性才能认识真理。苏格拉底就把认识和学习看作"回忆"生来就有的永恒不变的理念。亚里士多德认为人的灵魂中依靠理性来进行思维和判断，因此人是理性的动物。笛卡尔进一步指出理性就是能正确辨识真伪的能力。依据先哲们的认识，我们认为理性可形成概念，而利用概念体系能够进行判断推理进而获得知识，而以逻辑思维结合客观实际和规律合理制订实践行动计划和方案能够指导人的实践活动。[③]一方面理性形成的概念体系通过推理判断能够形

---

① 曾文婕，柳熙.获得·参与·知识创造——论人类学习的三大隐喻［J］.教育研究，2013（7）：88-97.

② 王秋梅.笛卡尔理性主义哲学透视［J］.哈尔滨工业大学学报：社会科学版，2005（4）：36-39.

③ 李仁武.正确认识当代西方哲学对传统哲学的超越［J］.云南师范大学学报：对外汉语教学与研究版，1993（5）：20-25.

成知识，同时笛卡尔等理性主义者们还强调知识的"内感"，即知识是通过归纳演绎等思维模式主动获取，通过逻辑思维获取的理性知识同样作为一种实体存在于人的大脑之中，可以被应用、迁移以及分享。在认识论上，笛卡尔的理性主义哲学是将动物和人的肉体隐喻为机器，动物完全受物理定律支配而毫无情感和意识可言；但人有潜藏于松果腺内的灵魂，在其中，灵魂与"生命精气"发生触碰，借助该种接触，灵魂和肉体相互作用。① 简言之，他不把外界对象而把思维看作原始经验的确实项，把肉体作为了承载，也就是获取某种"观念"的物质载体，至于观念的来源则是内在的"思维"。

2.马克思主义认识论

基于辩证唯物主义、马克思主义认识论分析实践的作用、阐明认识和实践、思维和存在以及主客体间的能动过程，强调实践决定认识，认识总体上是从感性活动上升为理性认识②；进而马克思指出人的认识是对客观世界的反映而其中介为实践，其结果为形成相关认识和知识，因此实践是一切知识的来源。恩格斯指出现代科学发展使知识获得有了积累的遗传，每个人不必进行直接经验的亲身体验③，恩格斯的这一观点深刻地揭示出教学意义就是用间接经验的学习来提高人类掌握知识的效率。在《实践论》中毛泽东也强调知识的直接和间接经验之别，同时指出间接经验是源于别人的直接经验。基于以上分析，教学就变为一个特殊的认识活动，也就是学生在教师的主导下通过还原、再现以及重演等方式学习人类的间接经验，从而获得知识的增长。在教学活动中，教师通过严密加工形成系统化的储备好的人类间接知识，再应用各种教学方式方法传递给学生，学生获得这些知识并储存于大脑中之后，再对知识进行再创造和发展。

3.预成发生论

莱布尼茨的"预成发生论"也为获得教学价值取向提供了一定的哲学依据。该观念认为，知识不过是天赋观念的体现，知识的获得也就是人类理性的演绎过程，即知识产生于人类的理性，来自内部思维加工，而不是源于外在的感觉和知觉。

---

① 罗素.西方哲学史［M］.马元德，译.北京：商务印书馆，2013：89.
② 王策三."三维目标"的教学论探索［J］.教育研究与实验，2015（1）：7.
③ 中共中央马克思恩格斯列宁斯大林著作编译局.马克思恩格斯全集（第26卷）［M］.北京：人民出版社，1965：377.

哲学，特别是理性主义哲学和马克思主义认识论对获得教学价值取向有着深远影响，为获得教学价值取向的知识观、学习观以及教学观奠定了哲学基础。其一，获得教学价值取向的知识观认为，知识主要源于人的理性，而并非感觉；在知识类型上以理论化、抽象性的知识为主，也就是通过精心加工后系统化的人类间接经验为主；其二，获得教学价值取向的学习观认为，鉴于知识是通过内部思维加工得来，那么学习就是主动或被动获取抽象性知识的过程，这种抽象性知识被认为是一种实体，同时这种实体可以是直接经验也可以是间接经验，总之是一种有待学习者加工的材料，学习也就是拥有或占有材料的过程；其三，获得教学价值取向的教学观认为，既然学习是学习者拥有足够的材料进行内部加工，那么教学只需要促成这种拥有和获得即可。因此，教学就是不断地把人类的精神文化财产传递给学习者以促进拥有的过程。

（二）心理学基础

心理学为教学活动提供"教"与"学"的系统理论，指导教师的教学决策。在心理学的理论体系中，将学习隐喻为占有某种实体以及将教学看作教师促进学生的这种占有的观点俯首可拾，而这样的观点也构成了获得教学价值取向的心理学基础。从行为主义心理学注重"预见与控制"到认知主义心理学强调"概念获得"，虽然各心理学流派对于如何获得知识的机制认识各异，但是在这些心理学理论中都蕴含着"学习即个体获得"的观点却始终保持不变。

1. 行为主义心理学

受英国联想主义心理学和洛克的经验论影响的行为主义心理学重视环境和经验的作用，强调各种刺激要素对学习的影响，它在20世纪上半叶对教学产生了重大的影响。从经典性条件作用理论到联结主义理论再到斯金纳的操作性条件作用理论，行为主义心理研究总是围绕"刺激—反应（S-R）"系统展开。基于该系统，行为主义为获得教学价值取向提供的理论支撑在于强调学习行为和结果的可预见性和可控性，也就是说行为主义认为教学可以预设行为目标、教学目标或者表现性目标，然后在教学活动中给予相应的刺激来促进学生知识、技能和习惯的获得。该理论强调刺激条件对于行为的作用，希望通过改变环境和借助一定的方法改变学生的行为，也即是通过预知和控制学生的行为来促进学生的知识、技能等的获得。基于此，学生的学习动因源于外部刺激，控制刺激就能预测学生的行为，而在教学中教师的主要任务在于为学生提供各种刺激。因此行为主义甚至把教学目标理解为"教学目标指向学生学习结果在个体行为变化上的预期"[①]。总之，行为主义将教学隐喻为教师向学生提供刺激，学生通过建立强化刺激和反应来获得知识以及经验的过程。学生一旦获得了刺激与反应的联结，也就对知识进行了占有，而教师又会提供新的刺激。学生用建立新的联结方式来获取知识，从而使知识经验能够不断地填入学生的大脑。

2. 认知心理学

认知心理学派理论通过解析不容易观察到的心理过程关照人类的学习，无论是格式塔理论还是布鲁纳的认知结构理论等，其中所述关键在于"概念发展"。比如布鲁纳承接行为主义心理学指出：人们通过把刺激输入置于某一类别来加工它们。这里的某一类别就是一个概念，因此概念是思维过程的核心。基于此，布鲁纳认为学校教育教学的基本目的蕴含着帮助学生有效习得概念。[②] 随着认知学派心理学的兴盛，人们逐渐使用"概念发展"这一术语来分析"学习过程中的知识增长"，概念被理解为知识的基本单位，可以积累、完善，合并后形成更丰富的认知结构。该术语促使人们把大脑想象成可以填充某些材料的"容器"，把概念的不断发展视为材料的不断增多，把学习者看成这些材料的"拥有者"。

（三）教育学基础

前述分析了获得教学价值取向的源与流，从古代萌芽时期的教育教学思想到近代夸美纽斯的《大教学论》以赫尔巴特的"五段教学法"，再到当代精彩纷呈的教育教学理论无不渗透着对获得教学价值取向的支撑和发展。在这里教育教学更关注学生在学校课堂情境下，教师作为主导，在课堂上围绕教材进行教学从而展开知识的获得。教学活动本质上被隐喻为一个知识传递的过程，教师作为权威的知识提供者，学生作为被动的知识接受者

---

① 施良方，崔永漷.教学理论：课堂教学的原理、策略与研究［M］.上海：华东师范大学出版社，1999：5.
② 施良方.学习论［M］.北京：人民教育出版社，2001：197.

和使用者，学生知识增长就是由知之较多的教师通过教材等传递给知之较少的学生的过程。学生在这个过程中得到充实，认知得到发展。

事实上，在传统的教学活动中无论是教学理论还是教学实践都充斥着教学旨在为了"促使学生获得知识"这一思想。教学理论是教学实践的先导，规定和指导着教学实践的开展。在这样的理论指导之下，以知识为本位，教育教学活动的方方面面都始终围绕知识展开，并作为教学活动的起点和归宿，教育目的、教学大纲、教学计划以及教学方式等均围绕知识来进行整合。同时，教学实践又在不断地印证着教学理论的正确性。比如传统教学理论认为教学活动应该区别于"实践—认识—实践"的一般认知活动，是将历代积累的优秀文化系统有效传承的过程。[①]那么教学活动就表现为：教师以传递间接经验为主、知识依靠教材承载以及主要依靠讲授法进行教学等，学生则通过听讲来领会课堂所学，知识就如同货物一样被装进学生的大脑并长久存储下来，供学生应用，从而充实了学生个体。在这里，无论理论层面或是实践层面，教学所关注的焦点始终是知识而非学生。这样的教学理论及其指导下的教学实践共同构成了获得教学价值取向的原始机制。

知识作为教学的本位，学校的中心工作将确定无疑地落在"知识"上，教师传授知识、学生学习知识，最后通过知识的多少来评价学生的成就。为了使学生更多更快更好地获得知识，教师必须思考的一个问题是拿什么知识教给学生和怎么教这些知识。因此，教师为解决这两个问题需要钻研教材与课辅资料，搜集各种教学材料，需进行教学设计，寻找适切的教学方法以便高效地将知识传递给学生，从而形成了大量的教育教学理论，也不断地完善和发展着获得教学价值取向。

三、教学文化视野下的获得教学价值取向分析

教学文化作为教学活动的背景，无时无刻不在影响着教学的方式方法以及教学要素和发展方向。获得教学价值取向将知识隐喻为某种实体，教学活动也就被理解为教师传递

---

① 田娟.讲授法对实现教学三维目标的价值分析 [D].重庆：西南大学，2010：26.

这种实体，从而达到充实学生个体的目的。在教学文化视野下获得教学价值取向也有其价值层面、思维层面和行为层面，通过以获得为核心的价值观影响和决定教学主体的教学思维，而最终通过教学行为体现在教学活动中。对获得教学价值取向价值层面、思维层面以及行为层面的分析，便于对获得教学价值取向有一个全面的认识，也便于理解其在教学活动中的传导和展开方式。下面就分别对其进行分析。

（一） 一切为了学生获得的价值观

获得教学价值取向以获得知识为核心进行建构，以考试作为教学评价的主要方式，而学生获得知识的多少会对其发展产生重要影响。比如：在我国自隋代开始采用笔试为主的科举制选拔人才，以"四书五经"等儒家经典作为教学内容，以死记硬背为主要的学习方式，占有这些经典较多者就可以在科举考试中成功从而取得功名。"学而优则仕"的教学目标引导着教学活动，使教学活动围绕学生如何更好地获得儒家经典知识展开。

科举制度废除后的今天，这种一切为了学生获得知识的价值观并没有减弱，"小升初""中考""高考""英语四六级"以及公务员考试等无不以考试成绩进行选拔。那么教师的教授也是围绕考试内容和讲解考试知识，学生除了上课认真听讲并消化教师所传递的知识，课下则是以大量的练习来巩固所习得的知识以便长久占有。这样自然而然地就形成了教师中心、课堂中心、教材中心，教学活动则围绕其展开，一切活动的价值观都最终指向学生知识的获得。

在西方，伴随着"什么知识最有价值"的不断追问，学校的教育教学不断寻找这种知识并进行传授。比如现代机器大工业的发展需要大量的"生产人"，这就使科学知识变得很有价值。[①]科学知识被看作不以情境以及主观兴趣、爱好等为转移的客观存在，是一种不容怀疑的理性存在。拥有了知识也就能够成为有权力和地位的人。教育教学的目的就是要培养这种人，要将知识经由知之较多的教师传递给知之较少的学生。

---

① 张俊烈.教学文化变迁研究［D］.重庆：西南大学，2010：18.

（二）权威控制下的收敛性思维模式

获得教学价值取向认为知识是客观的，具有真理性的品质从而具有权威性。在教学活动中，由于教师比学生具有更多的知识，因此教师自然而然就成为知识的代言者从而为教师的话语霸权找到了基础。在教学关系思维上，教师的知识话语霸权使其处于控制地位，而学生被视为知识接受者，被教师支配和控制。在这里强调整齐划一的尺度，用考试对每个学生进行公平测试，使得对学生的培养朝着统一的规格发展。为了获得知识，师生在整个教学过程中相互利用和占有，由教师充分发挥主导作用，在知识话语霸权下预设教学活动向着知识获得的方向不断收敛，师生关系则被束缚于知识"授—受"的单向关系框架内。

（三）预设目标下传递的行为方式

一切为了学生获得的价值观以及权威控制下的收敛思维模式促使知识的真理性、权威性、优越性以及确定性得以预设，形成了线性传递的封闭性系统。因此教学活动中获得知识的行为必然是一种预设目标下的行为，在这个过程中需要尽力排除干扰，师生共同寻求机械性操作以便精确高效地完成预设目标。课堂中心、教师中心、教材中心使得教师和学生在教学活动中完全相信书本。基于这样的认识，教师讲授书本知识鲜有依靠教学情境的，认为教科书蕴含着某一学科知识的全部，学生通过对教科书中所蕴含知识的掌握便能具有相应的学科能力。教学评价则是以测试卷子来判断学生对专业知识的记忆水平。在教学活动过程中教师单独的讲授行为是一种主体行为，而学生则是被动且缺乏主体性行为的接受者。教学活动呈现为一种程式化的过程，教师是有着预设目标且控制整个过程的传递者，而学生则被隐喻为犹如知识存储器的接受者，教学行为表现为脱离生活情境的预设目标下的程式化传递。

四、获得教学价值取向的表现

获得教学价值取向在教学过程、教学方式、教学评价等方面均有表现。下文通过对新课改以来教学行为发生明显变化的几个方面进行讨论，从而进一步揭示获得教学价值取向，把握其质的规定性。

（一）充实个体的教学目标观

教学活动以教学目标为统领，进而确定教学内容、方法以及形式等。教学目标观是指教学所应达到什么样的目标的看法和观念。在获得教学价值取向下，教学所应达到的目标总体上表现为充实个体，且充实个体的教学目标观具有可操作性、系统性以及彼此间纵横交错的联系。充实个体在西方表述为"individual enrichment"，"individual"意为个体，在教育学中可理解为单个的学生或者学习者，而"enrichment"有丰富、改进、肥沃之意，那么两个词合起来就可以理解为使学生个体得到丰富和改进，也就是充实个体。在《孟子·尽心下》中孟子界定了"充实"，强调充实之谓美，充实而又光辉之谓大，也就是说充实有"使内容丰富、完满、加强"的意思。综合可知，"充实个体"便可理解为"使学生的知识不断增加，从而完满"。那么获得教学价值取向下充实个体的教学目标观就可以理解为在设定教学目标时以学生掌握知识、技能的多少和层次为取向，具体表现为在教学目标的表述上多采用如"使学生具有……知识"，"培养学生……技能"，"教会学生……的解题方法"等，这样一些描述行为的动词短语和句子无不指向教师通过相关的教学活动使学生获得相关的知识和技能等，从而达到充实学生个体的目的。

充实个体的教学目标观有一定的理论和现实依据，充实个体的施行者即为教师，学生个体即被视为容器，充实的内容则为知识。本部分主要从"充实个体"的渊源、"充实个体"的内容等方面进行具体阐述。

1. 充实个体的教学目标观是传统教学的延续

自古代社会出现正式的学校教育教学开始，教学的任务随着生产力以及时代的变化而变化。在农业社会中，教育教学目标是培养统治阶级人才，而要成为统治阶级就需要掌握宗教、伦理、简单的读写以及相关古典学科知识，那么教学目标观必然是将知识填入学生的头脑中，从而充实学生个体。到了工业社会，教育教学不仅要培养统治阶级的继承者，同时还要培养适应生产力发展的熟练劳动者，教学的任务主要是传授知识、培养技能并进行品德教育。[1] 从本质上讲其教学目标观仍然是教师将知识和技能传递给学生，学生充实个体，学生获得知识后就会成为社会生产发展所需要的人。

我国传统教学目标强调学生掌握基础知识和基本技能，自从 1952 年《中学暂行规程（草案）》施行以来，在很长时间里，我国教学基本目标都被界定在"双基"的范畴之内。同时将系统掌握科学文化知识表述为教学基本任务的例子也俯拾皆是，如"使学生掌握科学文化基础知识和基本技能，……形成科学世界观的基础和良好的个性心理品质"[2]。长期以来，使学生掌握科学文化知识进而形成基本技能的教学目标一直被作为基础，其他教学目标都被贯穿其中，并在完成这一教学任务的过程中实现。因此教师通过传递大量知识来使学生个体得到充实成为教学目标观也变得顺理成章。延续传统教学的充实个体教学目标观产生于社会以及个人发展的需要。

（1）社会发展的客观需要

文化遗产的传承构成了人类社会的延续和发展的基础，因此教学活动通过课程这一中介来完成传递、更新文化的功能，用意识形态灌输来完成维持社会政治关系的功能以及培养经济发展所需要的人才来完成其经济功能等。[3] 无论达成的方式如何，社会文化的传承、经济的高速发展、政府政治目标的实现都离不开知识和技能的传递，只有社会个体具备了相关的知识和技能才能为社会的发展服务。充实个体的教学目标观，指引着教师将相关知识和技能输入学生的大脑，以达到充实个体的目标，也就成为一种自然的选择。

宗教、公民、健康、家庭、职业、消费等是学者泰勒对于社会生活的划分。在此基础上，"弗吉尼亚州课程研究会"进行了更深入的划分：生命维持与保护、物品劳务生产及分配、物品劳务运输与消费，人的沟通、教育、娱乐以及审美和宗教冲动的表现、自由的范围以及个体整合与探索等。[4] 基于以上社会需要分类的研究可以看出：第一，无论是社会或是某一阶层，不管是社会强势阶层还是弱势阶层，都需要以传递知识的方式来完成充实个体以满足社会的需要。第二，不管是满足传统社会还是当今社会的需要，将知识的

① 巩在暖.知识经济时代教学应完成的基本任务［J］.外国教育研究，2000（3）：1-5.

② 田慧生，李如密.教学论［M］.石家庄：河北教育出版社，1996：65-68.

③ 施良方.课程理论——课程的基础、原理与问题［M］.北京：教育科学出版社，1996：100.

④ 靳玉乐.课程论［M］.北京：人民教育出版社，2012：186.

传递作为途径的基本信念从来不曾动摇，这一基本信念传导到教学活动领域自然就会形成充实个体的教学目标观，从而满足社会需要。第三，虽然知识传递并不是满足社会需求的万能钥匙，但是社会需要的知识却像基因一样一代代地传承并促进社会的平稳快速发展。因此，将知识输入学生的头脑就成为教师主要的教育教学任务，而教学目标观也就是用知识充实学生个体。

（2）个体智力发展的重要保证

知识与智力存在诸多联系，逻辑严密的知识具有促进智力发展的价值。[①] 在教育教学中，传授知识和发展智力一直都被视为一种相互促进的辩证关系。知识的获得是以一定的智力为基础的，而所习得的知识又能更好地促进智力的发展。它们是相互依存、相互促进的关系。

由此可见，智育也需要以知识传授作为手段与基础，从不准确到准确是心智发展的基本规律。组成心智的每一种能力都是从分辨事物动作开始并不断加深的。所以在教育教学中应该从粗糙概念开始并逐步加深，帮助儿童获得经验并使概念清楚。[②] 以上斯宾塞的观点主要表达的是：获得经验的多少关乎发展心智的程度。而这里的经验一方面是指学生通过感官获得的认知经验，另一方面更主要是指教师所传授的知识。由此可见，个体智力的发展与学生掌握的知识多寡不无相关，那么为了发展学生的智育，教学活动的任务就是让学生能够更多地获得知识，而教学目标观定位于充实个体也就能为学生个体智力发展提供重要保障。

（3）作为特殊认识活动的教学需要充实个体的教学目标观

教学活动区别于"实践—认识—实践"的人类一般的认识，它是一种依靠文字符号传授间接经验为主的文化传承活动。王策三教授认为教学认识是一种教师教学生认识的认识，既区别于科学家等的认识，又区别于一般学习者的认识。[③] 也就是说，教学活动中符号化的间接经验被作为教学内容，学生被作为主体，而教师主导着学生对教学内容的认

---

① 李秉德.教学论［M］.北京：人民教育出版社，2001：78.

② 赫·斯宾塞.斯宾塞教育论著选［M］.胡毅，王承绪，译.北京：人民教育出版社，2005：60.

③ 王策三.教学认识论［M］.北京：北京师范大学出版社，2002：113-117.

知。在这一特殊认识活动中，学生作为主体的主观能动性表现为一种静听下的积极思维活动，而非表现性的活动。基于此，教学活动表征为教师将作为教学内容的知识传递给学生，学生获得知识的过程。其教学目标观必然指向用知识充实学生的大脑，也就是在教学活动中学生个体得到充实。

2. 充实个体的具体内容

在获得教学价值取向下，学生的大脑被隐喻为容器，而知识则被视为某种实体填充入学生的大脑；那么作为填充材料的知识也就成为充实个体的具体内容。其中最为典型的充实个体的具体内容是教材。从我国古代的儒家经典到现代繁多的教科书，无不都是用来充实个体的，甚至教师职业在传统上都被习惯称为"教书"。然而在获得教学价值取向视角下，充实个体的具体内容还远远不止这些。新课改所提出的三维目标，在获得教学价值取向下也是一种知识的学习。过程与方法、情感、态度与价值观这两个维度同样如同知识与技能维度一样被当作知识，成为充实个体的内容。

（1）知识与技能

知识是人类实践的成果，从初级的经验知识到高级的系统理论，无疑都是大脑意识活动的产物，而后以语言符号为载体而成为独特的客体。在教学活动中，知识以事实、原理、体系等不同的表现形式呈现于教材中，尽管不同的人会采用不同的术语，但将教材作为知识传递的基本依据的本质是不变的[1]，从而达到充实个体的目的。例如："四书五经"是我国古代科举考试的通用教材，中小学各科目有版本不同的教材，高等教育有"十三五"规划教材等。教师在教学这一特殊的认识活动中，将凝聚于教材中的知识装入学生的大脑，从而成为充实个体的内容。

依据信息加工学派的知识分类，技能属于"程序性知识"[2]。因此获得教学价值取向下技能也被视为一种知识，并认为技能本质上是对习得"陈述性知识"与"程序性知识"的应用。技能的习得不仅有关肢体的运动，同时也包含依据规则等完成任务的智力运作方

---

① 施良方 . 课程理论——课程的基础、原理与问题［M］. 北京：教育科学出版社，1996：107.
② 皮连生 . 教育心理学［M］. 上海：上海教育出版社，2005：91.

式。^①而这就需要教师将与之相关的概念、规则等传递给学生，学生进行辨别、应用，从而获得技能。因此技能以及技能所蕴含的概念、规则等也就成了充实个体的内容。

（2）过程与方法

过程与方法目标，是三维教学目标中解读最多的一个，在获得教学价值取向下对于过程的理解乃是在认知基础上知、情、意、行等的发展和培养，是对学生气质、性格、能力等的培养，是以智育为基础的德、智、体等的全面发展。基于此，发展是一种结果，同时也是一个不断变化的过程，教学活动在过程中进行，学生在过程中发展。在教学活动中，教师提供符号化的教学内容，学生进行感知、思考并在练习中不断体验，这种体验在教学活动中不断地产生，在师生间、生生间进行信息的传递和情感的体验交互。虽然体验的过程并不像认知那么外露，但是在教学过程中这样的体验也被当作一种实体，通过在师生授受、提问、答疑、指导、讨论的过程中输入学生的大脑，促进学生的发展，从而过程也成为充实个体的内容。

"过程与方法"目标中还包括在教学过程中学生掌握并采用的方法。同时学会方法比学习结果更为重要，也就是"授人以鱼"不如"授人以渔"，但是通过这个"授"字我们可以发现，在教师向学生传递知识进行充实个体的同时其实方法已经蕴含其中。在《教育心理学》中皮连生强调概念等陈述性知识是一种活动方式的凝聚，是一种更高层次的活动方式，是总体的认知框架和活动方式。^②也就是说，方法的获得和知识的掌握是相互促进的两个方面，方法需要以一定的知识为基础，而获得方法之后也能促进知识的掌握，因此知识中凝结了方法。具体而言，教师所传授的原理、概念、公式等中包含着如何看待问题、分析事物以及解决问题的方式方法，学生的应用即意味着从静态的知识向动态的方法转换，从而使方法也成为用于充实个体的内容。

（3）情感态度与价值观

"情感、态度与价值"目标与"知识与技能""过程与方法"目标存在着渗透递进的关系，并统一于"知—情—意—行"系统。首先，人文性知识中本来就包含有情感、直

---

① 皮连生.教育心理学［M］.上海：上海教育出版社，2005：91.
② 皮连生.教育心理学［M］.上海：上海教育出版社，2005：127.

觉、艺术等非理性成分，也就是说，教师在传递知识的过程中同时也将情感、意志等填充于学生的大脑。其次，教学活动作为一种特殊的实践性活动，真实的情境往往难以重现。很多学生的情感体验都是以语言文字为载体，借由教师的传递使情感体验得以实现。同时教师在教会学生进行认识的过程中也隐含着明确的价值目标观念，在教学活动中所形成的情感、态度以及价值观等也就成为充实个体的内容。

从以上充实个体的三个方面来看，知识是作为填充于大脑的基本要素，在"知识"中蕴含着众多内涵，在教师将知识传递给学生大脑的过程中已经不只是知识的结果，在知识的授受过程中内含着交往、探究以及理解。[①]同时在这个过程中，学生主动获取生成的知识也并未脱离获得教学价值取向。其原因在于：首先，它并没有否定知识的材料性质，生成的知识同样被用于交换、迁移；其次，它也没有否认大脑的容器性质，大脑同样也是储存材料的器物，不会因为加工信息生成了新知识就不再装载知识；最后，知识的使用方式也没有发生变化，新生成的知识被像材料一样地应用与迁移。

（二）"传""受"相结合的教学方式观

要理解教学方式，首先需要对方式加以理解，所谓方式主要指人办事、说话以及思考的形式，偏重于行为主体的目标、价值观对具体行为活动的选择。[②]而教学方式一般认为是在教学活动中所采用的一系列活动形式、教学行为以及方法的综合。[③]教学活动为了实现相关的教学目标和完成教学任务，教学主体采用哪些活动行为和方法既受到当时所处社会生产、生活、教育教学方式的内容与技术的限制，又受到价值观的影响。[④]在获得教学价值取向下，教学目标观是为了充实个体，教学任务则围绕教师如何将知识更好地传递给学生，这就使得在教学方式的选取上倾向于以知识为媒介，将教师的"传"与学生的"受"相结合，并在此基础上组织教学。从一般意义上讲，教学方式具有教师教的方式和

① 黄黎明.知识教学：文化哲学的检讨与出路［J］.教育学报，2009（1）：18-24.
② 郝文武.教学方式对能力发展作用的价值取向和实践整合［J］.北京师范大学学报：社会科学版，2007（3）：15-21.
③ 吴效锋.新课程高效教学［M］.沈阳：辽宁大学出版社，2006：62.
④ 李森，杨正强.论教师的教学方式及其变革［J］.当代教师教育，2008（3）：33-37.

学生学的方式两个方面，包含时空、人员以及秩序等教学活动的整体性结构特征。以上的整体即为教学组织形式。^①在获得教学价值取向下，教师作为知识的代表，在课堂上具有绝对的教学权力；在教师的主导下，教的方式主要表现为如何组织教学开展，怎样更好地引导和帮助学生获得知识，从而达到很好的"传"；学的方式主要表现为一种外在的通过书本和教师教授的被动学习；而教学组织形式主要表现为以班级统一授课为特征，强调教为主，学习内容高度统一，学习步调高度一致。

1.强调先行组织者的教的方式

在获得教学价值取向下，教师的首要任务是组织教学开展，也就是教师需要设定所教授的内容，创设课堂氛围与情境，帮助学生做好认知上的准备，将教学内容渐次传递给学生，再帮助学生进行内化和巩固，最后使学生真正获得知识。在这里强调的是教师的主导地位，教师首先设定好教什么和如何教；而教的内容就决定学生学的内容，教的方式决定着学的方式。教师在整个教学活动中充当着先行组织者的角色，整个教的方式也是以教师的先行组织为前提，教师事先组织好准备传递给学生的内容，再将其灌输给学生，在班级授课制前提下显然是以讲授教学法为主。比如长期影响着我国传统教学的凯洛夫教育理论就强调以备课、复习、新授、巩固、课后练习五个环节和以讲授法为主的九大教学方法为核心的教学方式。^②凯洛夫强调教师的备课，对所有知识进行有意义的信息组织并未将其传递给学生，而复习的作用在于组织学生的认知结构以便与新知识进行对接，在新授中主要采用讲授法进行教学，他认为安排得当的讲授是学生掌握知识的主要条件，而后通过讨论、练习等让知识得到巩固和应用，从而让学生能够对知识完全占有。

（1）先行组织的思维模式

想象、直觉、演绎、归纳、分析、综合等思维模式规范和指导着教学方式的选择，作为先行组织者的教师的思维模式影响着整个教学活动。在获得教学价值下，教师组织所需学习的知识，通过讲授、学生阅读以及布置练习使知识得以综合等形式，使知识能够很好地传递给学生。通常是先行给学生灌输相关无可置疑的理论，然后再去解释相关现象以

---

① 温恒福.论教学方式的改变［J］.中国教育学刊，2002（12）：42-45.
② 田本娜.外国教学思想史［M］.2版.北京：人民教育出版社，2002：481-486.

加深理论的认识。比如在物理教学中先行讲解某一电学理论，然后再去解释这些电学现象。[①] 从这些可以看出，在获得教学价值取向下，教师在先行组织教的方式时倾向于一种演绎思维模式为主，以逻辑推演的方式将知识呈现给学生。首先是对理论的记忆，然后用现象的解释来巩固这些知识，最后通过练习加以内化和应用。在这样的过程中，教学活动在教师的权威控制之下不断收敛，最后达到教学目标。

（2）先行组织的技法方式

技法方式是教师展开教学并使教学活动能够顺利进行、教学任务得以完成、教学目标能够达成的重要依赖。技法方式在课堂教学中主要包括讲授、演示、讨论、板书、示范等。展开教学时需要考虑的问题主要包含三个方面：其一，作为教学内容的知识如何组织；其二，学生的大脑如何接受这些新知识；其三，教师采用什么教学方法将知识传递给学生。[②] 在获得教学价值取向下，教师首先对教学内容进行组织，直接将原理、概念等呈现给学生，同时还要考虑学生的大脑中已经储备和拥有了什么样的知识、有多少知识以及如何与新知识进行衔接等。在以逻辑演绎的思维模式下，教师对教学活动具有绝对主导权，而在对知识和学生进行了很好的组织之后，以讲授为主的教学方法就成为主流。一方面，在获得教学价值取向下的教学方式侧重于教的方式。讲授法能够较为充分地促使师生对旧知识进行复习、引导新知识内容以及能够很好地控制教学的方向和速度，使教学任务在教师的掌控中完成，以实现教学目标。另一方面，讲授法能够在组织教学内容时起到主导作用，能够很好地将知识与学生的接受条件进行对接，教师通过精短的讲授有效提炼需要呈现的主要概念，同时在先行组织过程中能够将收集的知识形成一个有意义的并能易于驾驭的结构，从而使其在传递的过程中能够由易到难、由浅入深，并能根据课堂情况调整，使学生能够更高效的获得。

（3）先行组织的表现形式

在对知识以及学生进行先行组织后，采用以讲授法为主的教学方法时同时也应注意其表现形式，以便较好地将这一传递过程呈现。好的表现形式一方面能够活跃课堂气氛，

---

① 张铁牛，田水泉，夏志清.教学方式研究的理论探讨［J］.许昌学院学报，2004（6）：124-126.
② 布鲁斯·乔伊斯.教学模式［M］.荆建华，等，译.北京：中国出版社，2011：124.

使学生在轻松的环境中获得知识，另一方面也是教师个人魅力的展现。教师是在学生成长并社会化过程中最生动且具体的模仿对象，一个刻板的教师形象和枯燥的学习氛围不利于学生精神和品格的发展。因此在先行组织作为授课内容的知识的过程中，要注意应用比喻、暗示、幽默、情趣、节奏等作为表现形式，以便使知识的传递过程更加生动有趣，从而创设良好的课堂氛围。

2. 强调被动接受的学习方式

学习在《教育大辞典·教育心理学》中被描述为由经验或者练习所引起的学生个体能力或倾向方面能够持久保持的变化。[①] 基于此，学习方式可以理解为通过利用经验或者练习达到这些持久性变化所使用的活动形式、学习行为和方法。在获得教学价值取向下，教师独霸课堂权力，学的方式必须依据教的方式。教师以充实个体的教学目标观，力求通过教学使学生获得更多的知识；那么在该目标的指引下，学生的学习方式体现着一种被动接受的特征，也就是说，教师传递什么知识，学生就接受什么知识，而学习的活动形式、行为以及方法主要集中于如何接受知识，从而充实自身。从学习知识的深浅以及对学生认知水平所起作用的大小看，可以分为表层学习方式和深层学习方式。

（1）表层学习方式

通过看、听、读等来获取教师所先行组织好的教学内容，通过看实物、模型、板书以及教师的肢体语言等获得对所学知识的感性认识，通过"听"获得教师所讲授的知识并储存在大脑中，而通过对教材和相关资料的读能够对"看"和"听"所获得的信息进行强化，这些方式构成了课堂上学生的最基本学习方式。在获得教学价值取向下，教授所传递的知识首先需要学生加以记忆，在"看""听""读"综合获取学习材料之后，要在教师的帮助下使这些材料得以联结并形成系统，而后是唤起学生自身原有的知识结构将其同化，并能够从看、听、读的表象材料中唤起回忆，达到对概念、原理等的记忆掌握。[②] 比如教师在将计算长方形面积的公式进行传递时，首先，教师在黑板上写出 S=a×b，并画出一个长方形，同时在图形上将长方形的长标识用 a，将长方形的宽标识为 b。这样教师

---

① 顾明远.教育大辞典·教育心理学［M］.上海：上海教育出版社，1990：235.
② 布鲁斯·乔伊斯.教学模式［M］.荆建华，等，译.北京：中国出版社，2011：94-97.

就会给学生在视觉上创造出一个关于用长、宽表示长方形的数学模型；接着教师通过讲授让学生知道，要求长方形的面积就是将长与宽相乘，而 S 代表的就是长方形的面积。学生再通过对教材的阅读将上述信息进行强化，从而达到对 $S=a \times b$ 这个长方形面积计算公式进行记忆的目的，为后续真正地理解、掌握打下基础。

（2）深层学习方式

在表层学习的基础上，由教师主导让学生针对所传递的教学内容进行相关的思考、评议、模仿、提问、练习等是深层次的学习方式。通过思考这一心理活动伴随着内部语言活动，学生在教师的指导和安排下对知识进行加工、内化，从而对知识有所领悟；教师同时也会引导或者预设使学生产生疑问，通过对疑问的讨论与交流强化语言训练，学生通过这样的学习能够使知识得到巩固、技能得到强化以及体验到过程与方法等；相关的练习是对所学知识的应用，在应用过程中不断升华，从而达到对知识的占有。深层次的学习方式看似是学生的一种心理活动，是学生进行自我建构知识的过程，但是在获得教学价值取向下，教师依靠教的方式整体控制着学习方式，既定的辨析概念、陈述原理、范例讲解、变式练习以及解题套路等都是为了巩固知识以及应用知识，学生的心理活动依然受限于教材以及教师的传递，根本目标还是在于获得知识从而加强和发展自身。

3. 强调班级统一授课的教学组织形式

教学组织形式一般基于完成相关的教学任务，达到特定的教学目标，按照合目的性的原则进行选择，教学价值取向在通常情况下影响教学组织形式选择。在获得教学价值取向引领下，传统的教学组织形式主要以班级统一授课为特征。这样的教学组织形式早在《大教学论》中就加以论证并应用于教学实践中，赫尔巴特的"明了、联想、系统、方法"四个形式阶段进一步发展了该种教学组织形式，而后在世界范围普及义务教育和扩大教育规模中多采用该种教学组织形式。[①] 获得教学取向下的教学方式强调教师的"传"和学生"受"，将认知水平差不多的学生组成班级，由教师按照预先设定的教学过程将知识传递给学生，以班级统一授课为特征的教学组织形式显然是一种能够提高教学效率的组织

---

① 李森.现代教学论纲要［M］.北京：人民教育出版社，2005：205-206.

形式，在这样的环境下开展的教与学主要表现为以下特征：

（1）教师主导下的以教为主

班级教学活动中教师具有绝对权威，整个教学过程中非常强调教师充分预设的主导作用，教师教什么、如何教取决于教师依据大纲和教材来决定，而学生则很少参与教学决策，完全被动地接受教师所传递的知识，并且学生能够接受或者是获得知识的多少往往能决定其在班级群体中的地位和权力。班级看似一个群体，但在学习中却少有合作，学生之间也并不相互承担相关的责任，在这个群体中凸显的是每个学生对于自身个体的不断充实，也就是将尽可能多的知识装入自己的大脑。

（2）具有统一性的教学内容

教学大纲和教材规定着教学内容，还作为班级统一授课的重要条件。换句话说，教学大纲和教材决定了教师教什么以及学生学什么，是教学活动中的主要内容，也是教师用来填充学生大脑的某种具有实体属质的东西。因此依据教学大纲和教材的教学内容的统一性至关重要，决定着一门课程的作用和性质，同时也影响着学生所获得的知识和习得的经验。

（3）教学进度的一致性

以班级统一授课为特征的教学活动具有较高的教学效率，在尽量短的时间内能传递更多的知识给尽可能多的学生。而要保持这种高效的教学，在同一班级群体内教学进度必须高度一致，教师统一安排什么时候复习旧课，什么时候讲解新课，什么时候进行练习等。更多考虑的是学生的共性，教学进度也以绝大多数学生能够完成学习任务为标准，而后教师主导教学环节渐次展开，来保障教师的"传"以及学生的"受"能够有序进行。

（三）充分预设的教学过程观

教学过程是实现教学目标的手段，离开教学过程，教学目标则无法达成。在获得教学价值取向下，教师总是力求严格把控教学活动中的各个要素，对整个教学严格计划，强调教学结果的控制和预见。对于整个教学活动的把控、严格计划以及预见的观念正是充分预设的过程观在获得教学价值取向下的教学活动中的体现，也是充实个体教学目标观得以实现的前提条件。其主要表现为教师对于教学时间、内容、程序以及结果四个方面的把握和计划，而对教学以上四个方面进行充分预设在实质上是为在规定的时间之内将更多的知识、技能等传递给学生，学生获得知识从而达到充实个体的目的，也便完成教学任务和达成教学目标。

1. 教师对教学时间的充分预设

对于人类存在而言，时间的有限性和流动性决定其不能被复制、存储以及再生。正因为如此，在获得教学价值取向下的教学过程体现为知识从教师一侧传递到学生一侧的过程，时间的有限性使教师需要对教学时间进行充分的预设。从总体上说，教学时间的预设包含宏观、中观以及微观三个层次。学制、学年、学期等是其宏观层次，每个学科在各学期中的教学时间是其中观层次，而最为生动、现实且能被老师预设的是作为微观层面的学日、学时的教学时间。[①]依据卡罗尔的研究，教学时间可分为五个方面的要素：其一，理想条件下获得某一知识所需时间的性向要素；其二，针对某一内容的学生准备程度的理解教学要素；其三，学生是否需要课后学习时间的教学质量要素；其四，学生积极投入学习时间的毅力要素；其五，学生被允许进行学习的时间的机会要素。[②]在卡罗尔的这五个要素中理解教学要素可以视同为学生的认知基础，教学质量可以理解为知识在师生间的传递效果。

基于以上论述，教师对于教学时间的充分预设主要体现在对于以上五个要素的把握，教师会对性向要素进行相关的评估，也就是在特定的教学时空内对完成特定的教学内容需要的时间进行预判；教师会依据学生的基础对前后教学内容过渡等的时间进行把控；如何安排课后练习以便学生有合理的时间来巩固所获得的知识；对学生的精神集中度进行研究，以便能够合理地安排课堂时间将新内容安排在学生精力最集中的时段进行传授；通过安排合理的教学活动让学生有更多时间学习。具体而言，教师计划安排每个学期的教学内容，每个学科的课时数等。更进一步，在每一个教学环节中都会对所需要的时间进行严格

---

① 宋秋前.教学时间的结构化多维分类研究［J］.浙江海洋学院学报：人文科学版，2004（2）：64-68.
② Carroll. J，B，A model of school learning. In Fisher，C.W.&Berliner，D.C.（ed.1985）. Perspectives on Instructional Time. NY：Long man，1963：P.68.

的把控。如复习旧课衔接新课需要多少时间，当学生进入学习状态以后讲授新课的时间安排，巩固练习需要时间量的安排以及引导学生完成作业的时间等。在教学过程的每一个环节都由教师对所需要的时间进行精准而又充分的预设，并按照事先的计划实施。

2. 教师对教学内容的充分预设

以教学大纲、教学计划、教材等为依据，教师事先精心设计教学内容，对其中的重点、难点进行充分预判，系统安排授课内容的先后顺序等。具体而言，主要有以下几个方面的内容：

（1）课堂知识的充分预设

传授知识为过程、方法、情感、态度以及价值观等其他教学目标的达成提供基础和存在形式①，同时也是智能培养和个性发展的基础。在古希腊哲学家苏格拉底的观念中就存在"智慧即道德"的思想，强调道德认知是建立在知识和智慧的基础上，教人智慧才能明辨是非和正确行事。在《普通教育学》中，赫尔巴特认为情感和意志影响知识，情感和意志又影响行为。王策三教授也强调教学必须将蕴含于知识中的活动方式打开。② 也就是说在公式定理中不仅是凝固的客观知识，同时也包含着科学家们的证明过程、思维模式以及探究方法等。因此，获得教学价值取向下充分预设的教学过程观强调对于课堂知识的精确把握和充分预设，教师将所需要传递的知识进行充分预设有利于学生对知识的获得，同时形成相关智能和个性发展。

在教学过程中，教师主要通过课本、教案以及讲义等向学生传授间接经验和系统知识，而学生对于这些材料的学习是感性认识和理性认识相结合的过程。学生的认识总是从事物表面、外部特征等开始着手，教师在进行课堂知识预设时尽量在教学过程开始阶段选择表象清晰、画面生动的内容并与学生以往学习获得的知识和生活储备进行衔接，使学生可接纳并从多方面获得感性认识。这样的预设是以学生知识能力水平的实际为基础，以教学目标为导向，最终目的是学生能更好地将教师所传递的知识填充入大脑。

学生在掌握并综合感性知识之后，需要进入对客观事物的理性认识阶段，在获得教

① 田娟. 讲授法对实现教学三维目标的价值分析［D］. 重庆：西南大学，2010：19.

② 王策三. 教学认识论［M］. 北京：北京师范大学出版社，2002：113-117.

学价值取向下设定适合学生接受的相关概念，在教材的内在逻辑内将新旧知识进行有机联系，并丰富学生已有的个人经验体系。在教学过程中，教师将知识进行精心分类，按照各类知识的需要，引导学生灵活应用比较、分析、归纳、演绎以及综合等多种思维，以便学生深入理解知识内容。通过这种对知识的充分预设能够使知识更好地从知之较多的教师一侧传递给知之较少的学生一侧，以便学生能够更好地获得。

为了保证学生能够对知识更好地获得，同样需要对知识的巩固和应用进行很好的预设。在课堂上学生学习内容以间接经验为主，在有限的时间内接受繁多的内容，缺乏相应的实践机会同时又有遗忘规律的制约，对所传递的知识如果缺乏相应的计划加以巩固和应用，学生就很难将其彻底地装入大脑中并最终为个人完全地占有。因此，在教师传递知识的过程中往往都会有计划地为学生提供条件和机会，使学生能够有应用相关知识解决相关问题的机会，从而巩固装入大脑中的知识达到完全占有。同时教师的预设还体现在对于各种练习作业的目的、要求、内容、难易度以及数量等方面，而这些在教学中主要表现为学生完成的书面作业、教学实验以及实习等。以巩固知识为目的的预设服从于教学目标以及学生认识发展水平，由易到难、由浅入深，有计划、有组织地进行，以便能够循序渐进地充实个体。

（2）基本技能的充分预设

在获得教学价值取向下，技能的形成包含于知识传递的过程中，相互依存，互为表里。在教学过程中教师伴随对知识的预设，对基本技能也进行着由浅入深、由易到难的精心计划和安排，伴随着知识的学习，学生反复练习基本技能并逐渐精熟，最终达到对技能的真正占有从而充实个体。在形成精熟的技能之后，学生又能缩短获得知识的过程，能够提高获得新知识的效率。

技能形成的阶段性决定着教师在教学活动中对技能的预设也应该采用相应的步骤，按顺序进行。加里培林认为：动作的定向阶段、物质或物质化阶段、出声的外部语言阶段、不出声的外部语言阶段和内部语言阶段是智力技能形成的五个阶段。[①]同时皮亚杰的

---

① 冯忠良.智育心理学［M］.北京：教育科学出版社，1981：123-132.

相关论述也表明在动作技能形成过程中也包含：分解动作的模仿阶段、连贯动作的模仿阶段、连贯动作的独立完成阶段和连贯动作的自动化阶段四个阶段。因此教师对于基本技能的预设除了要与知识相结合以外，在每一项技能的传递预设中总是从进行动作示范开始，边示范边讲解每个动作的要领、方法以及实施顺序，使学生能够在初步掌握技能全流程的基础上进行模仿和练习，每次练习之后教师都会及时给予分析评价，以便学生能够及时调整。同时教师也根据技能的难易程度对技能的练习次数与时间进行充分预设，在不因疲劳而导致兴趣丧失的前提下不断巩固提高，直至学生掌握该项技能。另外，教师将预设技能每阶段的练习目的和要求传递给学生，以便引发其练习的动机以及体会过程与方法。

（3）智能培养的充分预设

智能培养以传授知识和形成技能为基础，在传授知识和形成技能的过程中得以实现。一般来说，普遍认为通过探究获得知识、形成技能是培养学生智能的最佳途径。在获得教学价值取向下的探究不同于科学探究和实践，是一种在教师主导下经过精心充分预设的探究，由于学生尤其是中小学生所具有的知识和经验有限，独立判断能力仍不成熟，因此对其所探究的范围进行事先的选择和充分的预设，同时教师预见在探究过程中可能遇到的问题，事先给予相应的学习方法、思考方法以及问题解决方法的支持。比如：在语文的探究学习中，老师通过对于相关情况的预设而事先教会学生课文阅读、查字典以及摘录笔记等方法。根据不同的知识技能探究需要的如类比、演绎、归纳、分析等思维方法事先进行相关的练习，为学生的探究学习提前预设并搭建好学习支架。同时教师还有意识地创设相关情境，引导学生沿着既定的路线和目标发现问题、分析问题、提出解决问题可能的方案并辅以相关资料验证解决问题的方案，最后得出结论。在这个过程中，教师依据学生的心理特征精心计划，在不同的教学进程中预设启发、诱导、检测以及评价等环节，在知识、技能、过程、方法等方面全面牵引学生智能的发展。

（4）个性发展的充分预设

传授知识、形成技能和培养智能是发展个性的重要组成部分，同时每个学生在原有经验背景下形成的知识、技能和能力结构也成为个性发展的基础。但是学生的个性全面发展还包括情感、态度、动机、意志以及价值体系的培养。在获得教学价值取向下，情感、态度和价值观同样蕴含于教师所传递的知识中。以情感为例，教师采用事先设定好的话语为学生预设想象空间情境，实现学生的情感体验，而情感、意志等有调节控制认知活动的作用；同时情感体验又以知识为基础，离开知识，情感将变为空泛而随意的事物。①那么，获得教学价值取向下的知识传递中教师所设定的情境空间就引导着学生的情感、态度等的发展，而在认知过程中的情感、态度等又体现着价值目标的设定。由此可见在获得教学价值取向下，情感、态度、动机、意志以及价值体系也由教师所预设，教师为学生规划一个良好的个性前景，引导学生朝这个方向慢慢发展，从而形成良好的个性品质。

同时，教师在教学过程中预设了学生思想、品德和价值体系的培养，预设了辩证唯物主义、历史唯物主义等相关价值观念知识，在学习的过程中将这些知识加以应用并使学生有意识地与自身已有知识经验相结合，同时积极进行相关的价值判断的思维活动，从而形成相应的理念，而这些理念最终又会外化为学生的情感、动机、态度、意志和言行等。然而教师对于情感、态度、动机、意志以及价值体观等的预设并不像知识、技能等预设一样直接，而是需要借助教学方法、教学态度、教学热情等艺术性地呈现于教学活动之中，从而激发学生的学习动机，使学生主动积极地投入到教学活动中来，从而达到个性的全面发展。

3. 教师对教学程序的充分预设

在获得教学价值取向下，教学过程总是在一定的教学情境中依托教学环节的开展将知识传递给学生，也就是教学程序。具体而言也就是教学活动应从何处入手，如何展开，最终达到教学目标。教学程序的充分预设主要意在教师更有效率地将知识传递给学生。比如赫尔巴特在前人研究的基础上提出，在教学过程中总是按照清楚（或明了）、联合、系统、方法四个阶段进行，也就是说教师教学程序的展开要对这四个阶段进行充分预设：首先，要对所教授的新的教学内容进行解析，以便将事物的各个方面展现给学生，教师再按照由易到难、由浅入深的顺序渐次传递给学生。其次，教师事先预设好新旧知识的连接点，让新旧知识能够很好地建立起联系，为学生搭建好从旧知识通向新知识的桥梁，将分

---

① 田娟. 讲授法对实现教学三维目标的价值分析［D］. 重庆：西南大学，2010：39.

析中所遇到的特殊现象上升到一般领域。① 再次,教师预设创造相关条件使新旧知识逐渐系统化,培养学生的想象能力和严密的思维能力,引导学生探究知识的规律性。最后,通过相关的练习使获得的知识能够得到应用,一方面巩固所获得的知识,另一方面也使学生的观念系统得到延伸,为获取新的知识做准备。

教师对教学的充分预设是将教学视为一个程序化运动的系统。② 在这种思想指导下教师事先详细解析教学内容,将教学内容分解成小单元呈现给学生,学生学习后进行练习,练习后给出反馈以及再对下一步的教学进行预设。在获得教学价值取向下展开教学活动的程序主要表现为复习旧课、讲授新课、应用巩固新知识、课堂练习以及课后复习等。教师对教学中教的一面充分地准备,力求更好地传递知识,力求在预设目标下规定学生的获得,将设定的知识精确地、程序化地输入学生的大脑中。

4. 教师对于教学结果的充分预设

在获得教学价值取向下,教师对于教学结果的充分预设主要表现为每一个课堂教学后学生应该掌握多少知识的设定,比如一堂小学语文课后,学生能够记住多少新字、理解多少新词以及掌握多少新的语法知识等,一堂数学课就是要预设学生记住多少公式并能灵活加以应用。教师教什么以及教多少决定着学生能学什么以及学多少。整个教学过程就是由作为知识掌握者的教师对知识进行分发的过程,教师分发知识去填补学生大脑的空洞,学生则将知识进行记忆并内化,被自身所掌握。基于以上,教师通过预设所要传递给学生的知识,进而对教学结果进行充分预设,在这里教师将知识如同商品一样传递给学生,而学生所获得的商品(知识)必然经过教师提前精心的准备。

(四)等级制度下的授受的师生观

作为教学活动中最基本关系,师生关系贯穿教学活动的始终。在获得教学价值取向下的师生观是一种由教师控制、教师领导的严格遵守制度等级的授受关系。在其中,知识

---

① 赫尔巴特.普通教育学·教育学讲授纲要 [M].李其龙,译.北京:人民教育出版社,1989:81.
② 李艺,单美贤.“教师”的智慧:谈程序教学思想的兴起与归宿 [J].电化教育研究,2013(7):11-16.

由教师进行传递和分配、学生进行接受和内化，在这组关系中必然以教师为中心，教师传递和分配什么知识学生就接受和内化什么知识。在传递过程中知识的权威性外显为教师的权威性，师道尊严不容打破和侵犯，学生在教师的威严下接受知识，教师则依据自身的权威将知识灌输给学生，因此获得教学价值取向下的师生关系指向一种等级制度下的授受关系。

在教学活动中，众多的中外传统教育教学理论总是将教师置于至高无上的地位，学生则完全处于被动地位，任由教师进行塑造。在中国，"一日为师，终身为父"和"严师出高徒"等传统思想深深地影响着教师的教学行为。教师作为权威，控制着整个教学活动，师生关系主要表现为教师对学生的领导和严加管束，学生则对教师的绝对服从。在西方，赫尔巴特将教师作为课堂教学"三中心"中的核心要素，教师在课堂上进行权威性的讲授，学生只能静听，不能有不同的观点，更不能与教师争辩，课堂被制度性地变为教师个人表演的场所。等级制度下的授受，教师处于绝对权威地位和学生只能绝对服从，确实能够促进学生获得较为稳定的系统知识。但它也让学生被动地接受知识而忽视了学生的积极性和主动性，学生只会变得越来越听话、服从而少有创造性。

1. 教师独霸的授受关系

（1）师道尊严下的知识技能传授

师道尊严下，知识从教师一方传递到学生一方是一种绝对灌输，学生只能接受和内化而不容许有半点质疑。这种灌输强调的是学生的容器属性，教师权威性地将知识填充入容器之中，学生只是负责记忆和内化。这一由教师方负责灌输而学生方负责接受的单向过程形成了教师独霸的授受关系。

在获得教学价值取向下的教学过程中，教师的绝对独霸掌握着教学的目标、内容、方式等，预设着整个教学过程，课堂上常常采用讲授的方法进行传递。这种传递类似于标准化的生产，教师将事先准备好的教学内容、方法甚至是价值观等直接灌输给学生。同时学生在学校中的所有活动也由教师支配，表面上体现着对学生的事事关心，但实质上体现着忽视学生主体性的独霸。教师制定好统一的学习步骤，每个学生都按照教师的意图，在教师的控制下进行学习；忽略学生的创造性和主动性，从而最终导致学生只是"会行走的书柜"[①]。

（2）绝对权威下情感、态度和价值观的熏陶

学生情感、态度和价值观的培养不但是充实个体的重要组成部分，同时也会影响获取知识的效率。情感、态度和价值观的获得，能够使学生端正学习态度、保持热情等，为知识的获得提供动力。在教师绝对权威下，学生对教师言听计从不敢怠慢，从而保证了对学生情感、态度和价值观的熏陶，也协调了学生习得知识的内、外部动力。

传统教学将成绩作为唯一标准尺度用以衡量学生，教师重点关注学生的成绩，而鲜有关心其他事情。师生之间很少以独立精神个体的角色进行交流，教师总是戴着知识权威的面具，在教学活动中将情感、态度以及价值观也当作知识，在绝对权威下采用讲授的方式传递给学生，从而起到熏陶学生的作用。在绝对权威下，教师是圣者，权力、地位高于学生；学生如同接受知识一样接受教师所传递的情感、态度和价值观，进而内化和接受熏陶。

2. 他者消隐的授受特征

作为特殊社会关系的师生关系，受到不同社会以及文化背景的深层影响。儒家文化在中国传统社会中占据着主导地位。因此在我国传统教学中，师生关系同样受到儒家文化的影响，而表现为不关注他者的授受特征，具体而言就是等级制度授受下的伦理性、工具性和等级性。

（1）伦理性

儒家文化以"孝"为核心观念协调各种关系，维持基本的道德伦理和原则。其体现在师生关系上就是要恪守等级制度，在交往中遵守秩序，不能僭越亦不可疏远。在师生从事教学活动的关系之中，教师知之较多、较先，而学生知之较少、较后，教师将知识传递给学生使学生充实自身；因此教师在这一活动中处于主导而学生必须服从于教师，就形成一种等级制度，学生见到自己的老师要严格按照要求行"礼"，而教师也应该用自己的言行来为学生做榜样。在这个等级制度中，教师处于绝对的权威处于"授"的一方，学生完

---

① 张杨. 新课改理念下的师生关系探究［J］. 河南科技学院学报，2011（2）：51-53.

全服从处于"受"的一方。

（2）工具性

我国封建社会的教育以"政教合一""学在官府"以及"官师一体"为主要特征，这就决定着教育所培养的人才决定于国家的需要。这样的理念也深深影响着我们的传统教育，长期以来社会本位在我国传统教育中处于主导地位，教学活动中的师生关系淹没和屈从于国家需要之中。在教学活动中教师代表国家意志对学生进行教育、训练、管理与控制，处于绝对权威，这种权威性从本质上说是由社会公共利益和国家意志所决定的。这样的传统在近代社会中不但没有被弱化，一定程度上反而得到了强化。在《中国面向未来的新的教育理想、教育哲学》主题演讲中，杨东平教授强调：饱含国家功利主义价值的传统教育，在新的历史情景和社会发展中得到激发和强化，比如：主张重视富国强兵的技艺之学的近代教育将教学活动视为人力资源开发的活动。这种工具性的特征客观上要求在师生关系中教师处于绝对权威代表国家将所需要的知识传授给学生，而学生被动地接受以便成为国家和社会所需要的人才。

（3）等级性

尊卑、长幼、次序等儒家等级观念深深地影响着中国社会，折射到师生关系上就有"一日为师，终身为父"之说，更有供奉"天地君亲师"的传统。基于此可以看到，在传统中国社会中，尊师重道是普遍的社会观念甚至是一种精神信仰。在教学活动中，师生之间以知识为媒介的授受关系本身就暗含着教师处于绝对权威而学生处于绝对服从的等级观念。在著名的《师说》中，韩愈在开篇就强调"古之学者必有师。师者，所以传道授业解惑也"。在这里，学生的行为表现为"求学"，而教师的行为表现为"授业"，在"求"与"授"的关系模式下形成了"师道尊严"式的师生关系，经过历代的强化以及在理论和实践层面的提升使得其成为一种稳定的等级性师生关系。[①]

---

① 吴岳军.传统师生关系的透视及其现代转型［J］.现代教育管理，2010（1）：73-74.

（五）强调竞争的总结性教学评价观

对于竞争性总结评价一般可以理解为依据一定价值标准和准则所进行的价值判断活动，而教学评价则是对学的质量以及教的工作进行中肯、客观的评判，是教学过程中不可或缺的环节，提供反馈以便改进、调整教学，确保教学目标的实现。[①] 在获得教学价值取向下，教学目标观直接指向充实学生个体，在教学活动中侧重于将预设的知识隐喻为某种实体传递给学生，这种传递是否能成功主要在于判断学生掌握知识的多少和程度是否达到了要求。在某个阶段学习结束之后，以学生的学业考试成绩来判断教学目标是否实现，一方面能够为后续教学活动的起点提供参考依据，另一方面也有助于设定新的教学目标。因此在获得教学价值取向下的这种评价倾向于一种总结性评价，同时依据考试成绩还能对学生做出优秀与否的等级判断，学生的分数直接影响着他们是否能够升学等。掌握知识的多少犹如获得财富或者是权力的多少一样，能够标志其在所在班级群体中的地位。这样的评价一方面有助于教师所代表的国家或者社会对于学生的筛选，另一方面也为这种评价打下了竞争性的烙印。学生通过分数来表征其对于知识的占有情况，而分数一定会有高低之别，因此在获得教学价值取向下是一种竞争性的总结评价。

1. 竞争性总结评价的本质与功能

一般来说，教学评价是应用一定的科学手段，依据教学目标以及与目标相一致的价值观，系统收集教学相关信息，对教学活动及其结果做出价值判断，进而调节教学发展方向和促进教学目标的实现。[②] 在获得教学价值取向下，坚持充实个体的教学目标观决定着价值判断去考量学生是否获得了教师所传递的知识以及获得了多少。这种竞争性总结评价具有对教学活动的导向作用，以各种考试为特征的教学评价工具与方法像指挥棒一样，牵引着教师的教以及学生的学朝着充实个体的方向迈进，最终实现教学目标。因此竞争性总结评价观的本质在于竞争，而其主要功能在于选拔人才。

（1）竞争性总结评价的本质

我国早在隋朝时就开始了科举考试，并且延续和贯穿了整个封建社会，在科举考试

---

① 李秉德.教学论［M］.北京：人民教育出版社，2001：307.

② 徐学福.教学论［M］.北京：人民教育出版社，2012：246.

中，主要展示个人自身获得儒家经典知识的多少以及对知识应用于治国的情况，通过竞争，优胜者便能成为社会精英和进入统治阶层。到了 19 世纪末 20 世纪初，教育心理测试通过相关的试题给出关于儿童智力水平的相关分数以及具有某一领域的潜力倾向，人们相信这样的测试和评价能够对儿童进行层次等级的划分，而学生在测试和评价的竞争中所取得的成绩往往能够影响学生的整个学习生涯。

竞争性总结评价其本质无疑强调竞争，学生在每个重要的学习阶段结束之后通过竞争在评价中确定自己的升学资格、升入哪一类学校以及自身在其中的地位，比如中考、高考以及研究生考试等。教师和教学管理人员通过这样的教学评价，选择能够进入高中、大学接受教育的学生。[①] 在传统教育中，教育系统无疑是一个金字塔结构，在底部是几乎所有的适龄儿童都能进入学校学习，而通过逐级竞争只有极少数能够达到顶点。[②] 在以考试为主的竞争性总结评价中，在阶段性学习结束后学生通过分数竞争在班级群体中获得相应的权力和地位，其实质上是一种掌握了多少知识的竞争。在这样的竞争刺激下，教师专注于教，力争将知识讲全讲透，学生则力争上游、尽可能多地充实自身，在书山题海中将大脑当作知识记忆的工具。正因为如此，在教学目标的指引下以竞争为本质特征的总结性评价客观上对知识的传递起到了刺激作用，是整个教学活动的外部诱因。

（2）竞争性总结评价的功能

布卢姆认为教学评价对于教学有以下功能：其一，作为考量学生学习水平以及探寻教学有效性的途径；其二，考查教学过程的功能；其三，依据教育终极目的与教学目标，考量学生按照理想方式的要求发展到目标的程度；其四，矫正教学过程中每一步的有效性；其五，检查为实现教学目标所选择的程序是否有效。[③] 概括以上，教学评价主要具有鉴别、辅助、矫正、查明等功能。在获得教学价值取向下，教学目标观指向充实个体，教学过程则是在教师课堂权威下经过充分预设而展开，知识从知之较多的教师传递到知之较少的学生；因此竞争性总结评价主要侧重于在某一阶段教学结束之后，考量学生掌握知识

---

① B.S.布卢姆，等.教育评价［M］.邱渊，译.上海：华东师范大学出版社，1987：1.
② 张健.关于教学评价功能问题的思考［J］.西北师大学报：社会科学版，1995（6）：68-70.
③ B.S.布卢姆.教育评价［M］.邱渊，译.上海：华东师范大学出版社，1987：5.

的状态，预测学生发展的潜力，为学生升学等提供重要依据。在实践活动中，竞争性总结评价凸显的是其鉴别功能，为学生获得知识的多少进行排序，从而证明学生学习的成效，为学生的选拔、分等提供相关的依据。

鉴别（选拔、分等）功能也就是通过竞争性总结评价将学生分出优劣，优秀的学生可以享受到更多的学习资源和外在的鼓励；反之，成绩较差的学生则受不到所谓的优待。它的目的直指选拔，除了选拔之外鲜有其他功能。

2.竞争性总结评价的特征

在获得教学价值取向下，竞争性总结评价强化了教师对于理论知识的传授，发展到极致就会成为"填鸭式教学"，教师通过对整个教学过程的充分预设精准地将知识传递给学生，学生只需要被动接受。学生的内在学习动力很少得到关注，从而导致学习热情和探究精神的欠缺。

（1）竞争性总结评价标准强调整齐划一

竞争性总结评价的本质特征是竞争，那么要竞争就需要大家具有相同的目标。在获得教学价值取向下，获得知识充实个体自身是所有班级群体成员的目标，而通过考试所得的分数理所当然地成为考查学生知识掌握多少的唯一标准，社会以及家长等同样将分数作为评价学生能力的标准，强化着这一共性和总体趋势，从目标到过程都全部规划并落实到知识获得的多少，也就是分数的高低上。重智商、分数等而忽视个体差异和个性发展，学校犹如一个工厂，将知识作为填充物，采用机械的流水线方式装入学生大脑这一容器中，而使学生成为批量化的教学产品，走出校园的人毫无个性，仅仅区别于头脑中知识盛装的多少。

（2）竞争性总结评价缺乏对情感、态度等的考量

在获得教学价值取向下，某一阶段教学结束以后，在实践中竞争性总结评价往往采用纸笔测验的方式进行，考试中重点强调的是知识和技能，对过程与方法又可以渗入，但对与情感、态度、价值观等道德教化的内容几乎很难考查得到。这无疑强化了在对学生学业评价方面的片面性。一方面家长、社区等以统一考试中学生所取得的成绩来考量学校的好坏；另一方面学校管理者在大众压力下也把学生成绩作为考核教师教学质量以及自身组

织实施教学的标准。从而使"分数是命根""为考而教"等成为普遍现象，忽略学生的情感、态度、价值观等作为三维教学目标的有机组织部分，对学生发展所起的内省、定向、调节等促进作用。传统教学中，在获得教学价值取向下的竞争性总结评价往往看不到学生日常取得的进步，也很难更好地发掘学生在情感、态度以及价值观等道德教化方面的发展，长期处于缺位状态。

（3）竞争性总结评价注重物化结果

竞争性总结评价是对某一教学阶段完成之后的教学结果进行评价，获得教学价值取向下教学目标指向知识的获得和个体的充实，而在考试中所得到的成绩就成为其物化的表现。学生、教师、家长以及社会等重点关注的不是通过考试所反映出来的问题，而是学生考试成绩本身。学生升学、教师评优以及学校发展等都关联着学生分数的高低，因此人们热衷于对分数客观性的追求。这种对于标准化、物质化的分数追求越是强烈，就越容易忽视学生的全面发展而与整体的教育目标发生偏离。

第四章

参与教学价值取向

与获得教学价值取向一样，参与教学价值取向在教育教学史中同样有其产生和发展的脉络。相比于获得教学价值取向，参与教学价值取向同样有着支撑其不断发展的理论基础。而从文化学角度分析参与教学价值取向的价值层面、思维层面、行为层面以及在教学活动中表现，也就把握住了参与教学价值取向质的规定性。在理论上澄清了获得和参与教学价值取向的质的规定性后，便于后续考查当下的教学实践，并为后续调查获得和参与教学价值取向在教学实践中的现状建立起理论框架。

一、参与教学价值取向的源与流

随着分布式认知、人类学情境学习、文化心理学以及话语心理学等理论的影响，人们开始反思早已习以为常的"学习即获得"。20世纪90年代开始人们意识到"学习即参与"的隐喻，进而引发了教学理论界的思考，参与教学价值取向逐渐显现于教学理论与实践中。与获得教学价值取向相比较，参与教学价值取向强调学生不再是等待教师传递知识而被动积累的接受者，而是在教学活动中处于更主动地位的积极参与教学的共同体成员。在教学共同体中学生是潜在的创新者和实践新手，在教学活动中逐步适应共同体成员的语言交流和行为规范，共同完成教学任务。同时教学共同体成员之间的语言交流和行为规范并不是先验地被赋予，而是在班级共同体或者学习小组的形成过程中经过共同体成员协商建立，教学共同体成员个人的充分参与消解了教师对于课堂权威的独霸，在其中教师扮演着共同体生命的维持者的角色，是平等中的首席。

虽然参与教学价值取向从20世纪90年代才开始被人们所意识到，但是从国内外教学历史的视域看，参与教学价值取向都能找到相关的原型。在西方从杜威提出"从做中学"到罗杰斯强调"自我主导型教学"，然后再到皮亚杰强调"主动自发教学原则"等，在国内，无论是孔子所强调的"不愤不启，不悱不发"还是陶行知所践行的"教学做合一"等，均渗透着主体参与思想。[①] 参与教学价值取向并非无本无源，而是有着深厚的渊源以及发展过程的。

（一）古代的在参与活动中学习

人类社会之所以能够得到传承和发展，得益于能够将各种实践性经验教给下一代，由年长者培养年轻人适应自然和社会环境的能力。这样的教学往往与生产生活紧密结合，教与做相结合；年长者一边示范，而年轻者边学边做。[②] 在这样的教学中，作为教师的年长者与作为学生的年轻者采用"师徒式"的教学，教学是一种生活、劳动甚至是一种游戏，比如在宗教祭祀活动中由年长者带领，年轻者跟随，在共同完成相关礼仪的活动中年轻者学会相关禁忌、成俗以及习尚等；再如在集体性的狩猎活动中学会捕猎的相关策略、技能以及团队的配合等。在这样的教学活动中，主体之间按照自己的责任和义务完成相关任务，为团队贡献力量，在参与活动的过程中发挥各自的主动性、积极性和创造性。这样就使得知识、技能等能够得到传承，也是部族能够生存和发展的前提。

在古希腊的教学中的智者学派认为：知识就是感觉，人的感觉和需要是第一位的，是万物的尺度。在这样的认识下，特别强调教学中的练习与实践，将教学视为一种艺术，在教学方法上特别强调对话、争论以及辩难等，普罗塔格拉就总是先为学生做演讲示范，接着提出相关问题让学生思考，再引导学生学习修辞、文法等，学生最后进行演说直至熟练。在这里教学不是一种将既定的知识传递给学生并让学生存储在大脑中的活动，而是通过教师示范和学生的讨论让学生产生对知识需求的内需动力，引导学生学习相关知识；知识就不再是一种灌输，而是由教师种下种子，并在学生的大脑中自然生成，学生在不断学习中在教师的带领下由不太熟悉演说变为演说专家，教师和学生平等地参与整个过程，在对话与合作中共同完成教学任务。再如在《回忆录》中色诺芬记述了苏格拉底的"产婆术"教学方法，苏格拉底并不是一开始就对"正义"与"非正义"进行定义，而是通过对话活动让这两个概念逐渐清晰起来，强调知识并不是通过教学活动直接灌输入学生心灵，

---

① 姚建光. 参与式教学：理论建构与实证样本 [J]. 中国教育学刊, 2011（1）：54-56.
② 田本娜. 外国教学思想史 [M]. 2 版. 北京：人民教育出版社, 2002：10-11.

而是在对话中将存在于学生心灵中的知识引导出来而变为实际的知识和技能。

在古罗马的教学中同样蕴含着参与教学价值取向，主张通过观察、演练与实践等进行教学，其教学传统是子女跟随父母参加各种社会及家庭活动，学习诸如农活、社交礼仪以及处理各种事务的知识和技能。比如：跟随父亲到市集广场通过观察，体察政治、经济与社会方面的常识，通过演练与实践学习面对公众进行演讲的技能。在这样的教学中，作为教师的父母和作为学生的子女共同参与相关活动，在活动中学习相关知识和技能，逐渐从共同活动的边缘走向中心，使自身得到发展并融入生活和工作的共同体。

文艺复兴时期的人文主义教学反对学生的被动学习，主张尊重学生人格，启发学生自觉学习；反对纯书本教学，主张通过观察、采用实物等手段在实际活动中得到知识和增长技能。比如其代表人物就认为：学生应该在优雅、愉快的氛围中学习，以发展学生的身体、精神以及道德为目标，注重学生的自觉学习和独立创造，提倡师生相互尊重和理解，发挥学生在教学活动中的作用。[①] 这些教学主张无疑是侧重于启发和诱导学生的学习兴趣，注重学生参与实际的教学活动，在师生平等的融洽氛围内进行学习。

（二）近代的注重内在动机下直接经验的学习

在近代教育教学中如夸美纽斯、赫尔巴特等对后世有着深远影响力的教育家，使得整个近代教育教学中获得教学价值取向处于绝对优势地位，但是其中仍然有一些教学流派中蕴含着参与教学价值取向的意蕴。

以让-雅克·卢梭为代表的自然主义教学认为儿童内在心智发展有着其自身规律，自然给了儿童从事任何活动的力量，教学应该顺应儿童内在天性发展的驱动而非外力。[②] 在这里，卢梭强调的是儿童本身的天性自然，引导其对自然、社会等进行观察研究，在参与符合其年龄特征的各种活动中，在教师的带领下通过各种实践和练习来达到以才能为代表的内部力量的自我发展。由此可知，自然主义教学尊重儿童作为教学主体的地位，注重身心的协调发展；在如何促进儿童发展方面反对采用外力驱动以及强行进行知识和技能灌

[①] 田本娜.外国教学思想史［M］.2版.北京：人民教育出版社，2002：57-60.
[②] 田本娜.外国教学思想史［M］.2版.北京：人民教育出版社，2002：92.

输，强调用行动参与情境之中获取对事物形成感性理解，并在头脑中转换为理性理解从而成为"为我之物"；在教学过程中教会学生发现真理比直接告诉他们真理更重要，主张参与到实际的生活中通过观察、探索、启发、诱导使儿童产生内在的动机、兴趣、方法等，主张在参与实际活动的各种行动或者是行为中求取知识，而不是依靠教师精准的传递和"填鸭式"的灌输。这些关于教学的认识凸显了学生的主体地位，强调参与活动的重要性。

实证主义教学源于实证论，在对演绎三段论逻辑形式的批判中注重观察、实验以及归纳，从而强调知识的确定性和实证性。在教学领域其代表是斯宾塞，他坚信由孔德提出的个人和人类所积累的知识依据同一路径的论断，认为在教学中儿童掌握知识的过程方式与人类文化积累的过程方式基本相同。[①] 实证论认为人类在求知的过程中通常是沿着比较、思索、实验进而最后形成理论的路径展开，那么教学活动的展开过程也应该以"比较、探究、验证"的方式来建构其体系。在这样的教学中，知识不再被隐喻为某种物品并由教师传递给学生，而是以学生自身的观察为前提，采用实验的手段，并在此基础上进行归纳得到。斯宾塞在《斯宾塞教育论著选》中强调："探究与发现的关键在于不能将学生定位于消极的接受者，而应该积极引导其成为发现者，并贯通其智慧。"[②] 斯宾塞强调教师要启发引导学生兴趣，帮助其实现学习目标，给予适当的表扬，而每一项知识以及实际问题的解决都应由学生自己通过探究等方式完成，也只有这样学生才能真正得到知识，促进自身的全面发展。伴随着知识从简单到复杂、由实验到推理、由现象到理论的学习过程中，学生参与整个教学活动，成为真正的主体，教学权威不再由教师独霸，教师只是作为引导者、帮助者以及鼓励者。学生在其中得到更多的是独立的、愉快的、积极的参与过程和行为，从而形成好的情感、态度以及价值观。在这里，获得作为间接经验的知识目标已经不再像获得教学价值取向中所强调的那么重要，转而强调教学活动中的参与过程，以及饱含情感、态度和价值观的学生在教学活动中的行为。

---

① 田本娜.外国教学思想史［M］.2 版.北京：人民教育出版社，2002：96.
② 赫·斯宾塞.斯宾塞教育论著选［M］.胡毅，王承绪，译.北京：人民教育出版社，2005：77.

（三）现代的强调学生在情境中学习

教育教学进入现代后，社会经济、政治、文化进入多元时期，传统的教育教学在诸多方面不能适应社会经济发展的需要从而引发了教育教学思想的变革，在变革中，诸如实用主义教学、人本主义教学等都体现和发展着参与教学价值取向。

实用主义教学反对学科中心和知识的灌输，强调生活能力、自学能力以及思维能力等的培养，认为教学活动不只是为未来的生活做准备，更是学生当下生活的一部分。实用主义教学在师生关系上强化学生的中心地位，把学生的需要、兴趣以及爱好作为出发点；教学形式上反对固化形式，强调个别化指导和"做中学"。杜威主张让学生参与到日常的活动中，并以此为主线将知识联系在一起，强调对于直接知识和经验的学习而忽视间接经验的传授。杜威在《我们怎样思考中》中强调学生应该处于一定的情境之中，由疑问产生思考，思考支配学生进行相关的行动，促使学生去学习进而得到相关经验（知识）。那么，首先，教学需要一个学生能够参与其中进行活动的情境，其次是情境中的问题触发学生思考进而行动以解决问题，再次是在教师的指导下展开设想中的解决问题的方法，最后是验证解决问题的方法是否有效。从以上可以看出，教学活动不再被看成教授和传递给学生间接性经验和知识，而是学生学习直接经验和知识，教学重点强调的是学生参与到实际的情境之中，进而行动，解决问题，从而得到经验和知识来满足自身的发展。在这里，能够授受多少知识已经不再是重点，而如何引导学生在真实的情境中进行相关行为和活动成为目的。

以人本主义心理学为基础的人本主义教学注重以自主、能动、独立等为核心的个性培养。具体表现为开展以学生为中心的非指导性教学，提倡教学要和生活相结合，强调教学活动不应该以传递间接经验和知识为目的。[①] 在教学上主张在遵守纪律、尊重他人等的价值体系内放手让学生自我选择、自我发现，教师只是作为咨询者以及合作互助氛围的维持者。在这里，教师的首要任务不再是准备大量知识传递给学生，而是要教会学生自我学习以及辅助学生的学习活动。首先，教师提出具有现实情境性的问题，以此激起学生的好

---

① 戈布尔.第三思潮：马斯洛心理学［M］.吕明，等，译.上海：上海译文出版社，2005：76-77.

奇心、求知欲以及学习的动机；其次，是创设学习条件、目标以及情境，以便学生能够以小组合作、自主学习、共同探究的方式完成学业，教师定期与学生对话、谈论、指导完善学习活动方案，帮助学生实现预期目标；再次，组织探索性和创造性的学习活动，培养学生的自主性、创造性以及最终形成每个学生所特有的个性；最后，引导学生对自己的学习活动进行自我评价，从而让后续的学习活动始终保持内驱力而少受外界的限制。在人本主义教学中知识的传递已经不再是教学活动的核心，而学生如何参与、教师如何引导，教学情境的创设以及学生参与到教学中的行为或是活动成为关注的焦点，使学生在好奇心、求知欲以及动机等的内驱动力下得到全面的发展。

二、参与教学价值取向的理论基础

通过以上的梳理和分析，参与教学价值取向主张不再将教学仅看成知识传递活动，教师的重点工作不再是一味地讲解，更多的是组织教学活动并在其中起到辅导和咨询的作用，提供学习材料、创造条件使学生自主学习。在《学会自由》与《学习的自由》中，罗杰斯认为学生参与教学活动有选择教师所提供的学习方法、方式以及内容的自由，而一旦做出选择学生就担负起了这种责任，学生不再是按照预设性的路径获得知识来发展自身，而是在班级共同体中表达自身感受，学会去发现和创造科学的方法以解决问题。从以上可以看出，参与教学价值取向强调师生平等自由地参与到教学活动中，学会思考和行为。师生将个人的思想和感情都投入到为团队目标做出贡献、分担责任的氛围中。参与强调"选择自由""自主合作""做出贡献""分担责任"，是名副其实地将自身的行为投入到教学活动中，它"极大地激励了参与者，从而发挥他们的主动性、创造性和积极性"。[①] 参与教学价值取向之所以能够产生并对当下的新课程改革产生深远的影响，同样有着其深厚的理论基础。

---

① 方展画.罗杰斯"学生为中心"教学理论述评［M］.北京：教育科学出版社，1990：99.

（一）哲学基础

1.实用主义哲学

在《我们的概念怎样形成》中皮尔斯强调：概念的全部意义和内容在于其实用效果，也是考察事物的出发点。基于此，在《实用主义———些旧思想方法的新名称》中詹姆斯明确提出"凡是有用，即真理"。杜威接受了前面两者的观点并将实用主义哲学引入教育领域中，否认世界上具有永恒真理，认为"经验"连接统一着主体与客体，自然依赖经验而存在，事物依据人的思想而存在。基于这样的观念，杜威在认识论上重视"活动"在认识中的作用，强调"行动"在人与环境交互过程中的重要性，通过"行动"这一中介，人才能够与环境有所交涉而得到纯粹经验进而认识世界。因此，在教学活动中，杜威反对将书本中的间接经验直接输入学生的大脑中，在杜威看来即便是集聚下来的文化遗产也必须要经过改造以便适应现实需要才能被称为知识，也就是说，知识和行为难以分开，知识是行为的产品。基于这样的认识，教学活动的重点就转向学生的活动和学生的参与行为，同时在活动中学生的行为与环境的交涉就成为学习知识的基础。

2.存在主义哲学

作为存在主义哲学的两大核心概念的"存在"与"自由"强调人的存在先于本质又决定本质，而人的自由选择塑造了人的存在，从而实现自己的本质、意义和价值。人总是按照人的意志来造就其自身，个人的自我行为要对自己、他人负责，从而成为人的价值和意义。[①]基于此，罗杰斯强调在认知过程中的能动性和选择性，人的选择自由，依据自我的经验、兴趣以及需要等进行理性而富有价值的选择，在行为中认识到自己的存在，养成独特的生活与学习方式。学生不再作为容器而任由教师进行知识的填充，学生需要通过自己的行为参与到教学活动之中，在这样的活动中人与人之间互为主体，都在与他人的理解和交往中存在。存在主义哲学既强调自由选择"行为"的重要性，也强调活动中的个人责任和义务，师生、生生之间处于平等、对话和协作的交往关系。存在主义哲学的这些观点引导着给予学生最大限度的自我选择和积极参与到教学活动的权利，强调启发、引导、辅

---

① 让-保罗·萨特.存在主义是一种人道主义 [M].周煦良，译.上海：上海译文出版社，1988：33-36.

助、协作的个别化和创造性教学，而正是这些观点和主张为参与教学价值取向提供了坚实的理论基础。

3. 分布式认知理论

分布式认知理论强调认知不仅通过行为表现，同时也形成于行为活动中。与此同时，社会学家、人类学家们发现群体在解决问题、组织学习、记忆时表现出来的认知特征有别于个人，再在试验环境下的认知结论也解释不了现实情境中的认知现象。该理论进一步强调：认知分布于个体内、个体间、环境、媒介、时间、社会和文化等中，注重认知过程中文化、社会情境以及自然情境等的重要性，进而超越了人类认知活动仅存在于个体大脑内部的边界。[①] 分布式认知理论的建立为参与教学价值取向奠定了理论基础。

在借鉴心理学、人类学、计算机科学以及社会学等的基础上分布式认知理论通过研究实际工作情境中的认知现象展现了人类认识的新图景，认知不仅依赖于认知主体，还涉及环境中的其他个体、环境情境以及个体之间的互动等。基于此，教学认知活动主要受三个方面的影响：其一，最外层的文化力，也就是教学主体的信仰、习俗等；其二，中间层的地域力，也就是直接影响学生个体认知的资源、媒介以及学伴等；其三，最内层的个人力，也就是个体的经验和倾向。[②] 在这样的理论指导之下，学生不再是孤独的奋斗者，而是在一定时空内的学习共同体成员，教师也被当作学习资源，学的方式决定教的方式，学习则成为合法的边缘性参与活动。在一定的教学情境下，在学习共同体中，学生利用一切可以利用的资源，在合法的边缘性参与下逐渐由边缘走向中心，学生在这个过程中通过其行为的参与（讨论、对话、合作学习、自主学习等方式）将经验或者是知识具体化为可视可感的物的形式（文件、图表、规则、程序等），通过在共同体中的活动行为能力的提升不断胜任新的任务，完成逐渐向共同体中心的跃迁。依据温格的观点，这时候的学习就变化为一种社会性参与，学习也就是"主动参与学习共同体的实践，并不断建构相关身份的

---

① Cole，M.，Engeström，Y. A Cultural-Historical Approach to Distributed Cognition［A］// Salomon，G. Distributed Cognitions：Psychological and Educational Considerations. Cambridge：Cambridge University Press，1993.

② 刘俊生，余胜泉. 分布式认知研究述评［J］. 远程教育杂志，2012（1）：92-97.

过程"。① 那么，教学是以对学习和认知的理解为基础，以学定教决定着参与教学价值取向的兴起，这也是新课程改革的目标。

（二）心理学基础

1. 人本主义心理学

在批判行为主义环境决定论和精神分析学派生物还原论的过程中，人本主义心理学得以诞生和发展。其主要观点强调从人的经验出发，尊重其自主性、独特性以及整体性，坚持以自我实现、自我选择作为追求目标，以乐观态度看待未来发展的可能性。基于以上观点，在罗杰斯看来，人们应该意识到任何知识都不可靠，学会学习以及适应变化的人才是可靠的有教养的人，而这种变化不在于静态的知识而取决于寻求知识的过程。② 在这里，人本主义心理学反对外在的将静态知识灌输入学生的大脑中，注重教学过程中参与到活动中，以内在动力促使学生自我实现从而实现个人成长。

以人的与生俱来的潜能和自我实现的要求为依据，马斯洛认为教育的任务应立足于帮助人们开发潜能和满足自我实现，丰满人性，实现高度发展。③ 那么在教学活动中，"教师中心"理应向"学生中心"转向，使学生能够用行动参与到教学活动中，在活动过程中实现学生的变化，发展潜能并最终自我实现。

2. 文化心理学

长期以来，主客二分的思维占据着主流心理学，采用实证范式对心理加以研究是惯常的模式。而在20世纪中叶兴起的文化心理学突破了这种模式，将心理理解为社会文化中的主观建构，将历史文化语境与人类心理通过社会实践和主观建构活动连接起来并相互创生，用以解决主客体间、个人与群体间以及个人与社会间的贯通问题。文化心理学不只局限于个体心理，更注重其集体表征，注重在同一个场域中具有相似价值观念和意义系统

---

① Wenger，E. Communities of Practice：Learning，Meaning，and Identity［M］. New York：Cambridge University Press，1998.4.

② 车文博，等.西方心理学史［M］.杭州：浙江教育出版社，1998：208.

③ 张庆辉.试论人本主义心理学的教育思想及其当代价值［J］.安康师专学报，2005（2）：104.

的个人心理活动与心理功能。^①从这里可以看出，文化心理学开始挣脱从行为主义开始就将认知视为个人内部心理机制的模式，将文化语境或者行动场域纳入研究视野，从该角度去发现深层次的内部机制，从而揭示人类认知的新模式。

社会文化论同样也影响着维果茨基的心理学，并将心理学里的个体主义进行了社会化的改造。^②同时认为认知活动发生在一定的文化和社会背景中，文化和社会因素不可避免地影响和制约着认知活动。心理学研究者和教育工作者开始探索如何在社会、文化和历史的背景中充分研究和激发认知的功能。基于以上理论，学生的学习不应该是孤独的个体建构，而是应该发生在学习共同体的互动中，在参与教学活动实践的背景下用自身的行为探索意义与资源，而通过认知之后进行排列、结构和运作又重新回到学习共同体中成为供给的意义和资源。

3. 话语心理学

始于 20 世纪 80 年代的话语心理学是心理学研究的一个新方向，其倡导将话语置于研究的中心，着眼于将心理学的关注重心和社会分析相结合。同时倡导"超越内在心理解释"，试图扭转学界对个体认知的过度关注，突破个体主义的窠臼。对比传统心理学，话语心理学拥有自身的话语体系：其一，用话语现象来解释心理现象，认为公共话语表征行为而私人话语表征思想；其二，在对话过程中，个人对符号体系的应用构成了思维；其三，心理现象一方面依赖于行动者的技能，另一方面也依赖于话语共同体的道德立场和话语文脉。^③基于此，话语现象本身就是一种心理现象，并不仅是心理现象的表现。人们在话语交际过程中，私人话语向公共话语转化的过程就是思想转向行动的过程，通过交往与沟通中的对话将心理学研究导向一个交往和沟通的生活世界。

和语言学通过话语透视客观存在不同，话语心理学通过分析话语来把握其如何不断建构社会世界。知识、认知以及实在都存在于话语中，通过对话、沟通以及话语分析为重新审视心理学提供了契机。维果茨基对话语怎么在大脑中形成做了大量研究，他认为主要

---

① 田浩，葛鲁嘉. 文化心理学的启示意义及其发展趋势［J］. 心理科学，2005（5）：1269-1271.
② 杰罗姆·布鲁纳. 教育的文化：文化心理学的观点［M］. 宋文里，译. 台北：远流出版公司，2001：6.
③ 邵迎生. 话语心理学的发生及基本视域［J］. 南京大学学报：哲学·人文科学·社会科学，2000（5）：109-115.

有五个阶段：第一阶段是动机意向；第二阶段是话语意向；第三阶段是话语表达的内部程序；第四阶段为外部词汇连接表达意义；第五阶段是通过发音在语境中交流实现；那么话语本身就是认知的过程。[①] 而在教学活动中，对话、探讨、争论等行为就不只是表达理念和认知世界的符号工具，而其本身就是一种目的。学生在教学实践中参与到对话、互动、争论以及各种交往中，将私人话语转化为公共话语，也就是将思想转化为具体的活动行为，从而达到学习的目的。

（三）教育学基础

前述分析了参与教学价值取向的源与流，其中蕴含了大量关于参与价值取向的意蕴，而在其中对参与教学价值取向具有直接理论支持的是人本主义教学思想和建构主义教学思想，这两者都强调学生作为课堂和教学活动的主体，以参与者的身份投入到教学活动中去，通过全身心投入的行为参与而使自身得到发展。

1.人本主义教学思想

人本主义教学思想在教学目标上强调创造性与个性的发展，主张学生通过直接经验来发展自身而不是被动地接受教师所传递间接经验，在教学方法上主张以学生为中心，强调自主、合作、探究的学习方法，平等的师生关系让教师只是起到咨询者的作用而学习应该让学生自我选择和发现。比如罗杰斯的非指导性的教学模式认为教学活动应该围绕"学生中心"开展，将学生的"自我"视为教学的基本要求。在服从"自我"的需要的基础上，围绕着"自我"开展教学活动。他猛烈批判传统教学中的"教师中心"和"教材中心"，指出这种方式只能使学生变为"奴隶"。罗杰斯进一步分析了"非指导性教学"的特征：在课堂中创造一种融洽的气氛，围绕着发展个人的和小组的目标进行，随着教学活动不断深入，教师应该不断调整变化其角色。基于以上论述，非指导性教学并非完全对立于传统教学，而是强调在传统教学中被忽略的学生的主体性，即应赋予学生更多权利和责任参与支配教学活动。"非指导性教学"不仅重新审视了师生关系，还拓展了教学研究视角，为

---

① 周宁，刘将.心理学的"语言转向"考评［J］.内蒙古师范大学学报：哲学社会科学版，2007（5）：21-25.

参与教学价值取向提供了理论基础。

2. 建构主义教学思想

不同于行为主义或是认知主义对于知识的意义独立于学生个体的认识，建构主义者则有不同的观点，认为知识并非经由教师传递给学生，而是学生基于一定的情境，借助教师或者学伴的辅助，利用相关学习材料，在意义建构中得到。这就意味着学习不再是被动行为而是一种主动行为，是个体建构自身知识的过程。而且，知识或意义并不单单取决于外部信息，外部信息必须经由与自身旧知识经验的双向、反复作用下才能被建构为知识或意义。其中，每个学生都基于自己原有的经验系统对外部信息进行解码和编码，形成自身独特的理解和新经验，新经验的进入又会带来原有知识的调整以及知识结构的改变。所以学习并非简单地获得和积累信息，新旧经验冲突及其所引发的观念转变和结构重组同时发生在学习过程中。因此，教学不仅仅应该停留在对于客观知识的掌握，还包含着师生主体参与教学活动过程中生命意义的展开和发展。

三、教学文化视野下的参与教学价值取向分析

我国传统教学中获得教学价值取向强调教师将知识传递给学生从而充实学生个体，这样不利于学生的个性化发展和培养创新型人才，因此当下所进行的教育教学改革是对这种以获得教学价值取向为基础的教学文化的改革，试图用参与教学价值取向为内核，对现有的教学文化进行改造，参与教学价值取向从重视知识的传递转向重视学生身心投入到参与教学活动中的行为，强调在参与活动的过程中学会学科思维模式和行为方式来解决现实情境中的问题，并通过行为的改变带来学生身心整体的变化。那么在教学文化视野下参与教学价值取向的价值层面、思维层面以及行为层面的特征又与获得教学价值有何不同？

（一）一切为了学生参与的价值观

在获得教学价值取向下突出的是知识获得，教师主导与学生主体都是围绕讲授知识、

传递知识以及接受知识展开。而在参与教学价值取向下主要突出的是学生的行为参与，通过教学情境的创设让学生参与其中进行自主、合作、对话以及探究等学习活动，建构出自我独特的知识体系。在其中，知识不再被看作实体，并不具有绝对正确的真理性和权威性，也并不用来在师生之间传递。知识被看作具有生命的特征，学生在参与教学活动的过程中通过对话、合作、探究等方式领悟、感受和内化知识，再经过教学中的各种活动，比如师生间的平等对话探讨、学生间的分工合作学习等一系列行为将知识进行灵活应用。在教学中，知识只是作为探讨的工具，发展思维和学会解决问题成了教学目的。

在参与教学价值取向下，强调一切"以学生为中心"，学生在教师的引导下积极参与教学活动，通过活动的参与使学生学会用学科思维和具体行动去发现、分析和解决实际情境中的问题。师生之间、生生之间以及师生与知识之间的互动不再是努力用知识填充自己，而是在参与教学活动中使用知识，通过对话、合作、探究等行为创新知识，以便自己在生活和工作中灵活应用，通过行为参与来体现真正的价值。正如哈贝马斯所言："交往理性直接暗含于社会生活的过程之中，如果相互理解的行为能够起到协调行为机制作用的话。"[①] 社会的发展使得在学校已经不能为毕业后的生活准备好所有的知识和技能，需要学生能够学会学习、学会生活、学会变化以适应社会的发展，能够依据自我主体精神去面对生活世界、理解多元文化以及能够与人合作，成为具体化的个性鲜明和极具创新精神的人。参与教学价值取向关注学生参与到教学活动中学会采用学科思维发现、分析和解决现实情境中的问题的行为，追求一切为了学生参与的价值观的意义也在于此。

（二）自主平等下的关系性思维模式

在参与教学价值取向下，学生要全身心地参与到教学活动中来，这就不能是一种二元对立的主客体关系，学生不能被视为被动的接受者和知识填充的容器。这种教师依托知识的权威性以及相对学生的优越性必将被解构，学生的主体性凸显，不再是被动的接受者，而是依据自身需要和自我实现要求进行自主、合作学习的知识建构者。而解构教师的

---

① 汪民安，等.后现代性的哲学话语——从福柯到赛义德［M］.杭州：浙江人民出版社，2000：382.

优越性后，在一定教学情境下，师生、生生之间处于一种相互交往的关系中，共同构成特定时空下的学习共同体。在共同体中，教学本质表现为对话、交往以及合作的知识建构活动，[①] 师生、生生之间在其中相互尊重和理解，以对话方式达成意义和知识的建构。在这样的环境中，必然需要一种强调互动的关系性思维模式。

海德格尔曾言技术时代的危险性在于对人和存在的扭曲、丧失以及破坏，在获得教学价值取向下将知识作为核心，强调知识传递的技术操作模式和对象性思维，扭曲、丧失和破坏了人的个性与创造性；新的教育教学改革采用回归生活世界的路径重拾现实生活，在教学活动中师生通过合作、对话、探究等行为活动全身心地参与其中，达到抒情的创造和写意的表达的意境。在这样的教学情境中，教师不再作为中心而是被消解掉权威，学生也不再被作为填充的对象。在自主平等的关系思维中，强调相互的联系、有机的共生以及尊重学生的差异性；而学生在参与教学活动的过程中学会思维和行为，从而得到独特体验正是个性与创造性的源泉。在一切为了学生参与的价值观的统领下，需要采用自主平等的关系思维，这就使得在学习共同体中师生的二元对立关系开始解构，师生相互倾听、相互表达、共同学习，通过自身的行为共同对知识建构的过程负责，尊重多元、承认差异从而消解单向的对象性思维。

（三）生成目标下互动的行为方式

在开放的情境中，参与教学价值取向下的教学活动具有开放性、多元性等特征，学生的发展变化都包含于师生的互动行为之中，通过交互使教学由不平衡状态向平衡状态转变从而实现主动生成。不同于获得教学价值取向下的预设性传递，参与教学价值取向的教学打破了教师独白式的文本讲授以及学生接受文本所形成的单向静态教学；而是在开放的情境中不断地产生不确定的教学问题，师生之间通过合作、对话以及探究等行为使问题不断得到解决以便生成教学目标，而这些不确定的教学问题恰恰是开放自组织良性运行的基础，也是优化整个教学过程的诱因。在这些不确定的教学问题下师生互动的教学行为能够

---

① 靳玉乐.新课程改革的理念和创新［M］.北京：人民教育出版社，2006：91.

使学生在真实的情境下，对知识进行有意义的自身建构，完成教学目标的生成从而创生知识，激发个性和创造性。

生成目标下的互动行为主要包括合作、对话、探究等。所谓合作，就是强调在教学内容的开发和教学方式的选择上，学生作为生命体有着自身的差异性，要实现个性发展就需要各方主体参与共建共享差异性的教学内容和教学方式；所谓对话，强调民主也就是相互聆听，达成理解和沟通而不追求绝对的一致性；所谓探究，强调科学性和不确定性，在教学情境和师生的交互中会不断生成新的问题，需要不断研究解决从而达到教学目标。[①]在这样的教学中，不再是一种刺激—反应的预设性教学，而是一种强调游戏、对话和自由开放的生成性教学，认知者不再与情境中的对象相分离，而是通过教学活动中的师生主体间、师生与知识间、生生主体间以及在师生的行为互动中实现师生与知识在开放的情境中的连接。因此在参与教学价值取向下，教学行为主要表现为生成目标下的互动。

四、参与教学价值取向的表现

在对参与教学价值取向的源与流、理论基础以及文化学分析等角度进行了理论上的探讨后，将视角转向具体的教学活动；参与教学价值取向在新课程改革之后的教学设计、教学过程、教学方式以及教学评价等方方面面都均有所表现。本书主要针对当下教学价值取向变化而带来的教学实践活动中发生明显变化的几个方面进行阐释，以便把握住参与教学价值取向质的规定性。

（一）促进个体生长的教学目标观

从传统的"双基"教学目标到新的"三维"教学目标，并不只是设计与表述的变化，更主要的是一种价值取向的变化。在《基础教育课程改革纲要（试行）》中强调在教学过程中的师生积极互动和共同发展，注重协调能力培养和知识传授的关系，强化学生的自主

---

① 靳玉乐.新课程改革的理念和创新［M］.北京：人民教育出版社，2006：188.

性和独立性，提倡通过质疑、调查以及探究等展开学习，尊重学生个性和满足不同学生的需求，通过情境创设使学生主动参与教学活动并培养其应用知识的能力和态度，使每一个学生都得到充分的发展。由此可见，新的教育教学改革反对重知识与技能传递的教学价值取向，强调教学活动中学生的主体地位和引导学生用行为参与到教学活动之中，从而促进学生知识、技能、过程、方法、情感、态度以及价值观等的变化来实现个体的生长。而这种生长以一定的教学情境为前提，以在学习共同体中通过主动参与，进而不断地从合法性参与的边缘向中心跃迁的过程得以实现。因此在参与教学价值取向下，教学目标观体现为促进个体生长，而这样的生长是发生在一定的教学情境之中和学习共同体之内。

1. 促进个体生长的内涵

本为生物学概念的"个体生长"在教育教学语境中主要指向人的自然成长过程，对于个体永不停息的作用和朝着后来结果行动的累积运动。[①] 杜威在《学校与社会》《民主主义与教育》中提出教育即生活，进而雄辩地证明了学校教育即是学生生长。这里的学生生长有别于充实个体，充实个人是将学生隐喻为容器，将知识等作为材料，是按照成人们所需要的那样对其进行"欠缺性"填充，其实质是一种学生在外在动力下的发展。按照杜威的观点理解促进个体生长乃是强调生长的生活特征，生命的进程体现着生长，教育就是不断地促进这种生长，也是学校教育的目的和价值所在。通过生长不断得到结果，学生在其中进行着持续的个性化和社会化。[②] 也就是说，要使学生与生俱来的求知欲和好奇心能够在教学情境中得到很好的生长，而不是将脱离生活的理性世界中的破碎知识填入学生的大脑。

在参与教学价值取向下，促进个体生长的教学目标观，强调从科学理性的世界回归到生活的世界，在具体、直接和现实的生活世界中通过合作性的学习共同体，使学生参与教学活动，并直接感知关于世界的知识，进而又在教师的引导下将这些知识逐渐典型化，并回溯到实践中。这样的往复势必带来学生知识、技能、情感、态度以及价值观等变化，使其能够更好地参与教学活动，逐渐由合法的边缘性参与向核心跃进，从而实现个体自身的生长。这种生长包含着学生的好奇心、求知欲等的满足以及对学习共同体的责任，是一

---

① 约翰·杜威. 学校与社会·明日之学校 [M]. 赵祥麟，等，译. 北京：人民教育出版社，1994：104.
② 瞿葆奎. 教育学文集·教育目的 [M]. 北京：人民教育出版社，1989：417.

种内驱动力作用下的发展。

2. 以学习共同体为生长环境

学生个体的生长是在一定教学情境下的学习共同体中得以实现。按照腾尼斯在《共同体与社会》中的观点，所谓共同体是指受到相关人员习惯制约下本能倾向地适应并建立在共同记忆之上，是一种众多个体思想和行为的协调和妥协，表现为一种为实现特定共同目标而产生的聚合。[①] 在这里我们可以看出，共同体的众多个体之所以能够聚合，其根本原因在于众多的个体有着共同的目标，同时在共同体中的思想和行为是由众多的个体协调和妥协产生的，每个个体都能决定自己共同体的构成形式并对其负责。

维果茨基社会建构主义的观点带来了学习认识的转变，也就是从认为学习是学生个体的心智活动转变为强调个体参与到共同体中进行知识建构的学习观，使共同体这一概念进入了教育教学研究者的视野。在《民主主义与教育》中杜威强调共同体中关于知识、期望、目的以及信仰等的共同理解和沟通过程，并对该过程的教育性予以肯定。[②] 杜威认为学校如同一个小型社会，共同体成员在其中联合生活，相互影响共享利益，并通过合作探究以及自我反思等得到生长。而学习共同体的概念第一次被一篇名为"Why Should Schools Be Learning Communities"的论文所提到，所谓学习共同体是指由学生、教师等所构成的集合，共同的行为指向完成相关学习任务的目标，通过对话、交流、合作等共享学习材料，形成互动交往的人际关系。[③] 之后，博耶尔在《基础学校：学习共同体》的报告中将学习共同体作为一个核心概念，认为建立真正意义的学习共同体对于教学活动具有重要意义抑或是其最重要的目的。在这里，学习共同体是学生进行学习生活，实现个体成长的团体。这里特别需要强调的是与获得教学价值取向下的教学班级不同，教学班级也是一种学习的集聚，但在其中每个学生都是孤独的知识接受者而体现出更多的竞争性人际关系。而学习共同体犹如学生个体成长的土壤，在其中共同体成员是一种对话、合作和相互促进的关系。

---

① 斐迪南·腾尼斯.共同体与社会［M］.林荣远，译.北京：商务印书馆，1999：95.

② 约翰·杜威.民主主义与教育［M］.王承绪，译.北京：人民教育出版社，2001：9–10.

③ M. B. Tinzmann，L. Friedman，S. Jewell–Kelly，P. Mootry，P. Nachtigal，and C. Fine NCREL，Why Should Schools Be Learning communities? Oak Brook 1990.

（1）学习共同体是个体建构知识的文化场域

当我们对传统的学校教育情境进行反思时，发现在获得教学价值取向下对于学习的社会性特征极端冷漠，以知识的客观性、简单性以及学生的共性为前提，按照工业化的方式进行班级授课，知识犹如物品，教师将所拥有的知识经过像加工车间一样的教室借助各种教学手段加工、生产并传递给学生。在这样的教学情境中，学生不用自己探究知识而是接受并记住教师传递的知识，师生之间的交流形式简单且不充分，教学活动呈现一种教师讲、学生听和教师问、学生答的状态，在师生之间以及生生之间很难形成持续、深入的沟通、对话和交流，使教学脱离生活与社会的情境，导致知识意义的丧失和学习内在动力的抑制。

重新审视知识认为知识的产生具有社会性特征，是社会选择的结果，并存在于社会群体中。无论是古代的狩猎团队还是今天的各类行会等都传承和创新着知识。任何群体都具有个性化的知识体系进而形成独特的文化价值体系，这样的体系成为群体成员间归属、信任以及理解的基础，也是使群体成型、发展、延续的条件。而作为社会缩影的学习共同体，学生的知识建构和个体生长也在一定的文化场域中得以生成。在学习共同体中，各个成员具有特定角色和身份，在认同、归属等心理作用下积极负责地参与其中的活动，通过自身的行为自主地进行知识建构。在其中，学生的潜力得到发挥、个性充分发展、性情得到陶冶，从而实现个体生长。同时学习共同体成员的生长又会使学习共同体得以延续和壮大，从而建构和巩固这种指向知识建构目标的学习共同体文化场域，这一切蕴藏于学习共同体中的人与人之间相互依赖的交往互动中，在对话、合作、探究等具体的教学行为中逐步生成。

（2）知识建构是多元主体互动的结果

在参与教学价值取向下，学习共同体由一群有着相同学习任务、相同问题和共同关注点的人组成，通过共同体成员合作、探究以及对话，对共同的话题进行解释或是争论，在社会性的互动行为中推进知识的不断衍生。这样的知识建构过程虽然达不到科学研究的水平，但机制相同。① 也就是学习共同体中的知识建构具有复杂性、实践性、情境性以及默会性等特征，而通过多元主体的互动行为表现出来，共同体成员个体在其中不断地生长并实现从合法性边缘参与向核心的跃迁。这就有别于在获得教学价值取向下的知识传递，在其中，知识的传递处于一种间接性、简化性以及碎片化等。间接性主要指所传递的知识是间接性的他人的经验，而不是自身行为过程中的体会和经验；简化性是指学生的学习动机是接受和记忆那些在升学等考试上能派上用途的知识；碎片化是指所学知识被一门门学科割裂而不具有整体性。② 而在参与教学价值取向下，倡导教学应该回归到生活世界，知识不是天才的灵感也不是个体观察和思考的结果，而是以集体观念为基础，在对话、合作、探究的能动行为过程中生成的结果，③ 具体表现为谈话、争辩、点评以及分工开展事件等。不断地解决问题又不断地产生新问题，从而创生知识，而这样的知识建构过程不是显性、外力驱动，而是隐性、内力驱动。学生在建立关于如何解决问题的方法和策略时，需要将其放在学习共同体整体的方法和策略背景下来审视和改进，在合作、对话以及探究等活动中不断提高自身的同时也对学习共同体负责和贡献，不断地从学习共同体边缘向中心跃进，实现自身成长。

马克思主义认为人的需求在本质上体现为社会性需要，并在人与人的交往过程中发生，同时也正是这些交往行为使人的主体性得到彰显，能够在学习共同体中自主交流意见、情感以及发表主张，才使其不断进步，从而成为个体自由生长的沃土。学习共同体中有新手（学生）、学伴（同学）、教师、专家（教学研究者）、家长以及其他社会人士等，在其中以群体形式组织教学活动，通过对话来探讨问题及其解决途径，通过肯定或者否定来强化内部动机，同时相互支持和帮助实现进步和个体的生长。在共同目标的引领下，学习共同体成员不断改进和变换行为分工、程序以及规则等，使个体在知识、技能、态度以及价值观方面不断发生变化，从而从边缘向中心跃迁。学习共同体中的个体可能以某个角色或是多个角色进行交往互动，交往的普遍性和无限性促使学生最广泛地参与到教

---

① 张建伟，孙宴青. 建构性学习——学习科学的整合性探索 [M]. 上海：上海教育出版社，2005：98.

② 孙振东. 学校知识的性质与基础教育改革的方向 [J]. 教育学报，2006（2）：11-24.

③ 杨莉萍. 社会建构论心理学的思想与理论形成 [D]. 南京：南京师范大学，2004：42-43.

学活动中来，在合作、对话、探究等的交互行为中主体能够得到知识互助以及在情感、思想和价值观上也能得到很好的沟通。在这样的情境中使每个单独的个体脱离封闭的学习状态，重拾多元主体间的对话、合作和探究，并在其中强化行为参与意识。学习共同体中的交往互动具有自组织的特性，反映为共同体结构以及成员角色的变化，也是学生个体在学习共同体中得到生长的反映。

（3）知识建构中个体的"身份"与"意义"共存于群体环境

学生个体的生长存在于学习共同体的知识建构中，表现为其"身份"和"角色"的变化。一群对共同主题感兴趣的人聚集于学习共同体中进行互动交往，其意义在于营造特定教学环境，它既是特定实体组织，又是一种意识与精神文化空间。[①]共同体成员归属于这样的教学环境，与其他成员共同进行相关学习活动，在活动中学生具有特定身份及其所特有的意义，彼此尊重和信任，拥有感情上的依赖和心理上的安全感。

在平等、民主以及相互接纳的氛围中，学生能够摆脱封闭状态而进行有效交往，在问题探究、情感体验以及教学生活等方面进行沟通与交流；在沟通与交流之中，个体知识转换为公共知识，实现知识的共享以满足成员个体的需要，完成建设性的对话。这就有别于在获得教学价值取向下通过知识的占有来充实个体，参与教学价值取向主张学生用行为参与到教学活动中来，在行动中建构身份，在身份的不断变化中实现个体成长。

学习共同体成员参与到教学活动的过程中来，通过各种交往互动将智慧和经验集聚于共同体中，使其成为一个"知识仓库"，同时学习共同体成员之间的社会性互动使得共同体知识仓库中储藏的有形与无形知识有着流动性和生成性的特征。一方面，在探究问题时，学习共同体成员能够相互交流彼此境遇、思考共同问题、探究解决问题途径、在交往中汲取多元化的养分。另一方面，学习共同体成员具有参与创建和维护共同体的义务，通过参与教学活动的行为将自身所建构的知识回馈给共同体而做出贡献，具体表现为制度的完善、工具与方法的开发、知识仓库的增加以及交流语言习惯的养成等。

在教学活动开展的过程中，学习共同体成员围绕知识建构开展的各种行为互动，使

---

① 潘洪建."学习共同体"相关概念辨析［J］.教育科学研究，2013（8）：12-16.

学习共同体走向成熟和得到发展，由此带来学生个体"身份"和"角色"的变化，体现着学生个体的生长。得到生长后，学生的参与能力将会提高，能力的提升促进学习共同体深入发展，进而不断提高教学质量。有学者将这种关系比喻为一种"共生共建"的生态圈，学习共同体的发展与学生个体的生长有着相互促进、互利互惠的特征。

3.学习共同体对个体生长的促进

通过行为参与实现个体生长是学习共同体成员的共同追求，其体现了学习共同体成员的内在需要，是个体在协商中达成的共同理想和目标。学习共同体的意义在于促进其成员的学习，让所有个体通过教学活动的参与，在共同体发展的基础上得到发展与生长是其愿景与目标。

通过所设定共同目标的实现来促进个体得以成长，共同体成员间合作互助、资源共享、分享知识以实现个体生长。这样就使得在获得教学价值取向下的教学资源由教师独享的状态不复存在，取而代之的是教学主体间共享经验、智慧、知识、生活意义以及生命价值，在建构知识的互动活动中促进彼此的生长。

（1）营造富有归属感和安全感的情感氛围

在共同价值观的引领下，个体成员间相互帮助、欣赏、依赖和共同迎接挑战，让学生个体感受到与学习共同体之间的联系，感受到自身属于共同体的一部分，从而产生归属感。在这样的氛围中，学生不再是孤立、低自尊且需要依靠高考等外在动力驱动其学习的学习者，而是具有强内在动力、对学习共同体负责以及有同伴互助的知识建构者。成员间的相互尊重和信任，带来心理上的安全感，使得学生愿意暴露学习过程中的不足和缺陷，并能得到其他成员的帮助以及支持性的行动反映。在这种开放性的互动交流氛围中，师生、生生个体之间通过合作、自主、对话以及探究等建设性的互动活动来实现践习新思想、新观点的需要，同时也从传统教学中依靠外部动力驱动学生发展，转向以学生自我的内在动力驱动，实现彼此的生长和发展。

（2）创造共享与互动的知识建构体验过程

在学习共同体中，成员个体间具有共同的价值取向、学习目标以及遵守相同的行为规则，分享交流学习经验、感受等已成为一种文化氛围，在其中学生体验知识建构的过程成为一种常态，伴随其发展和生长。

在参与教学价值取向下，学习体现为学生与学习环境之间的不断交互，[①]教学活动中师生、生生之间通过共享知识、经验、感受以及在对话中进行信息的交流和人际关系的交往，从而体验知识建构的过程。互动交往的过程能够促进共同体成员间共享相关信息，分享集体智慧、经验以及知识，并在这个过程中促使其反思，对问题达成共识，使个体活动行为能力提高。

（3）提供丰富与多元的知识仓库

如佐藤学教授所说，"学习共同体是在与'同一性'格斗的过程中形成的尊重'差异'的共同体"[②]。在获得教学价值取向下，教学是一种将知识隐喻为某种实体的传递活动；在教师传授什么学生就接受什么的封闭框架内，主体经验的独特性因得不到尊重而失去交流的可能性，学生获得经验单一，只能用教师所传递的知识来发展自身。而在参与教学价值取向下，学习共同体则是将建构异质文化共生、共存的团体作为目标，尊重学习共同体成员的个体差异性，提倡共同体内的互动交流，形成多元化的知识仓库。异质性的共同体成员使知识仓库具有丰富性和多样性的特征，学习共同体成员能够根据自身需要从共同体知识库中选取满足自身需要的经验，从而实现自身的变化达到个体生长的目标。

学习共同体同样关注经验的代际间互动和交流，也就是关注专家型个体（包括教师）和新手个体之间互动交流的连续性，鼓励学生多层次参与到教学活动中来，并为其加入各种学习共同体体验不同的经验创造机会，而不只停留在某一学科或者课程的合作与交流。[③]在学习共同体中，正是共同体成员的异质性增进了主体间的互动交流，也为个体自身生长提供了更为丰富的经验选择，因此建构学习共同体是实现学生个体自身生长的重要路径。

---

① 齐丹.基于网络的学习共同体的研究与设计［D］.吉林：东北师范大学，2004：18.

② 佐藤学.学习的快乐——走向对话［M］.钟启泉，译.北京：教育科学出版社，2004：103，340-341：384.

③ 赵健.学习共同体——关于学习的社会文化分析［M］.上海：华东师范大学出版社，2006：138.

（二）强调互动参与的教学方式观

如果在获得教学价值取向下以充实个体为教学目标观，那么教师传递知识、学生接受知识的"传受结合"方式就成为达成这一目标观的主要活动方式选择。而在参与教学价值取向下以促进个体生长为教学目标观，教学目标观的变化必然会影响教学方式的选择。传统教学中的"讲授—记忆—练习—复习"有利于将知识装入大脑之中从而充实学生个体，然而新时代需要培养学生创新能力和实践能力的要求就难以实现。在新课程改革中提出："改革学习方式，倡导自主、探究、合作等学习方式，改变围绕教师、课堂、教材三中心进行教学活动的局面，发展学生创新实践能力。"[①] 在这里，学生的中心地位得以凸显，从重视如何教转向重视如何学，知识的发生与发展过程得到重视，学生原有生活经验和社会实际成为基础，进而将关注重点转向在教学活动中的参与行为。由此使教学方式的选择从注重"传""受"相结合的教学方式观转向注重互动参与的教学方式观。

1. 以学习共同体为特征的教学组织形式

在获得教学价值取向下，按年龄、认知程度等进行授课班级的编制，按照教师、课堂、书本三中心，在充分预设的教学过程中达到充实个体的目标，强调以教为主。而在参与教学价值取向下，以促进个体的生长为教学目标观，那么填鸭式的灌输使得学生犹如工场的产品，而按照相同的规格进行生产的方式不适宜学生生命个体的自然生长，而转向了学习共同体的共同建构。

作为特殊社会实践活动的教学活动是承载师生进行学习实践的共同体。国内普遍认为，学生、教师、家长、专家等组成了学习共同体，通过对话、合作、探究等形式来完成相应的学习任务、实现学习目标。[②] 也就是说，学习共同体内各成员都是由相同的问题或者话题组织起来，通过对话、诠释以及争论共同的关注点，在合作的氛围中达到协调，在这个过程中不断地推动着知识建构。学生在其中就不再是孤独的知识获取者，而是扮演着知识传承、创新和共享的角色，在这样的教学组织形式中得到个体自身的生长。与传统的

---

① 钟启泉，等.为了中华民族的复兴为了每位学生的发展：基础教育课程改革纲要（试行）解读［M］.上海：华东师范大学出版社.2001：247.

② 薛焕玉.对学习共同体理论与实践的初探［J］.中国地质大学学报：社会科学版，2007（7）：1-7.

班级不一样，学习共同体提倡以学生为中心、主张积极主动的互动交流以及围绕共同教学任务积极地参与活动，在这里，学习共同体可是学习小组、班级还可是学校等，无论是哪一种，最终目的都指向学生的成长和得到更好的发展。其主要特征有以下几个：

（1）尊重学生个性

在获得教学价值取向下，突出教的中心地位，班级制教学为能够大批量地教育学生提供了方便。而学习共同体中有着尊重学生个性、以学生为中心的教学氛围，在其中，教师不再将知识隐喻为某种实体而传递给学生，而是与学生一起参与教学活动，带领学生对教学内容采用自主、合作、对话、探究等行为方式进行学习，并在教学过程中促进学生在原有基础上各个方面的变化，促进学生个性的养成。

（2）具有共同的教学目标

在《共同体与社会》中腾尼斯强调"共同体"是众多个体共同实现某一特定目的而产生的聚合。[①] 那么在学习共同体中师生所要实现的某一特定目的就是完成共同的教学目标，这一目标可能表征为完成教学任务，解决某个问题或是学习共同体成员共同的关注点等。在传统的班级统一授课教学组织形式下，教师强调"传"，也就是尽可能高效率地传递知识，而学生则尽可能接受内化知识用于充实自身，是一种单向度信息流动。然而学习共同体成员以共同的教学目标聚合在一起，并用共同目标激发每一个成员的行动热情，师生全身心地卷入并参与相关活动，在互动中进行双向的信息交流，激发每一个人的个性与潜能，在实现教学目标的过程中共享权利与责任，进而促进每个人的生长和变化，具体表现为在互动参与活动的过程中逐渐向共同体中心的跃迁。

（3）平等合作的文化氛围

在共同体中为了达到共同的目标，营造的是一种平等合作的情境和氛围，那么学习共同体在完成教学任务、实现教学目标的过程中，师生、生生之间也是在平等合作的文化氛围中进行互动交流，用参与行为去感受知识的发生与发展并建构自身的体验。师生在教学过程中采用平等协商、合作参与、自主开放的对话等形式进行交流，知识、技能、过

---

① 斐迪南·腾尼斯.共同体与社会［M］.林荣远，译.北京：商务印书馆，1999：134.

程、方法、情感、态度、兴趣、价值观等则包含于这些话题与问题中。在平等合作的文化氛围下，每一个人的困难都能及时被发现，同时在共同体的帮助下得到及时有效的解决，从而促进学习共同体的不断发展和进步。在平等合作所营造的温情友爱氛围下的互动参与过程中，师生、生生通过解决问题以及讨论共同的关注点，使学生能够全面成长和发展。

2.强调激发内在学习动力的教的方式

学习动力有内外之分，外部动力主要是指学习活动被如分数、奖励、文凭、竞争等外部因素推动；内部动力主要是指学习活动被如好奇心、兴趣、求知欲、需要、意志等学生个体内在因素推动。[①] 在获得教学价值取向下班级教学活动中，学生往往听教师的讲授、看教师的操作、记忆相关结论以便能够在考试中获得较好的分数以达到升学等目的；学生的学习动力主要受外在动力驱动，教师的教也主要考虑班级群体的整体情况，学生在外部动机的诱发下获取知识，并在最后的考试中得到检验。而在参与教学价值取向下的学习共同体中通过教学情境的设置，使学生在自主学习的基础上对教学内容产生疑问，进而通过对话激发学生的兴趣和探究的热情，根据学生的需要进行合作、探究、自主等学习并给予及时指导，进而达到教学目标。整个过程始终由学生的好奇心、求知欲以及兴趣等内部动力进行驱动，教师只是平等中的首席，在教学活动中与学生平等交流、对话与探究，充分发挥学生的主体性。在这个过程中，教师应该在学习共同体中出现在相应的位置和扮演诸如促进者、学习者、共同参与者合适的角色，以维持学生的这种内在动力。

（1）激发内在学习动力的思维模式

在获得教学价值取向下通过教师给出一个事实、定理或者公式，然后通过大量实例对事实、定理以及公式等进行验证，学生记住相关的事实、定理以及公式等。这显然是依据的一种演绎的思维模式。而在参与教学价值取向下，教学总是从一个学生感兴趣的教学情境开始，情境中的问题可以由教师创设，可以是现实中的实际问题，也可以由教学过程中自然引发；进而激发起学生的内在动力，围绕问题进行讨论、合作分工采取探究行动等，最后汇报结果并共享学习成果，将解决问题过程中形成的知识、技能、过程、方法等

---

① 李森.现代教学论纲要［M］.北京：人民教育出版社，2005.

通过分析、归纳以及综合等汇集为事实、定理、公式。同时在这个过程中会自然形成学习共同体的规则和协定，共同体个体依据协定能够更好地在其中行动，从而推动共同体的发展。在参与教学价值取向下，强调内在学习动力激发更倾向于归纳思维模式为主，在兴趣等的内在动力推动下让学生通过自身的行为自主对问题情境进行探究，自然生长出知识、技能、情感、态度、价值观等，注重知识的产生以及发展，并在这个过程中使学生能够生长以及全面发展。

（2）激发内在学习动力的技法方式

在参与教学价值取向下尊重学生的个性并以学生为中心，在学习共同体中教师完成教学任务、达到教学目标、推进教学活动顺利开展的核心在于创造一个有利于师生、生生之间互动交流的问题情境。这个情境中的问题要能够引起学生的兴趣以便能够激发学生的内在动力，从而促进学生用自身的行为参与其中。同时教师站在学生的角度，让这个情境具有能够互动交流以及自主探究的氛围，并通过它逐步培养学生的自我指导、自我发展和生长的能力。[1] 当然这也并不是放弃教师的主导地位，在教学活动中教师需要帮助学生发现学习中的真正的需求，关注学生的情感变化，教师对于学生来说是一种真正意义上的伙伴关系。教师对学生的热情交流作积极反应，通过全身心情感投入的互动交流帮助学生解决教学过程中所遇到的学习问题，澄清问题并使学生明确自身的需求和目标，在合作互动的交往过程中去实现自身的目标。学生通过自身在学习共同体中的行为，在教师平等热情帮助下，通过教学任务的完成来实现自身生长的需要。

（3）激发内在学习动力的表现形式

在获得教学价值取向下，在教学活动中主要采用讲授法来完成教学任务，遵循着只要教师讲了，学生认真听了，也便顺利完成了知识传递的理念。而在参与教学价值取向下，从教为中心转向学为中心，知识也不再是通过讲授直接传递给学生，而是在教师主导下通过对话、合作、探究等对于问题或者关注点的非指导性探索并用具体的行为参与，使知识能够在学生生命个体内发生和生长。而通过大量练习、死记硬背等知识巩固方式也转

---

[1]　布鲁斯·乔伊斯.教学模式［M］.荆建华，等，译.北京：中国人民大学出版社，2011：173.

向一种通过知识的建构来提高自身综合素质，并通过眼、手、脑、耳、嘴等的具体外显行为进行自我表现，提升学生合作、探究、对话、自主等互动交往的能力，养成自信、活泼且极具团队协作能力的品格和精神，这种通过具体行为的自我表现也正是新课改所提倡的改变在课程实施过程中的死记硬背、机械训练、接受学习等而转向引导学生主动参与、培养学生处理信息、分析解决问题、获取新知识以及互动交往的合作能力等。[①] 对于知识不再停留在简单的应用，而是在教师的引导下，结合当下时代的背景进行深入的思考，在具体的实践中基于所学知识形成新的观点、看法以及信息等，从而达到对知识的实践创新。

3.强调激发内在学习动力学的方式

柏拉图认为教学是对理念世界的回忆，而理念世界犹如种子一般存在于学生的头脑中。夸美纽斯也曾说过："学问、德行等种子自然存在于我们身上。"[②] 也就是说，人性中与生俱来具有学习的内在认知、追求美德等的潜力，教师只需要提供相关帮助就能使这些种子自然生长，从而促进学生的发展。因此教学不应该是填鸭式的灌输，而是激发学生求学的潜力，让学习成为学生自身的一种需要，在学习共同体中通过个体的行为参与去体验学习乐趣，在知识建构的过程中培养实践能力、创新能力、积极乐观的品性以及塑造正确的价值观，使个体能够得到生长最终走向全面发展。

（1）自主学习

相对于获得教学价值取向下的被动学习，参与教学价值取向下的教学活动中学生应该明确为什么而学、能够自主完成什么学习任务、学习的内容是什么以及采用什么方法进行学习。首先，学生需要明确自身的需求，也就是在学习共同体中需要解决的问题或者是共同关注的点，只有目标明确才能在强大的内在动力驱动下投入丰富的情感，从而使学习活动变得有意义和有价值。其次，是依据目标的自主内容选择、调控学习时间以及学习策略，通过这一过程中各个要素的自我选择和调控能使学习活动相对于个人而言达到最优化，在建构知识活动中发展能力和体验情感，最后是自我检查、判断和评价学习成果等，

---

① 中华人民共和国教育部制定.基础教育课程改革指导纲要（试行）［M］.北京：人民教育出版社，2003：112.

② 夸美纽斯.大教学论［M］.傅任敢，译.北京：人民教育出版社，1984：28.

在过程中不断依据任务、目标等调整学习策略。

（2）合作学习

学习共同体是由教师和有着不同家庭文化背景的学生组成，为了共同的学习任务，将不同需要、兴趣以及气质的学生组织起来进行合作学习。生生之间的互动让学生学会用别人的视角看问题，在交往中学会社交能力；同时能够影响学生自身的价值观、态度、认知等，并使之社会化；学生之间也是一种相互依赖的关系。因此，学习共同体中的合作学习能够为学生提供更多的主动参与机会，同时学生个体的异质性使其在经验基础、认知特点以及对事物的理解上存在差异，通过平等参与到小组讨论和分工合作中使个体能得到更为全面和丰富的观点、方法等，这为个体全面的生长、发展提供更加充足的养料。

在进行合作学习中，对教学任务进行分割，每个人都对自己的任务负责，同时每个人的学习结果组合就构成整个教学任务，在其中根据每个学生的个性进行角色分配，有些善于捕捉信息，有些善于归纳总结，有些善于倾听，有些善于分析问题，有些善于外交等，根据每个人的个性特质进行角色分配，用自己的行动来完成不同的任务，使得整个学习共同体井然有序、分工明确，从而使得学生的个性能够得到充分的发挥，促进每个学生的个性化生长。正如马克思所言："只有在集体中，个人才能获得其发展的手段。"[①]也就是说，在学习共同体中通过合作学习，在人与人的沟通和交往中，人才能够自由，人的个性才得到发展。

（3）探究学习

在获得教学价值取向下，教师的知识传递决定着学生能够学习的知识，是一种接受学习。而在参与教学价值取向下，依据情境设置，激发学生的内在动力，对问题、关注点等进行信息收集、操作、实验、对话、互动交流等，通过问题的探究取得知识、技能、过程、方法等方面的综合发展。在学习共同体中，探究学习具有开放性、实践性、问题性、参与性等特点，也就是通过相关问题激发学生的兴趣从而产生内在动力，通过行为的参与在开放的互动对话环境中进行探索实践，最终解决问题。在这个过程中，学生掌握解决问

---

① 中共中央马克思恩格斯列宁斯大林著作编译局.马克思恩格斯全集（第1卷）［M］.北京：人民出版社，1972：82.

题的方法、建构相关知识以及进行情感体验，从而使得个体得到生长和全面发展。

（三）互动交往下动态生成的教学过程观

教学过程观是对如何通过各种教学行为来实现教学目标的总体看法和观点。从特殊认识说、传递说、层次类型说到认识实践说、发展说、交往说等，学术界对如何理解教学过程的问题存在诸多看法，每种学术观点背后都隐含着相应的价值取向。在参与教学价值取向下，教学目标观指向个体的生长，生长是一个无法预料全部结果的过程，那么在自主、合作、对话以及探究的教学活动氛围中，必然走向互动交往下的动态生成的教学过程观。叶澜曾经指出：师生在教学活动中没有共享经验也就没有交往，也就不成为真正意义上的教学活动。[①] 而交往主要体现于学生参与到教学活动中，充分发挥学生的主体性，对于教学文本的多元解读、质疑、讨论等，师生、生生之间通过合作、对话以及探究等方式的互动来实现教学活动的动态生成。

1. 互动交往下动态生成的内涵

追溯孔子和苏格拉底，从"不愤不启"到"产婆术"，生成性教学思想由来已久。特别是在反对科学理性和技术理性后所提倡的教学应该重拾生活世界中，生成性思维正式被提出并强调：过程比本质重要、关系比实体重要、创生比预设重要、去中心而重个性以及重视情感等非理性因素，反对极端的工具理性，重具体而去抽象。[②] 教育教学是关于人进行自我建构的活动并最终指向人的自由发展，人的自由发展和自我建构需要摆脱技术理性和工具理性的压抑和控制，使教学过程从预设走向生成。正因为如此，在参与教学价值取向下，教学过程被视为在一定文化情境中（也就是生活的世界中）师生、生生之间进行互动交往的过程。在这个过程中，教师不再对知识进行独霸，学生已有的生活经验得到重视，学生能够质疑并对知识进行多元解读，学生的错误也不再被看作在知识传递过程中的杂音而被视为一种可以用来讨论和对话的教学材料等。那么这样的一个尊重学生主体性，重视学生的行为参与的教学过程必定更加开放和多元。在师生、生生经过自主、合作、对

---

① 叶澜. 教育概论［M］. 北京：人民教育出版社，2006.

② 文阁. 生成性思维：现代哲学的思维方式［J］. 中国社会科学，2000（6）：45-53.

话以及探究，从而实现教学目标的过程中体现出互动交往下动态生成的特征。在参与教学价值取向下，教学目标观指向促进学生个体生长，而互动交往下动态生成的教学过程观倾向于在师生民主互动的基础上，重拾人的自我意义，在教学过程的不断生成中促进学生个体的生长。

（1）动态生成强调自然生长性

老子认为万物依道而生、而长，道法自然、常自然，也就是说内部而非外部动力决定事物生长，强行"拔苗助长"往往会适得其反。在教学活动中，教师所面对的学生都具有自我的主观意志，通过外部动力在教师预设的情况下将知识传递给学生，有时会如同"拔苗助长"一样使学生厌恶学习而达不到促进学生发展的目的。动态生成所强调的正是自然生长性，也就是尊重有机体生长的自然秩序。就教学活动而言，在参与教学价值取向下的知识建构活动中，师生、生生之间通过自主、合作、对话、探究等行为建立起学习共同体的行为规范和规则，并依据规范和规则参与到教学活动中来，学生在其原有认知结构的基础上对新的教学内容进行解读、质疑，对产生的问题进行对话并寻求解决问题的方法，最后通过合作探究解决问题。在这样的过程中，学生参与教学活动的行为不断变化，达到在动态生成中实现学生生长的目标。

同时，学生参与教学活动的动态生成以学生自身认知结构为基础，在学科知识逻辑和生活实践的交互中产生问题，通过教学活动中的各种参与行为创造性地解决问题。由此可知，一方面学生的原有认知结构能够得到自然完善，另一方面不断的参与行为又使其得到发展。

（2）动态生成强调从无到有的创造性

在信息论视域内，动态生成可理解为对信息的改组和创造，所生成的信息样态由诸多信息相互作用并综合产生。[①] 对于在学习共同体中进行知识建构而言，这样的创造更具有现实可能性。其原因在于：在学习共同体中各成员都是建构者，是建构生成自我知识的主人，在教学情境中个体的主体性思维具有超越具体感性对象的创造力，同时在合作、探

---

① 邬焜.信息认识论［M］.北京：中国社会科学出版社，2002：144

究以及对话等交互性活动中，师生、生生之间又能生成许多新的符号化的信息而与教学情境中的相关教学实际相对应。正如皮亚杰所言："所有认识都包含有加工制作新东西的一面。"[①] 而在参与教学价值取向下，这样的认识是发生在学习共同体行为互动的过程中，共同体成员的自主性和多样性必然带来所建构知识意义的多元性，而共同体知识的多元性也能为个体自我建构知识的新颖性提供充足的养分。

在学习共同体中，共同体个体间、个体与客体间通过自主、合作、对话以及探究等相关行为进行交互作用创生知识，在已有经验基础上建构出新经验、生成新知识而达到教学目标。这样的过程也正是教学的真实发生过程，也是学习共同体不断成熟发展的过程，也是学习共同体个体不断变化生长的过程。这有别于获得教学价值取向下教师在具有绝对权威的情况下，完全预设性地将已有间接经验和知识传递给学生，学生记住并占有所传递的知识，也便完成了教学任务。

（3）动态生成强调主体间的互动交往

在参与教学价值取向下，学习共同体成员对于教学内容解读的多元性、质疑和对话协商等，使教学内容、策略以及方法等不能如同获得教学价值取向下一样进行完全的预设，而要根据实际教学情境的变化而变化，这也使得教学过程需要动态生成；换言之，正是教学活动主体间在教学情境中产生的"问题""疑难""困惑"等促使其互动交流，进而使得教学内容、策略以及方法等具有生成性的特征。所以教学过程观上需要动态生成，同时教学活动中主体间的互动交往为动态生成的教学过程提供动力。

在参与教学价值取向下，主体间的互动交往体现为教师的教与学生的学的互动以及在教学活动中师生、生生之间的对话。占据教学主导的教师需要积极发现学生通过自主、合作、对话、探究所形成的问题，将这些动态生成的资源进行开发并积极利用来组织教学，这也是不断推进教学过程的生长点。教师不断发现交往过程中的问题并改造为教学资源，为学生搭建好探究的脚手架，学生通过其行为参与教学活动进行知识建构又会产生新的问题，如此的互动交往使教学过程在不断的动态生成中得以推动。

---

① 皮亚杰.发生认识论原理［M］.王宪钿，译.北京：商务印书馆，1981：16

2. 互动交往下动态生成的特征

在参与教学价值取向下，教学过程不再由具有绝对权威的教师完全把控，而是尊重教学活动的不确定性，并将其视为推动教学不断前进的动力。在学习共同体中，师生、生生在其中通过自主、合作、对话以及探究等活动，在人与人的互动交往中动态生成，其特征主要有非线性、开放性以及自组织性。

（1）动态生成的非线性

依据复杂科学，世界具有非线性的特征而表征为复杂性的存在。同时强调线性只是在分析问题时的简化与近似化的处理，线性相互作用与秩序是一种特例而非定则，非线性才是认识世界的基本方式。[①] 在参与教学价值取向下，教学活动在学习共同体中开展，师生、生生的互动交往可以被视为一个"人—人"的双向系统，不同于获得教学价值取向下教师将知识传递给学生的单向系统，每一个教学环节都不太可能被割裂，而采用简单的因果逻辑来加以预设，在其中每一个教学要素都不是简单地叠加，在自主、合作、对话以及探究的过程中每一偶发事件不再被视为教学活动中的杂音，而是促进教学内容持续转化和生成，以及教学方式方法不断调试的动力和契机，在其间，知识的建构也在不断提升。教学过程中所不断建构出的意义并不是呈现出线性、序列和累积的特征，而是在丰富性、深度等方面层层递进且往复回环。正是这种非线性特征，使教学活动重新回归生活世界。

（2）动态生成的开放性

传统教学强调过程的确定性，将教师完成教学任务的每一个环节甚至是要素都进行充分的预设，这也使教学过程中缺少了原创性。而在参与教学价值取向下，师生、生生通过自主、合作、对话以及探究的主体性行为参与教学活动，使教学过程事实上具有不确定性，而动态生成的开放性则是对这种不确定性的肯定，认为在实时的教学情境中教学结果具有不确定和不可预测性。

正如法国著名思想家埃德加·莫兰所认为的："认识和思想，它们最终不能达到一个绝对确定的真理，而是与不确定性对话。"[②] 在教学活动诸要素中，人是最活跃的因素，在

---

① 武杰.跨学科研究与非线性思维［M］.北京：中国社会科学出版社，2004：388-403.

② 埃德加·莫兰.复杂性理论与教育问题［M］.陈一壮，译.北京：北京大学出版社，2004：145.

学习共同体内的知识建构活动中，教学主体间的互动交往使得动态生成的教学过程的不确定性不可避免，而这种不确定性正好也就构成了互动交往下动态生成的开放性。这种开放性是对于原创思维以及学习共同体内具体个体的关注和承认，是对个体生命发展状态的关注。学习共同体中各主体正是利用教学过程中的不确定性所形成的开放性促成教学过程的动态生成，促进教学意义的生成，将生长空间从有限的教学时空扩展为无限的发展时空。

（3）动态生成的自组织性

自组织并不需要外力干预或是外部指令就能自发地形成一定结构和功能。由教学主体、教学内容、教学方式以及教学环境等多个因素构成的教学系统具有一定的自组织特性。据此分析教学发现，教学过程是"学"不断接受"教"指导，同时又不断摆脱"教"引导的过程。教学始终致力于帮助学生形成自组织活动，从而摆脱"教"的指导。

在参与教学价值取向下，教学过程的展开就是要推动学习共同体的不断成熟和发展。作为自组织的学习共同体趋于成熟的标志主要体现为：一是在去除教师的具体指令下，学习共同体能够根据自身形成的文化、规范以及结构去实现教学目标；二是学生能够自主应用各种学习策略进行对话、合作、探究等方式学习。同时在学习共同体中师生之间、生生之间能够协调、沟通和达成共识，并且联合起来去实现共同体公共知识的积累来促进个体知识的建构和生成，不断满足个体生长的需要。

3.互动交往下动态生成的途径

在参与教学价值取向下，在互动交往下动态生成的核心在于学生用行为参与教学活动，而这样的参与需要建立在平等、和谐、开放等的教学氛围基础上，并由此逐步展开教学。

（1）平等语境下对于教学内容的多元解读

在学习共同体中开展自主、合作、对话以及探究的教学活动，首先需要一个平等的语境，在这样的环境中进行实质性的交流、沟通，让参与变成一个活泼、生动、挑战与惊喜并存的动态过程。[①] 由于学习共同体中每一个个体都有着不同的生活经历、认知结构以及文化背景等，这就使得对一定教学情境中给定的教学内容的意义有着各自不同的

---

① 闫祯.参与式教学活动的设计与实施［M］.西安：陕西师范大学出版社，2006：125.

解读。多元化的解读能够丰富学习共同体的公共知识和经验，同时在平等语境下的对话能够引起观点的碰撞以及情感、态度、价值观等的升华，来促使教学过程的动态生成。在这里事先给定的教学内容不再作为金科玉律，而是作为用于解读的基本材料，作为动态生成的起点。

在学习共同体中，学生个体自主进行积极的独立思考，在自身所拥有的经验和知识的基础上对教学内容文本进行解读，提出自己关于文本意义的相关解读并在学习共同体中进行交流，以对话形式与其他个体进行意义交换，在其间教学内容文本的意义不断增值，而学生个体又对其进行不断的消化和重组，超越教学内容文本而转换为自己个性化的经验和知识。由此可以看出，在平等语境下对于教学内容的多元解读直接推动着教学内容文本的不断转换和生成，进而使教学过程得到不断动态生成。

（2）从新手到老手的参与行为的成熟

在参与教学价值取向下，通常从师生的双边互动交往开始，然后逐渐扩展到师生、生生间的多向互动，多样化、多层次、充分地参与使学生有机会用自身行为进行表现，促进学生整体水平的提高。[①] 然而作为新手的学生，由于其心理发展水平、经验、知识以及认知结构等方面的不足，往往会在参与活动中出现失误，比如学生对于教学内容文本解读的严重错误。在这里，学生的错误不再被看作一种杂音，而是推动教学过程动态生成的资源。正因为有了这些失误，才会出现师生、生生之间的互动，在点拨、解惑、讨论的过程中对话得以展开，在对错误进行思考、分析以及纠错的过程中探究能够得以推进。

学生从犯错到纠错的过程中，也使其从特定时空条件下的学习共同体中由新手转变为老手，错误被教师捕捉并转化为教学资源，经由自主、合作、对话、探究等纠错的过程推动教学活动的开展，也使学生个体的参与能力不断提升。因此，在学习共同体中学生从新手到老手的参与行为使得教学过程不断动态生成，参与行为的成熟也使得学生个体生长发展、情感思想的卷入以及互动交往能力的提高，使得有意识地主动参与逐渐形成，教学也将变得更加生动和更具创造性。

---

① 刘宏武.主动参与教学模式［M］.北京：中央民族大学出版社，2004：78.

（3）大胆质疑和主动探究

质疑是创新的来源，学生的个性以及创造能力的培养需要在解读教学内容的过程中对所遇到的问题进行大胆质疑和批判。同时，与大胆质疑所伴生的主动探究更是推动教学过程动态生成的重要路径。在学习共同体中个体自主思考，对教学内容文本进行意义建构，能够养成批判性思维，能够调动其积极性以及提高自主学习的能力。每个人的生活背景等的不一样带来了意义的多样性，使每个学生的质疑也会有所不同。通过对话相互学习，消解一些疑问，在共同疑问的基础上进行主动的探究，同时分工合作解决相关问题，并在这样的解疑过程中让学生学会思考、对话、合作、探索以及研究。

大胆质疑与主动探究是学习共同体内每个成员的基本权利，要让每一个学生都发表自己的见解并融入学习共同体的合作、对话、探究等教学活动中，在基于质疑的情境中，在教师的引导、点拨以及启发下，学生用行动参与到具体的教学活动中，唤起学生情感、思想的深层次投入，变被动接受为主动探究。在用行为参与活动的互动交往过程中，进行不断的知识建构，在对教学内容独立思考、问题质疑、解决问题方案选择以及解决问题方案的实际应用中使学生的智慧和才能能够得到生长，同时在不断的大胆质疑和主动探究循环中，伴随着师生、生生间的交往，推动教学过程不断动态生成。

（四）合法的边缘性参与的师生观

在获得教学价值取向下，师生关系观体现为一种制度规范下的身份符号，这种符号一方面隐喻和象征着教师知之较多而学生知之较少，另一方面这种符号更是一种指示符号。"师"的意义在于其传递者和控制者的角色，而"生"的意义在于其接受者和管理对象的角色，在教学活动中师生关系始终处于一种固定的上下位关系的矛盾张力之中。

在参与教学价值取向下，教师的职责更多的是鼓励学生自主思考，体现为一名顾问和意见交换的参与者，一位矛盾点发现的帮助者而非提供知识真理的人。[①]教师帮助激发学生的选择性、创造性以及个性，在教学活动中教师只是平等参与中的首席，随着学生个

---

① 联合国教科文组织国际教育发展委员会.学会生存——教育世界的今天和明天［M］.北京：教育科学出版社，1996：118-119.

体在特定时空学习共同体中的身份和角色的跃迁，教师的身份也会随着变化。

1. 合法的边缘性参与的内涵

合法的边缘性参与概念最早出现在情境学习理论之中，莱夫·温格在《情境学习：合法的边缘性参与》中从人类学视角强调将完整的人的主动行为、活动以及与客观世界的互动看作一个整体来对学习进行再思考，认为学习是在学习共同体中的一种合法的边缘性参与。师生、生生之间在教学活动中组建成学习共同体，知识建构等教学活动通过自主、合作、对话、探究等方式展开，学生无疑会被卷入这种活动中。学习共同体中的参与首先需要具有合法性和边缘性，同时随着教学过程的不断推进，参与的程度与复杂性也在不断增加。

在参与教学价值取向下，合法的边缘性参与对于知识以及知识栖息位置都有着不同于获得教学价值取向下的认识，是一个微妙且重要的概念。知识不再被隐喻为某种实体而驻留在大脑中。在参与教学价值取向下，知识镶嵌在具体的行为活动中，语言及其所形成的命题并不能完全描述，而是在行为中体现、被意会和觉察。在学习共同体中合法的边缘性参与所能体会和建构的正是这种知识，在共同体成员之间流动着不易大规模积累、储藏以及传播，但相对于可以用语言文字记录的明确知识具有逻辑上的先在性与根源性。[①]

个体合法的边缘性参与驱动着师生的师徒型关系，在学习共同体中，师生平等地共享知识。学生用自己的行为进行知识建构的过程，也就如同新手逐渐达到对社会文化实践的充分参与的过程，学生的知识建构的意图和情感被调动，形成相关的学习意义，并不断向中心跃迁。这一师生关系就如同师傅与学徒之间的关系，合法的边缘性参与的跃迁是一个动态过程，包含着从学徒走向师傅的过程和可能性，这也使得学习共同体能够接受更多的学徒进入其中，正如莱夫所言：当被授予边缘性的权力时，暗含着一种开放的通道，一种以理解为目的的参与行为逐渐增长，通达源头的途径被打开。[②]

从这个意义上说，学习共同体并非一次建成而是处于不断的动态发展之中，合法的边缘性参与包含着无限扩展的可能性。

---

① 崔允漷，王中男.学习如何发生：情境学习理论的诠释［J］.教育科学研究，2012（7）：23-25.
② J.莱夫.情景学习：合法的边缘性参与［M］.王文静，译.上海：华东师范大学出版社，2004：7.

2. 合法的边缘性参与中的师生角色

合法的边缘性参与本身并不是一种教学形式、策略或者技术，而是一种理解教学活动中师生关系的观念。在参与教学价值取向下的学习共同体中，知识被视为人与人之间、人与社会之间、人与教学情境之间联系的中介以及互动的产物，同时也是师生关系意义和身份的建构的载体；通过合法的边缘性参与在建构知识的同时也形成了师生平等的合作关系。

（1）合法的边缘性参与促进了师生角色的生成

合法的边缘性参与描述了教学活动中作为新手的学生和作为熟手的教师两种最基本的位置关系。在教学活动中进行自主、合作、对话以及探究等多向交流活动中，需要教师进行示范，学生从简单行为的模仿开始并在学习共同体中承担有限的任务和责任，在教师的引导下，学生的思考以及行为操作逐渐成熟，同时教学活动的相关行为也过渡到以学生为主，这也是在合法的边缘性参与中学生由新手到熟手的过渡过程。

在教学活动中学生能够以新手的身份融入学习共同体是进行合法的边缘性参与的先决条件。这样的融入不仅是浅层次的行为参与，还是一种情感和思想的卷入。只有这样才能激发出足够的内驱力，全身心地投入教学情境中，调动多感官参与学习共同体的知识建构活动中，并逐渐从新手向老手过渡，实现自身的生长。参与教学价值取向虽然强调学生以新手身份合法的边缘性参与教学活动，强调学生在教学活动中的行为表现，但是也并不是弱化作为老手的教师的组织、引导、示范等作用，同时随着教学过程的开展，作为老手的教师要随时变换自己的身份定位，以使学生能够在自己能力范围之内"充分参与"。对于新手来说，"合法的边缘性参与不仅仅指向一种旁观，其关键与核心在于参与其中，将自身活动的参与作为学习'实践文化'的一种方式"。[①]而随着学生不断地融入，学生在学习共同体中的身份认同、意义理解、行动反思以及参与程度等达到充分状态，也就能在特定时空的学习共同体中完成更艰巨的任务和担负更重要的责任，也就意味着学生由"新手"向"老手"不断过渡，在其中师生关系得到不断生成。

---

① J. 莱夫. 情景学习：合法的边缘性参与［M］. 王文静，译. 上海：华东师范大学出版社，2004：9.

（2）合法的边缘性参与中的教师角色

在获得教学价值取向下，知识的绝对性和权威性赋予了教师在知识传递过程中作为传授者的绝对权威；而在参与教学价值取向下，主体性的彰显使学生成为学习的主人而摆脱被动的接受者的地位。在学习共同体中为学生搭建自主、合作、对话、探究等的学习平台，并推动学习共同体的发展成为教师的新任务，同时教师的角色也随之发生转变。合法的边缘性参与师生观中，教师的角色主要体现为：学生的引导者、教学活动的组织者、共同体内的学习者、教学文化的创造者等。

其一，作为学生引导者的教师。在学习共同体接受新的学习任务时，学生参与教学活动的程度不会很高，需要教师进行相关引导。比如对于如何建构知识的体验，学生无论在方法上还是在内容上都是作为一个新手的角色，而教师无疑在这方面的经验要丰富得多。再如在学习共同体内如何通过对话的方式讨论相关问题，教师也应该为学生示范。通过不断示范和引导，学生才能够在合法的边缘性参与中从新手向老手过渡，也才能够在教学活动中表现出适当的行为，而学生个体的生长所表现出的知、情、意的变化也是通过其参与活动的行为表征。

其二，作为教学活动组织者的教师。存在主义哲学认为人的行为决定人的存在，而人的存在决定人的本质。从这个意义上讲，活动就是生命的本质意义所在，学习活动也是人的学习生命本质所在。[①] 在学习共同体中教师作为组织者要为学生进行合法的边缘性参与创造条件，并且调配好各种资源，创造一种有利于学生自身生长和发展的活动环境。这样的环境需要根据行为和活动的变化进行合理的安排，比如在自主学习阶段组织各种资源，便于学生对教学内容进行认知，在对话阶段组织师生、生生的讨论等。

其三，作为共同体内学习者的教师。学生的生长体现为在学习共同体中从合法的边缘性参与的新手发展为老手的过程。而教学实践活动经常以探究、合作、发现的方式展开，师生都有自己的生活经验，教师的不耻下问，善于向学生学习，能够激发学生的积极性和主动参与的精神，能够增强教学效果。

---

① 黄甫全. 新课程中的教师角色与教师培训［M］. 北京：人民教育出版社，2003.

其四，作为教学文化创造者的教师。在传统教学中获得教学价值取向下，在某种意义上形成了一种以知识的传递为核心的教学文化，而新课程改革中凸显学生的主体地位，强调在教学活动中学生全身心卷入的行为参与，这无疑是一种新的教学文化。教师作为学习共同体中平等参与中的首席，是推动这种教学文化形成的直接力量，在教学活动中教师不断改变自己的价值观、思维模式和行为方式从而创造新的教学文化。

（3）合法的边缘性参与中的学生角色

在获得教学价值取向下，基于等级制度下授受的师生观中强调师生是一种上下、主仆、尊卑的关系，[①] 学生的角色总是处于一种从属地位。而在参与教学价值取向下，学生的合法的边缘性参与赋予学生多重身份和多样化的角色，凸显了学生中心的理念，在教学活动的开展过程中学生主要是主动参与者、积极的合作者、独特的个体等。

其一，作为主动参与者的学生。在获得教学价值取向下学生被动接受教师传递的间接性经验，而参与教学价值取向下学生积极投身学习共同体中，在合法的边缘性参与中基于自身经验建构知识和意义。教学活动从注重教师的"教"转向学生的"学"，强调学生勤于思考、大胆质疑、积极对话、乐于动手，在参与中体验知识的发生与发展，创造性地学习从而使每一个学生得到生长和充分发展。

其二，作为积极合作者的学生。分布式认知理论以及话语心理学理论均强调认知分布于个体间、个体与环境间，并通过话语完成对世界的建构。在《人是如何学习的——大脑、心理、经验及学校》中，约翰·D.布兰思福特进一步指出：知识存在于共同体中，学习的本质具有社会协商性，全身心投入的参与是学习的关键所在。[②] 也就是说在参与教学价值取向下，师生、生生通过合作积极展开教学，互动交往展开对话、学习任务的分工、社会性协商等用各自的智慧实现知识的社会性建构。因此在参与教学价值取向下的学习共同体中，学生被视为知识建构活动的积极合作者。

其三，作为独特个体的学生。在获得教学价值取向下，教学活动犹如工厂流水线，

① 朱德全．现代教育理论［M］．重庆：西南师范大学出版社，1999：96.

② 约翰·D.布兰思福特．人是如何学习的——大脑、心理、经验及学校［M］．程可拉，孙亚玲，王旭卿，等，译．上海：华东师范大学出版社，2002：38-40.

教师将相同的知识输入学生的大脑中，进行着相同规格的培养，教学活动的一切都在预设之中，使学生失去了个性和创造性。在参与教学价值取向下，每个学生都是学习共同体中的独特个体，都有着独特能力、气质以及个性等。每个学生通过合法的边缘性参与对学习共同体负责和贡献力量，并建构出学习共同体的共同知识与经验，再根据自身个性、兴趣等的不一样从共同知识与经验中选取适合自身发展的材料进行自主的个性化生长，从而达到自身个性与创造性的发展。

3. 合法的边缘性参与中的师生关系

前面讨论了合法的边缘性参与中的师生角色。为达到一定的教学目标，学习共同体不断发展，师生角色在不断演进，在这样的过程中师生的情感交流能够形成相应的心理关系。同时作为特殊社会实践活动的教学活动，在其中自然会包含和折射出相应的伦理关系。在参与价值取向下的师生关系不同于获得价值取向下的地位不对等、心理存在隔阂、伦理上有秩序之分的师生关系，而表现为一种平等合作和相互依赖的师生关系。

（1）平等合作关系

在参与教学价值取向下，师生在学习共同体中进行相关教学活动，师生之间的相互尊重、人格平等成为师生伦理关系的基础。通过共同体成员之间的交往互动，在语言、工具、做事方式、符号、标志、行动或概念等方面以对话方式不断磨合和理解，形成一个相互认可的共同体文化。这为保障师生之间在平等、民主的伦理关系下交流和对话提供了基础。同时，师生之间拥有共同追求的目标，通过不断地协商取得认同并逐渐实现目标，在互动交往的过程中每一个师生个体都嵌入整体，进行有效的合作。

在这个过程中，学习共同体并不只是意味着定义明确的共同在场和可见的一定的社会性界限，[①] 而是一种活动系统中的共同参与，参与者平等合作而类似于现代意义上的师徒关系。学生能够对教学内容进行个性化的思考和理解，能够自由表达和对话、能够质疑教材和教师观点；教师理解和尊重学生，平等的对话和倾听可以培养学生独立以及与他人合作进行学习的能力。在平等合作的氛围中，师生、生生之间通过探究、对话等实现信息的双向互动，不

---

① J. 莱夫 . 情景学习：合法的边缘性参与 [M]. 王文静，译 . 上海：华东师范大学出版社，2004：10.

断发现、分析、解决问题，从而在认知、能力、情感等方面得到发展，促进个体自身的生长。

（2）相互依赖关系

师生关系不再受制于制度赋予的教师和学生的角色，教师与学生拥有共同的事业，师生共处于学习共同体之中，对共同体发展目标进行着不断的协商和认同。教师在教学活动中只是处于平等关系中的首席，学生从一开始处于参与的边缘，随着经验的累积和参与程度的加深，逐渐向中心靠拢，教师帮助学生从"新手"逐渐成长为"熟手"。教师不再是严格意义上的"促成者"，而是学生发展的"辅助者"，他们的行动目标和方向是一致的，从而也就消除了职能分工带来的心理上的等级差别。

师生在学习共同体中进行相关的教学活动。从心理关系上而言，师生之间在共享目标的同时心理上是一个整体，保持着相互依赖的关系。由于学习共同体中学生是一个发展中的角色，由"新手"向"熟手"不断过渡的过程也使学生的参与不断增加，同时这一变化过程始终需要教师的注视和推动。教师和学生作为共同体成员，他们之间有充分的互动，包括经验上和情感上的交流。师生之间不断地通过表达自身，从而达成共同的理解和信任，因此具有了师徒之间在心理上的相互依赖关系。

（五）强调共同心理建构的形成性教学评价观

相对于获得教学价值取向强调竞争的总结性评价观，参与教学价值取向更加关注教学评价的发展功能，更加侧重于一种形成性评价。所谓形成性评价，依据斯克里芬的观点是在每一个新的教学内容初步完成后进行，其目的在于考查学生对于教学内容的掌握情况、检验学生能否有足够的知识和技能等开展后一阶段的学习，以及对每一个本应为学生掌握而未掌握的教学内容进行查漏补缺，其核心侧重于教学活动的改进与完善。由此我们可以看出：在教学过程中，依据教学目标对教学计划、过程以及具体的活动进行诊断，并将诊断的信息进行反馈，以便改进教学活动以及提高教学活动的质量，是参与教学价值取向下的教学评价观。

1. 共同心理建构的形成性评价的本质

与获得价值取向下竞争性总结评价强调甄别与选拔不同，参与教学价值取向的教学评价是手段而不是目的。获得价值取向下的教学评价可以视为独立于教学之外，它本身可以是一个独立的单元，它的实现可以由教学活动之外的组织或人来完成，甚至可以通过机器或计算机等设备来完成。

然而参与价值取向下的教学评价则是"内置"或"镶嵌"于教学过程之中，它不能脱离教学过程中的参与者。在学习共同体中，共同体成员在共同的学习环境中，结成学习伙伴关系，通过个体的充分参与构建起共同的教学文化。《新课程标准》中也指出：教学评价应从甄别式转向发展性评价，不仅关注结果，更要注重过程。这也就是关注学生学习水平以及情感、态度等的变化，要让学生体验自身的进步、激励学习、促进学生自身学习策略的形成，认识自我改进不足，树立信心体验成功与进步。① 由此可以看出，少了对于升学以及根据掌握知识多少而在班级群体中排位的重视，而注重学生在教学活动中自身知识、技能、情感、态度等的变化和进步，重视学生作为生命个体的生长以及融入学习共同体的实践体验，形成共同的心理认同。这种共同的心理建构不同于获得取向下教学评价的具体和量化特质，它是以一种潜在的、缄默的知识为群体所共享。

2. 共同心理建构的意蕴

在学习共同体的形成过程中，成员间在教学活动中的互动交往会逐步形成相同的观念，对于彼此行为能够相互理解，同时将对方的活动方式作为衡量自我活动的参考标准，也就是说是一种站在"他我"角度上去审视"自我"的行为和原则。② 在学习共同体中，在面对共享责任和权利的教学内容时，共同体成员会基于共同的目标和价值基础形成对问题的共同看法，这种相互理解在本质上是一种共同的心理建构。这样的相互理解并不是简单地达成"共识"，共识是思想见解不同的人通过谈判和相互的妥协而达成一致的产物，是经历争吵、对抗以及多次反复反对与平衡后的结果。而相互理解则是犹如海德格尔所说的上下在手状态，先于所有的分歧与一致，也就是一种"相互的、联结在一起的情感"。③ 而这种在交往活动中相互联结起来的情感正是一种共同的心理建构。

---

① 钟启泉.为了中华民族的复兴为了每位学生的发展：基础教育课程改革纲要（试行）解读［M］.上海：华东师范大学出版社，2001：358.

② 王彦明.教学共同体：一种社会学的分析［J］.当代教育科学，2012（11）：13-16.

③ 齐格蒙特·鲍曼.共同体［M］.欧阳景根，译.南京：江苏人民出版社，2003：2，5-7，2-3.

在学习共同体中开展教学活动，共同的心理建构或者说是相互理解，也就是在相互的、联结在一起的情感的基础上对教学目标、过程、方式等有着一致性的价值取向，也就是对教学价值观、思维模式以及行为方式有着共同的基本取向。该评价从师生之间的社会性关系出发，依据促进学生个体生长的教学目标观，重视学生学习过程中的行为表现，强调共同体成员间的交往以及多种要素的交互，注重形成性以及个体发展的纵向比较等。在评价中，重点考量学生在教学活动中取得的成绩以及由此折射出情感、态度、策略等方面的发展，培养合作精神，尊重个体差异，使学生在心理上融入学习共同体中，从边缘走向中心的过程也正是这种心理建构的过程。在强调共同心理建构的形成性评价中重视师生间交流，老师的职责是确定任务、收集资料、与学生共同讨论、在讨论中渗透教师的主导作用以及强调与学生共同评价。

3. 共同心理建构的形成性评价的特征

参与教学价值取向下的共同心理建构的形成性评价不同于获得教学价值取向下的教学评价具有强烈的竞争意味，而是更具人性和饱含人情味，具有重视教学评价的发展功能、关注个体差异以及强调互动参与等特征。

（1）淡化甄别注重发展

在参与教学价值取向下强调共同心理建构的形成性评价发生于教学活动中学习共同体成员的相互作用，旨在促进每个个体的自然生长，而非检验用知识充实个体的程度，其管理与甄别功能显得淡化而促进个体发展的功能得到凸显，对于个体的意义远远高于对群体的意义。

在通常情况下，师生都会在肯定性的教学评价中产生精神上的满足感和成就感，达到内心真正的愉悦，从而激发更大的内在教学动力。而带有强烈比较意味进而产生否定性的评价，则会造成内在的压力以及对待评价的功利性态度，过度紧张和焦虑往往会产生消极后果。在参与教学价值取向下倾向于通过评价在共同心理建构的过程中使学习共同体成员建立起友好的伙伴关系，从而消除焦虑、紧张等消极的心理状态。正如布兰思福特在《人是如何学习的——大脑、心理、经验及学校》一书中所强调的那样，这种评价不是通过前一晚的记忆而在第二天检测，也不是通过评分而对学生在班级中进行排名。这种评价帮助学生看到在过去一段时间的学习中自身的进步以及提供给学生进行反思和改进自身学习的机会，同时也帮助教师发现问题，对前段时间的教学活动进行补救或者为后一段时间教学活动的开展提供参考。[①] 布兰思福特所强调的这种评价也正是注重发展而淡化甄别，也就是在基于学习共同体成员共同心理建构的基础上，将关注的重心落脚于自身发展以及学习共同体的发展，主要体现在重视教学过程以及师生教学活动中的体验。

（2）注重多元取向关注个体差异

在参与教学价值取向下强调共同心理建构的形成性评价强调多元取向意味着在立足现实基础上完成教学任务、达成教学目标的同时，需要考虑学习共同体成员的如兴趣、态度、情感、经验、能力、动机等内在要素，也要考虑如教学环境、社会文化、时代背景等外在要素。在综合考虑这些要素的基础上，对于每个个体的评价不能采用统一的一般性标准，而是应该注重个体差异，伴随着个体需要的变化以及个体生长后身心不断的变化而不断调整。强调个体自身的纵向比较，凸显现在相对于过去整体或者是某一个方面的进步与发展。

强调共同心理建构的形成性评价关注个体差异采用一种从下而上的视角，与获得教学价值取向下的教学评价不同，不再单纯从评价者的需要角度出发，而更多关注被评价者生长的需要，不再是"警察的巡视""法官的诘问""家长的监视"等，而是一种"咨询服务"。它试图帮助学生在教师的指导下去发现自身，去寻找一条满足自身学习需求达成学习目标的适合自己个性特质的策略路径，在多元取向下避免千军万马朝着一条封闭幽暗的独木小径狂奔。

（3）强调评价的互动参与

强调共同心理建构的形成性教学评价并不独立于教学活动之外，也不是依照某一单一目标或者衡量标准，进行评价的内容和手段都是在师生的不断互动中逐渐形成。这就意味着只有学习共同体成员的充分参与，在积极互动的共同心理建构中才能使评价功能得以实现。

将在参与教学价值取向下的教学评价作为教学过程的有机部分，教学主体的参与度与

---

① 约翰·D.布兰思福特.人是如何学习的——大脑、心理、经验及学校［M］.程可拉，孙亚玲，王旭卿，等，译.上海：华东师范大学出版社，2012：22.

教学效果成正比，强调共同心理建构的形成性教学评价对师生提出了更高的要求。这样的教学评价需要师生积极投身参与教学活动之中，缺乏积极的互动也就很难显现自身的"缺陷和不足"，这里的"缺陷和不足"不是人格和身体的概念，而是指在从合法的边缘性参与跃迁到中心的过程中自身导致的困难。这些困难不仅是指通过行为在时间上的投入，同时还包含精神的参与以及认知和情感的统一问题。只有切实地在教学评价中互动参与才能解决这些问题。对于学习共同体个体参与到教学评价之中的手段而言，包含自评与他评两种形式。自评是学生对自身学习过程与结果的反思性评价，是对难以量化和表征的如兴趣、动机、情绪等内在要素的有效的认知手段。通过这样的评价有助于发现自身的优势与劣势，调整自身的学习策略，更好地参与学习共同体的教学活动中，实现自身的生长。他评也即是一种互评，是学生之间通过评价与被评价而产生的一种相互联系的概念。它在相互信任的心理状态下，充分展现自身同时又在对话中相互交往，发现相互的优势和劣势，同时进行优劣势的相互弥补，从而有效地施展他评的利他和利己的双重属性。

第五章

获得和参与教学价值取向的
现实冲突

在理论上对获得和参与教学价值取向进行了澄清和比较之后，将视角转向教学实践领域。应用建立起来的理论分析框架，在访谈的基础上设计制作调查问卷对当下的教学实践进行考量，发现获得和参与教学价值取向共存于当下的教学实践之中，而两者的差异性导致了冲突，还引起了教学主体的种种迷茫和困惑，造成了新课改所倡导的教学方式频频出现失范的现象。分析实践中两者冲突的现实情况，并对这种冲突进行理论解析，探讨这种冲突的原因和特征，并在总结获得和参与教学价值取向利弊的基础上提出了从冲突走向融合的观点。

一、获得和参与教学价值取向现实问题调研

在把握了获得和参与教学价值取向质的规定性后，应有前期成果为工具，具体考查两者在教学实践中的共存情况。本书主要针对初中师生教学价值取向进行调研和分析来揭示其在教育教学中冲突的本质，主要采用问卷调查法。

（一）调研方案设计

1. 研究工具

本研究采用自编教学价值取向问卷，有学生卷和教师卷两个版本。

学生卷均为封闭式问题，共23题，有五个维度，分别为师生关系维度（3题）、教师授课方式维度（3题）、教学过程维度（4题）、课堂参与度维度（9题）和课堂评价维度（4题）。其中，单选题18题，均采用反向计分；多选题5题；均采用正向计分。问卷回收后，克朗巴赫一致性系数为0.828，表明问卷信度良好。

教师卷，有开放式问题（2题）和闭合式问题（27题）。闭合式问题有七个维度，分别为师生关系维度（4题）、教学目标维度（3题）、教学方式维度（4题）、教学过程维度（3题）、课堂参与度维度（3题）、课堂评价维度（5题）和其他（5题）。其中，正向计分11题，反向计分16题；单选题22题，多选题5题。问卷回收后，克朗巴赫一致性系数为0.774，说明问卷有良好的信度。

2. 研究对象

本研究随机抽取重庆市某中学 200 名初中学生为被试，有效回收问卷 184 份，问卷回收率为 92%，其中，男生 107 名，女生 77 名。同时，随机抽取重庆市 50 名教师为被试对象进行正式试测，回收有效问卷 45 份，问卷回收率为 90%，其中，男教师 23 名，女教师 22 名。教龄情况，5 年及以下 16 位，5 ~ 10 年 8 位，10 年及以上 21 位，见表 5-1。

表 5-1　样本情况

	男	女	合计
学生	107	77	184
教师	22	23	45

3. 研究步骤

本调研分为五个步骤。

第一步，文献阅读与研究。在阅读了大量关于价值、价值取向以及教学价值取向的文献后，采用库恩的范式理论将新课改前后的两种教学倾向分别归纳为获得教学价值取向和参与教学价值取向等，在理论研究的基础上把握了两者质的规定性，并为教学实践的调研提供理论基础。

第二步，访谈及问卷预测。在文献阅读的基础上，根据教学价值取向涉及的内容编制访谈提纲，并对部分教师和学生进行访谈。在对访谈内容整理的基础上编制问卷，并对重庆市某中学 30 名学生和 10 名教师进行预测和意见征集，以此作为编制正式问卷的重要依据。

第三步，在访谈和预测的基础上编制出"初中教学价值取向问卷（教师卷）"和"初中教学价值取向问卷（学生卷）"。

第四步，正式施测，采用随机抽样的方式在重庆市某初中学校现场发放问卷。

第五步，统计分析，采用统计软件 SPSS 17.0 for Windows 对数据进行录入和统计分析，包括非参数检验、方差分析等分析方法。

（二）数据处理与分析

对教学价值取向问卷学生卷采用方差分析、非参数检验等方式对数据进行分析处理，按照每一测试题的分析统计结果如下：

1. 教学价值取向学生问卷分析

（1）师生关系维度

对学生师生关系维度三道题进行分析，采用卡方检验，结果如表 5-2—表 5-4、图 5-1 所示。

表 5-2　学生与老师之间的互动情况

	N	%	
课上课下均多交流	89	48.3	
仅限课上交流	61	33.2	$df=2$
课上课下均无交流	34	18.5	$X^2=24.663^{***}$
合计	184	100	

注：* 表示 $p<0.05$，** 表示 $p<0.01$，*** 表示 $p<0.001$（下同）。

表 5-3　教师类型

	N	%	
民主型	23	12.5	
权威型	96	52.2	$df=2$
放任型	65	35.3	$X^2=43.772^{***}$
合计	184	100	

表 5-4　教师角色（多选）

	N	%	
知识的传授者	122	31.0	
学习活动的引导者、组织者	107	27.2	$df=3$
学生的伙伴、朋友	124	31.6	$X^2=47.804^{***}$
家长的代言人	40	10.2	
合计	393	100	

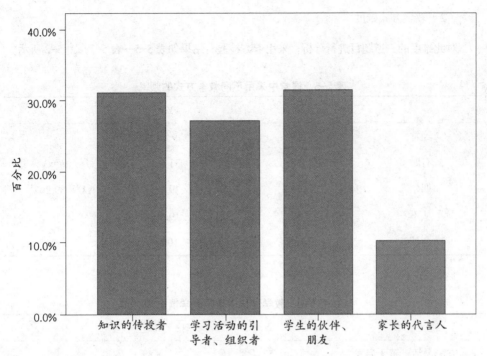

图 5-1　教师角色（多选）

从数据处理结果可知，在学生与教师的互动和教师类型两方面的认识上，学生的差异性显著。从表 5-2 的数据可以看出，在师生互动方面大多数学生均能在课上和课下与教师交流，只有少数学生在课上和课下均不与教师交流。从表 5-3 的数据可以看出，学生所认为的教师还是以权威型为主，其次为放任型，而民主型的教师极少。从表 5-4 的数据可以看出，学生希望将教师看成自己的伙伴或者朋友，其次才是知识的传授者，再次是学习活动的组织者，而不希望将教师看成家长的代言人。

对以上数据进行分析可以发现，从教学实践中的师生关系来看，获得教学价值取向下的权威型教师的形象仍然占据着绝对优势，这也是传统教学文化延续的一种表现。数据显示有一小部分教师接受参与教学价值取向所提倡的民主型教师的要求，而仍然有相当部分的教师在民主与权威型之间摇摆，抛开主观上不认真的因素，恰恰表明了其内心对两种教学价值取向的矛盾和不适应。而另一方面学生更希望教师作为学习的伙伴，这就与实际情况下的权威型教师形成冲突，同时新课改以来所提倡的师生之间的互动交流在教学实践中有所发展。

（2）教学方式维度

对此维度的三道题目进行分析，采用卡方检验，结果如表 5-5—表 5-7、图 5-2 所示。

表 5-5　课堂中采用不同教学方式的频率

	N	%	
经常	18	9.8	
有时	58	31.5	$df=3$
偶尔	72	39.1	$X^2 = 89.207^{***}$
从不	36	19.6	
合计	184	100	

表 5-6　教学过程中教师教学情况

	N	%	
方法灵活，善于启发	53	28.8	
方法较灵活，注重启发	84	45.7	$df=2$
不太注重教学方法	47	25.5	$X^2 = 12.859^{**}$
合计	184	100	

表 5-7　教师课堂准备征求学生意见的频率

	N	%	
经常	22	12.0	
有时	45	24.5	$df=3$
偶尔	56	30.4	$X^2 = 19.609^{***}$
从不	61	33.2	
合计	184	100	

　　数据处理结果显示，在教学方式维度中，三道题均存在显著差异：从表 5-5 的数据能够看出，课堂教学中教师采用学生自学、小组讨论、亲身体验或实践等环节的频次依次为偶尔、有时、从不和经常，表明在授课过程中采用多种教学方式让学生参与到教学活动

中来的机会还是较少。从表 5-6 的数据能够看出，学生认为教师在教学活动中注重启发且方法灵活，但主要还是以讲为主，缺乏自主学习等参与到教学活动中的方式方法。从表 5-7 的数据能够看出，在教学准备阶段教师较少就教学方式问题征求学生的意见，几乎不会依据学生的意见调整教学方式。

对以上数据进行分析可以发现，获得教学价值取向下的注重传递的讲授教学方式仍然是主流，而也有教师开始尝试多种教学方式让学生参与教学活动，但是受传统文化根深蒂固的影响，最终又使得尝试参与教学价值取向的教师又倒向获得教学价值取向，因为在教学方式的选择上学生的意见仍然被教师所忽略；使得当下教师的教学方式选择在行为上陷入矛盾、迷茫、不彻底、不坚定的状态，而在获得和参与教学价值取向的冲突中左右摇摆。

（3）教学过程维度

对此维度的四道题目进行卡方检验分析，结果如表 5-8—表 5-11 所示。

表 5-8 学生课堂表现情况

	N	%	
大多数学生积极参与，气氛融洽、热烈	36	19.6	
多数学生参加，气氛较融洽	72	39.1	$df = 3$
少数学生参加，气氛沉闷	52	28.3	$X^2 = 28.174^{***}$
几乎没有学生参与	24	13.0	
合计	184	100	

表 5-9 教学过程中师生分享交流的频率

	N	%	
经常	41	22.3	
有时	51	27.7	$df = 3$
偶尔	68	37.0	$X^2 = 22.130^{***}$
从不	24	13.0	
合计	184	100	

表 5-10　　教学中教师启发式教学使用频率

	N	%	
经常	41	22.3	
有时	62	33.7	$df = 3$
偶尔	56	30.4	$X^2 = 17.870^{***}$
从不	25	13.6	
合计	184	100	

表 5-11　　教师面对不一样看法的态度情况

	N	%	
高兴，进行交流探讨	29	15.8	
不太高兴，给出解释	36	19.6	$df = 2$
忽略，把问题压下去	119	64.7	$X^2 = 81.728^{***}$
合计	184	100	

数据处理结果显示，在教学过程维度中，四道题目均存在非常显著的差异。从表 5-8 的数据可以看出，大部分学生认为课堂氛围融洽并有多数学生能够参与到教学活动中，部分学生认为只有少数学生能够参与到教学活动中，而只有少数同学认为几乎没有学生参与到教学活动中。从表 5-9 的数据可以看出，在教学过程中师生、生生之间偶尔或有时会进行沟通、分享、交流学习资源以及共同完成学习任务。从表 5-10 的数据可以看出，教师有时会采用启发式教学，鼓励学生质疑、探究等。从表 5-11 的数据可以看出，在质疑、探究和对话基础上产生的与自己意见相左的问题，教师多数时候选择忽略或是将学生的问题压下，没有做进一步的交流探讨，并不鼓励学生提出自身的观点、看法。

对以上数据进行分析可以发现，就教学过程而言，教师已经开始采用参与教学价值取向所倡导的让学生参与到教学活动中，并允许学生的质疑，但是当真正出现问题时，教师又倒向获得教学价值取向，也就是教师并不将学生的问题看成教学资源，而是将其视为教学过程中的噪声而人为地将其压制下去，这也使得教学过程前后不一致，也是获得和参与教学价值取向冲突的表现。

（4）课堂参与度维度

对此维度的九道题目进行卡方检验分析，结果如表 5-12—表 5-20、图 5-3 所示。

表 5-12　学生课堂参与情况

	N	%	
较高	42	22.8	
一般	95	51.6	$df = 2$
较低	47	25.5	$X^2 = 27.924$***
合计	184	100	

表 5-13　学生对课堂积极参与的认识情况

	N	%	
有帮助，愿意参加	110	59.7	
帮助不大，可以参加	52	28.3	$df = 2$
没有帮助，不愿意参加	22	12.0	$X^2 = 65.261$***
合计	184	100	

表 5-14　学生课堂参与度自我评价情况

	N	%	
积极参与交流	44	23.6	
部分课堂参与	97	53.3	$df = 2$
很少参与	43	23.1	$X^2 = 32.648$***
合计	184	100	

表 5-15　积极参与课堂的原因分析（多选）

	N	%	
教师的授课方式吸引人	50	21.6	
教师的个人魅力大	19	8.2	$df=7$
对所学课程感兴趣	66	28.6	$X^2=102.610^{***}$
课程有利于自身发展	38	16.5	
迫于老师的考核方式	19	8.2	
其他同学的榜样作用	5	2.2	
家长的要求	19	8.2	
其他	15	6.5	
合计	231	100	

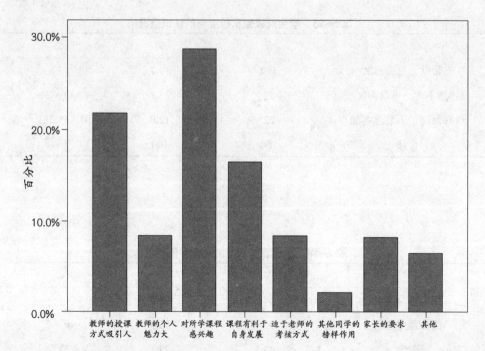

图 5-2　积极参与课堂的原因（多选）

表 5-16　课堂参与度不高的原因分析（多选）

	N	%	
教师的教学方法不适合自己	28	13.5	
老师不关注自己	18	8.7	$df = 5$
对课程有兴趣，但课堂内容枯燥	72	34.6	$X^2 = 80.981$[***]
对课程本身不感兴趣	54	26.0	
感觉课程实用性不高	9	4.3	
其他	27	13.0	
合计	208	100	

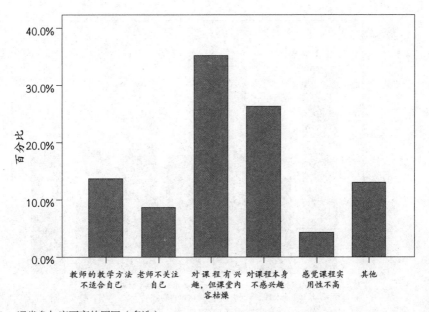

图 5-3　课堂参与度不高的原因（多选）

表 5-17　影响学生课堂参与度的原因分析（多选）

	N	%	
教师的教学方法、授课方式	49	21.6	
教师的个人因素	23	10.1	$df = 6$
学生的个人因素	49	21.6	$X^2 = 27.868^{***}$
课程本身的内容	28	12.3	
课堂环境	31	13.7	
教师的考核、考试	17	7.5	
其他	30	13.2	
合计	227	100	

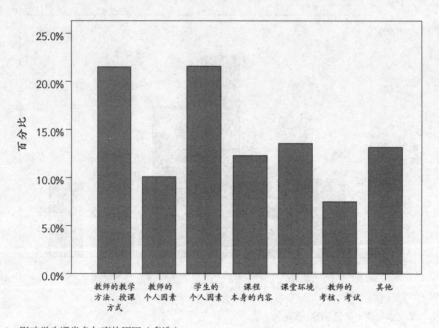

图 5-4　影响学生课堂参与度的原因（多选）

表 5-18 对教师布置教学活动的喜欢程度

	N	%	
非常喜欢	32	17.4	
喜欢	56	30.4	$df = 3$
一般	74	40.2	$X^2 = 36.000^{***}$
不喜欢	22	12.0	
合计	184	100	

表 5-19 参与自己设计课堂活动态度情况

	N	%	
非常愿意	43	23.4	
愿意	56	30.4	$df=3$
一般	62	33.7	$X^2=19.435^{***}$
不愿意	23	12.5	
合计	184	100	

表 5-20 合作完成项目态度情况

	N	%	
经常	41	22.3	
有时	62	33.7	$df = 3$
偶尔	61	33.2	$X^2 = 25.696^{***}$
从不	20	10.8	
合计	184	100	

数据处理结果显示，在学生课堂参与度维度中，均存在非常显著的差异。从表 5-12 的数据可以看出，在课堂教学中大部分学生参与度一般，同时有部分学生参与度较低。从表 5-13 的数据可以看出，绝大部分学生认为在课堂上积极参与能够提高教学质量，也愿意参与到教学活动中。从表 5-14 的数据可以看出，学生兴趣、教学内容、授课教师等方

面的因素，大部分学生在一些课堂上参与度高，而在另一些课堂上参与度低。从表 5-15 的数据可以看出，学生的兴趣是影响参与度的最大因素，其次是教师授课方式，再次是对自身发展的促进，其他同学的榜样等其他因素对学生积极参与课堂的影响较小。从表 5-16 的数据可以看出，学生对课程以及教学内容的兴趣是影响学生课堂参与度的主要原因。从表 5-17 可以看出，教师的教学方法和授课方式是影响学生参与度的主要因素，而教师考核以及考试因素等对学生课堂参与度的影响不大。从表 5-18 的数据可以看出，课堂上学生参与教师布置的教学活动的积极性不高。从表 5-19 的数据可以看出，学生愿意参与由学生自己所设计的课堂教学活动。从表 5-20 的数据可以看出，只有极少部分学生不喜欢和别的同学合作，总体上还是倾向于愿意和其他同学在学习上进行合作交流。

对以上数据进行分析可以发现，就学生的课堂参与度而言，在新课改以后，学生主体意识得到觉醒，有参与教学活动的需要，但是在如何激发学生兴趣以及采用何种教学方式等方面还严重地制约着学生的课堂参与，从而使得在实际的教学实践中学生的参与度并不高。而之所以出现这样的现象，就本质上说还是在于思想和行为等方面，教学主体处于获得和参与教学价值取向的冲突和矛盾之中。

（5）课堂评价维度

对此维度的四道题目进行卡方检验分析，结果如表 5-21—表 5-28、图 5-4—图 5-5 所示。

表 5-21　课堂中学生知识掌握情况

	N	%	
总是	40	21.7	
一般	85	46.2	$df = 3$
偶尔	36	19.6	$X^2 = 49.609^{***}$
极少	20	10.9	
合计	184	100	

表 5-22　课堂中学生学习兴趣激发情况

	N	%	
总是	38	20.6	
一般	71	38.6	$df=3$
偶尔	46	25.0	$X^2=21.261^{***}$
极少	29	15.8	
合计	184	100	

表 5-23　课堂中学生学习能力提高情况

	N	%	
总是	43	23.4	
一般	71	38.6	$df=3$
偶尔	45	24.4	$X^2=23.391^{***}$
极少	25	13.6	
合计	184	100	

表 5-24　教师关心学生方面情况统计表（多选）

	N	%	
思想品德	112	19.8	
学习成绩	119	21.1	$df=5$
学习能力	109	19.3	$X^2=45.439^{***}$
身心健康	104	18.4	
爱好特长	41	7.3	
学习兴趣	80	14.1	
合计	565	100	

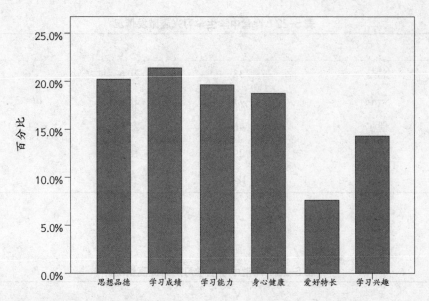

图 5-5　教师关心学生方面情况统计图（多选）

数据处理结果显示，在课堂评价维度中，四道题目均存在非常显著的差异。从表 5-21 的数据可以看出，多数学生通过课堂学习都能够很好地掌握相应的知识和技能。从表 5-22 的数据可以看出，多数学生的学习兴趣在教学过程中能够得到很好的激发。从表 5-23 的数据可以看出，多数学生的独立思考能力、学习能力和创新能力均有所提升。从表 5-24 的数据可以看出，学生所认为教师所看重的方面依次是学习成绩、思想品德、学习能力、身心健康和爱好特长。

对以上数据进行分析可以发现，新课程改革以来，基本上已经从注重知识、技能的"双基"目标转向新课改所提倡的"三维目标"，但是从学生所认为教师所看重的方向来看，还是注重学生的学习成绩，而对学生个性发展至关重要的爱好、特长等没有得到应有的重视。

2. 教学价值取向教师问卷分析

（1）师生关系维度

对师生关系维度四道题进行分析，采用独立样本 t 检验、卡方检验、单因素方差分析等统计方法，结果如表 5-25—表 5-28、图 5-6—5-7 所示。

表 5-25　师生关系情况（反向计分）

	N	M	SD	
男	22	3.09	0.61	$df=1$
女	23	3.22	0.52	$t=0.002$
合计	45	3.16	0.56	

表 5-26　教师角色呈现情况

	N	%	
师长	23	50.0	
朋友	22	47.8	$df=2$
父母	1	2.2	$X^2=20.130^{***}$
合计	46	100	

表 5-27　教师角色（多选）

	N	%	
知识的传授者	38	30.9	
学习活动的引导者、组织者	41	33.3	$df=3$
学生的伙伴、朋友	40	32.5	$X^2=31.179^{***}$
家长的代言人	4	3.3	
合计	123	100	

表 5-28　好学生标志（多选）

	N	%	
对学习有兴趣，考试成绩好	16	22.5	
品行端正，行为习惯良好	34	47.9	$df=3$
身心健康	14	19.7	$X^2=22.352^{***}$
听话守规矩	7	9.9	
合计	71	100	

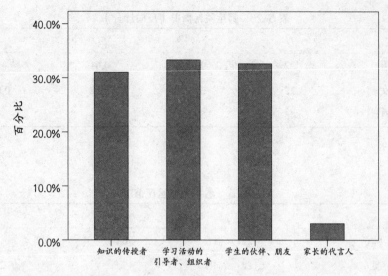

图 5-6　教师角色（多选）

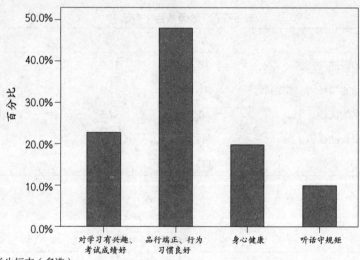

图 5-7　好学生标志（多选）

　　数据处理结果显示，在师生关系维度中，师生关系不存在男女差异，其中三道题目均存在非常显著的差异。从表 5-25 的数据可以看出，师生关系均得到 3 分以上，表明师生关系总体和谐，同时教师性别对师生关系的影响不大。从表 5-26 的数据可以看出，在教学活动中教师通常以师长或者是朋友的身份与学生相处，而不再是单一的长辈身份。从

表 5-27 的数据可以看出，在教师对自己的角色认同中依次为：学习活动的组织引导者、学生的伙伴朋友、知识的传授者和家长的代言人，而在家长代言人选项上人数明显减少。从表 5-28 的数据中可以看出，教师认为的好学生标准依次是品行端正，行为习惯良好，对学习有浓厚兴趣、考试成绩好，身心健康，听话守规矩，选择听话守规矩的教师人数相对较少。

对以上数据进行分析表明：新课改以后在师生关系上教师逐渐由获得教学价值取向所提倡的长辈（绝对权威）向参与教学价值取向所提倡的朋友（平等中的首席）过渡。在教学实践中对两个角色的认同度大致相当，处于共存的状态；在教师的自我角色认识方面，参与教学价值取向所倡导的学习组织引导者与获得教学价值取向所提倡的知识传授也是处于共存的状态。这说明在新旧教学文化转换的过程、两种文化共存于教学实践中，同时对教学主体的教学行为产生影响，但两者的不一致性往往会产生冲突。对学生的评价更注重学生行为习惯和品格养成，而不再强调循规蹈矩的听话。

（2）教学目标维度

对教师教学目标维度三道题进行分析，采用卡方检验的统计方法，探究不同教龄教师在教学目标维度是否有差异，结果如表 5-29—表 5-31、图 5-9—图 5-10 所示。

表 5-29 教师教学活动中的情况

	教龄	N		
学生知识的获得	5 年以下	4		
	5 ~ 10 年	5	16	
	10 年以上	7		$X^2=3.358$
学生过程的参与	5 年以下	12		
	5 ~ 10 年	3	29	
	10 年以上	14		

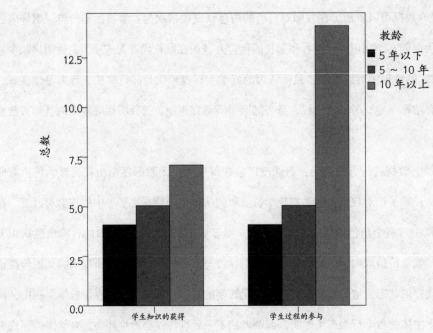

图 5-8 教师教学活动中的情况

表 5-30 教学三维目标侧重情况

	教龄	N		
	5 年以下	8		
知识与技能	5 ~ 10 年	2	15	
	10 年以上	5		
	5 年以下	4		
过程与方法	5 ~ 10 年	1	15	$X^2=7.250$
	10 年以上	10		
	5 年以下	4		
情感态度与价值观	5 ~ 10 年	5	15	
	10 年以上	6		

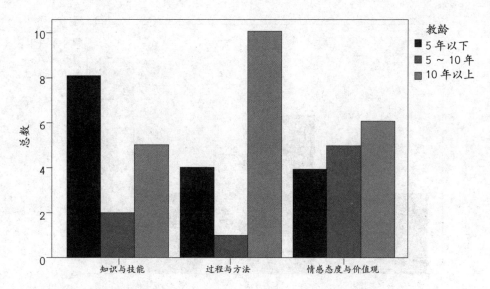

图 5-9　教学三维目标侧重情况

表 5-31　教学目标难点情况

	教龄	N		
	5 年以下	4		
知识与技能	5 ~ 10 年	2	10	
	10 年以上	4		
	5 年以下	8		
过程与方法	5 ~ 10 年	1	15	X^2=7.250
	10 年以上	6		
	5 年以下	4		
情感态度与价值观	5 ~ 10 年	5	20	
	10 年以上	11		

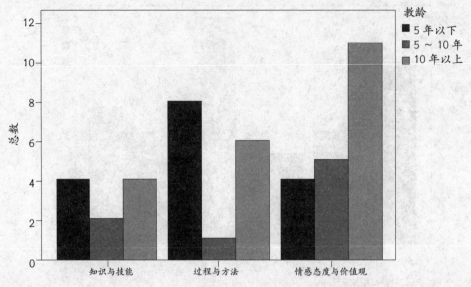

图 5-10　教学目标难点情况

数据处理结果显示，在教学目标维度中，三道题均不存在显著差异，同时，不同教龄教师在教学目标维度方面不存在显著差异。从表 5-29 的数据可以看出，教学活动中多数教师看重学生的过程参与而非知识技能的获得，只有教龄在 5 ~ 10 年的教师偏重学生知识技能的获得。从表 5-30 的数据可以看出，不同教龄的教师对三维目标所看重的方面有所不同，5 年教龄以下的教师更看重知识与技能目标。5 ~ 10 年教龄的教师更看重情感态度与价值观目标。10 年以上教龄的教师同样更看重过程与方法目标。从表 5-31 的数据可以看出，教学过程中，多数教师认为情感态度与价值观目标为教学难点，其次为过程与方法目标，最后为知识与技能目标。在三种不同教龄的教师中，5 年教龄以下的教师多认为过程与方法目标为难点，5 ~ 10 年教龄的教师认为情感态度与价值观目标为教学难点，10 年以上教龄的教师同样认为情感态度与价值观目标为教学难点。

对以上数据进行分析可以看出，新课改以来教师已由重视双基向重视三维目标过渡，同时在三维目标的侧重点方面略有不同，但是总体上过程与方法、情感态度与价值观这两个新课改所提倡的目标维度已经深入人心并得到了相应的重视。

（3）教学方式维度

对教师教学方式维度四道题进行分析，采用卡方检验和方差分析的统计方法，结果如下表：

表 5-32　教学设计方案完成情况

	N	%	
独立完成	23	53.5	
和其他教师共同完成	18	41.9	$df=3$
和学生一起完成	1	2.3	$X^2=36.535^{***}$
其他	1	2.3	
合计	43	100	

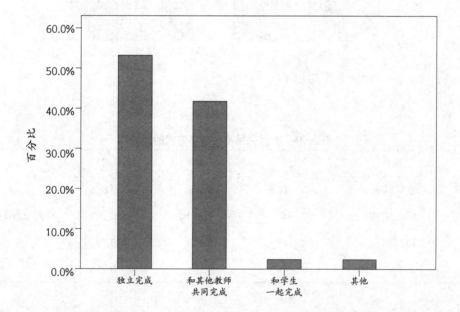

图 5-11　教学设计方案完成情况

表 5-33　学生的有效学习方式情况（多选）

	N	%	
教师传授	8	12.9	
自主	20	32.3	$df=3$
合作	19	30.6	$X^2=5.742$
探究	15	24.2	
合计	62	100	

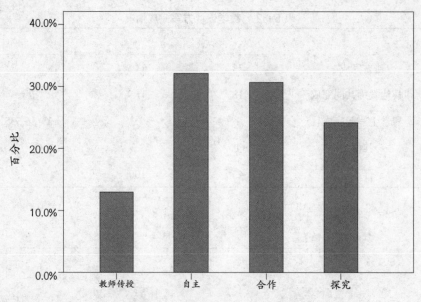

图 5-12　教学设计方案完成情况（多选）

表 5-34　教师采用不同教学方式的频率

教龄	N	M	SD	
5 年以下	16	3.188	0.655	
5 ~ 10 年	8	3.250	0.707	$F=0.064$
10 年以上	21	3.143	0.793	
合计	45	3.188	0.716	

表 5-35　教师教学方式情况

	N	%	
教学方法灵活，善于启发	20	43.5	
教学方法比较灵活，学生自主学习时间较少	24	52.2	$df = 2$
不太注重教学方法，学生没有自主学习时间	2	4.3	$X^2 = 17.913^{***}$
合计	46	100	

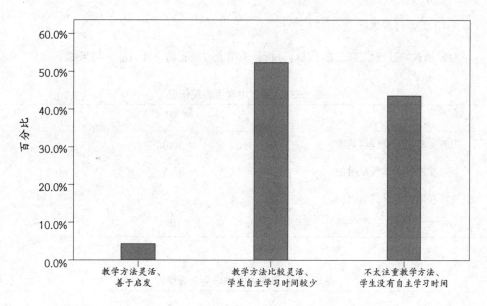

图 5-13　教师教学方式情况

　　以上数据处理结果显示，在教学方式维度中，教学方案设计方面存在显著差异，学生学习有效方式方面不存在显著的差异，不同教龄教师采用多种教学方式方面不存在显著差异，教学过程方面存在显著差异。从表 5-32 的数据可以看出，大多数教师独立完成教学设计方案，多数教师和其他教学同行一起完成，但几乎很好少会有老师与学生一起完成。从表 5-33 的数据可以看出，大多数教师认为自主、合作、探究等学习方式更有利于学生对知识的掌握，同样还有少数教师认为教师传授的方式对学生的学习会更有效。从表 5-34 的数据可以看出，无论执教时间长短，教师在教学过程中采用小组讨论、学生自学、亲身体验与实践等环节的得分都在 3 分以上，说明在教学实践中参与教学价值取向所提倡的教学方式的使用频率较高。从表 5-35 的数据可以看出，绝大多数教师都注重启发性和多种教学方式的灵活应用，大多数教师善于启发学生并能灵活地给学生较多时间自学，只有极少数教师教学方式单一，仍然以讲为主。

　　对以上数据的分析可以看出，新课改以来所提倡的基于参与教学价值取向的如自主、对话、合作、探究等教学方式在教学实践中得到推广和应用，但同时教师在进行教学设计时还是以教师或者教师同行共同讨论为主，学生并没有参与教学设计。

（4）教学过程维度

对教师教学过程维度三道题进行分析，采用卡方检验的统计方法，结果如下表。

表5-36　课堂中学生表现情况

	N	%	
积极参与，课堂气氛热烈	23	50.0	
多数参加，课堂气氛融洽	20	43.5	$df=2$
少数参加，课堂气氛沉闷	3	6.5	$X^2=15.174^{**}$
合计	46	100	

表5-37　课堂中关注学生表现情况

	N	%	
经常	23	50.0	
有时	21	45.7	$df=2$
偶尔	2	4.3	$X^2=17.522^{***}$
合计	46	100	

表5-38　课堂中鼓励学生质疑情况

	N	%	
经常	25	54.3	
有时	20	43.5	$df=2$
偶尔	1	2.2	$X^2=20.913^{***}$
合计	46	100	

以上数据处理结果显示，在教学过程维度中，三道题均存在显著差异。从表5-36的数据可以看出，50%的教师认为在课堂上大多数学生能够积极参与到教学活动中，课堂氛围融洽且热烈，43.5%的教师认为在课堂上多数学生能够参与到教学活动中，课堂氛围比较融洽，极少数教师认为课堂上只有极少数学生参与到教学活动中，课堂氛围比较沉闷。从表5-37的数据可以看出，半数教师能在教学过程中经常注意学生的反应并及时与

学生沟通，注重用双向交流来调动学生情绪与激发学生兴趣。多数教师有时能够在教学过程中与学生沟通交流，极少数教师只是偶尔注意学生的情绪和反应。从表 5-38 的数据可以看出，超过半数的教师认为自己在教学中能够注意经常性地运用启发式教学，鼓励学生大胆质疑和独立思考，多数教师有时会注意应用启发式教学，鼓励学生独立思考和大胆质疑。

对以上数据的分析可以看出，在教学过程中师生之间的互动交流处于一种和谐的氛围中，能够允许学生质疑和独立思考。这说明新课改以来，参与教学价值取向所提倡的师生平等理念在教学实践中得到了发展。

（5）课堂参与度维度

对教师课堂参与度维度的三道题进行分析，采用方差分析、卡方检验的统计方法，结果如下表。

表 5-39 对课堂参与度对提高学习质量的态度情况

教龄	N	M	SD	
5 年以下	16	2.813	0.403	
5 ~ 10 年	8	2.875	0.354	$F=0.393$
10 年以上	21	2.714	0.561	
合计	45	2.778	0.471	

表 5-40 教师对学生课堂参与度客观评价情况

教龄	N	M	SD	
5 年以下	16	2.250	0.447	
5 ~ 10 年	8	2.125	0.991	$F=0.185$
10 年以上	21	2.095	0.889	
合计	45	2.156	0.767	

表 5-41　影响课堂参与度的原因（多选）

	N	%	
教师的教学方法、授课方式	28	27.2	
教师的个人因素	18	17.5	
学生的个人因素	21	20.4	
课程本身的内容	15	14.6	$df=5$
课堂环境	9	8.7	$X^2=19.738^{**}$
教师的考核、考试	9	8.7	
其他	3	2.9	
合计	103	100	

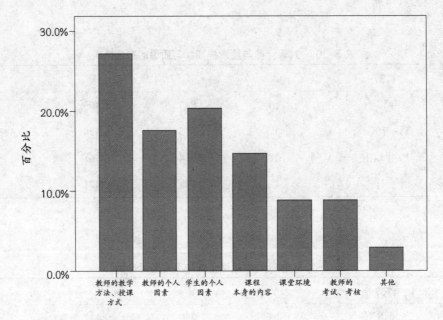

图 5-14　影响课堂参与度的原因（多选）

以上数据处理结果显示，在对课堂参与度是否可以提高学习质量的认识上，不同教龄教师不存在显著差异。教师对自己课堂参与度的客观评价中，不同教龄教师也不存在差异。对影响学生课堂参与度的因素进行分析，不同因素之间存在显著差异。从表5-39的数据可以看出，在课堂上积极参与对教学质量的提高是否有帮助方面，得分均在

2.7 ~ 2.9，表明教师认为课堂上积极参与对教学质量的提高有帮助。从表5-40的数据可以看出，教师对自己课堂上学生参与度的客观评价得分集中于2分以上但小于2.3分。表明教师认为在课堂上，部分学生积极参与，认真思考、发言，参与互动交流，另一部分学生很少参与。从表5-41的数据可以看出，教师认为影响学生课堂参与度的因素排在前四位的依次为教师的教学方法、授课方式、学生的个人因素、教师的个人因素和课程本身的内容，而课堂环境、教师考核、考试的影响作用较小。

从以上数据的分析可以看出，教师都充分肯定了课堂中主体参与的重要性，说明新课改以来，参与教学价值取向所提倡的主体参与性在教学实践中为教师所接受，而教学方式的选择以及教学元素的组合成为影响课堂参与度的关键因素。

（6）课堂评价维度

对教师课堂评价维度的五道题进行分析，采用卡方检验分析教师基本情况，用方差分析检验不同教龄教师之间是否有显著差异，结果如下表。

表 5-42　评价课堂情况的标准情况

	N	%	
学生理解掌握教学内容	25	54.3	
课堂气氛活跃，参与度高	15	32.6	$df=2$
激发了学生的学习兴趣	6	13.1	$X^2=11.783$**
对授课教师的总体印象好	0	0	
合计	46	100	

表 5-43　学生掌握教学内容情况

教龄	N	M	SD	
5年以下	16	3.250	0.483	
5 ~ 10年	8	3.750	0.463	$F=1.832$
10年以上	21	3.476	0.602	
合计	45	3.444	0.624	

表 5-44　激发学生学习兴趣情况

教龄	N	M	SD	
5 年以下	16	3.063	0.680	
5 ~ 10 年	8	3.375	0.518	F=0.830
10 年以上	21	3.238	0.539	
合计	45	3.200	0.588	

表 5-45　学生学习能力提高情况

教龄	N	M	SD	
5 年以下	16	3.000	0.894	
5 ~ 10 年	8	3.125	0.641	F=0.315
10 年以上	21	3.191	0.602	
合计	45	3.111	0.714	

表 5-46　教师获得新收获情况

教龄	N	M	SD	
5 年以下	16	3.625	0.619	
5 ~ 10 年	8	3.375	0.518	F=1.204
10 年以上	21	3.333	0.577	
合计	45	3.444	0.586	

以上数据处理结果显示，对教师评价课堂效果的标准有差异，教师以三维教学目标为标准对课堂进行评价时，不同教龄教师没有显著差异。从表 5-42 的数据中可以看出，教师评价课堂效果的标准主要集中于学生基本理解和掌握了教学内容、教学知识，随堂测验分数合格等。其次为课堂气氛活跃、秩序好，学生参与度高。从表 5-43 的数据可以看出，教师对学生通过课堂学习知识的掌握情况的得分为 3 分以上，表明教师认为通过课堂的学习，绝大部分学生基本理解和掌握教学内容、教学概念，掌握了教师的授课内容。从表 5-44 的数据可以看出，教师对学生通过课堂学习兴趣的激发情况的得分为 3 分，表明教师认为通过课堂的学习，部分学生的学习兴趣得到激发。从表 5-45 的数据可以看出，教师对学生通过课堂学习，独立思考能力、学习能力和创新能力的提高情况的得分为 3

分，表明教师认为通过课堂的学习，部分学生的独立思考能力以及学习能力和创新能力有所提高。从表 5-46 的数据可以看出，在课堂结束后，教师自己在知识、教学方法等方面有新收获的得分为 3.3 分以上，这表明教师认为：课堂结束后教师自己从教学实践以及与学生的互动中，有时会收获知识和教学方法。

从以上数据的分析可以看出，在教学行为方面，教师按照参与教学价值取向所提倡的方式在进行教学活动，同时也认为师生在相关方面都获得了发展，但是在对学生的最后考评方面又倒向了获得教学价值取向，在这里，教师首先注重学生知识的掌握，其次为学生课堂中的参与。

（7）其他维度

对其他维度的五道题进行分析，采用卡方检验的统计方法，结果如下表。

表 5-47　能否在课堂中推行参与式教学设计情况

	N	%	
非常合适，能	15	33.3	
合适，适当可以	20	44.4	$df = 3$
比较合适，但不好推行	9	20.0	$X^2=17.844^{***}$
完全无法推行	1	2.3	
合计	45	100	

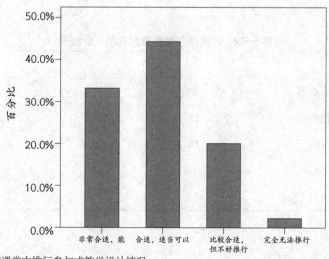

图 5-15　能否在课堂中推行参与式教学设计情况

表 5-48　教师认为学生是否具备参与教学设计的能力情况

	N	%	
大部分学生具备	8	17.8	
部分学生具备	14	31.1	$df=3$
少部分学生具备	10	22.2	$X^2=2.022$
大部分学生不具备	13	28.9	
合计	45	100	

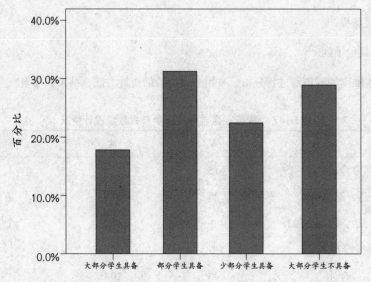

图 5-16　教师认为学生是否具备参与教学设计的能力情况

表 5-49　学生是否愿意参与教学设计情况

	N	%	
非常愿意	8	17.4	
愿意	18	39.1	$df=3$
一般	14	30.4	$X^2=7.913^{*}$
不愿意	6	13.1	
合计	46	100	

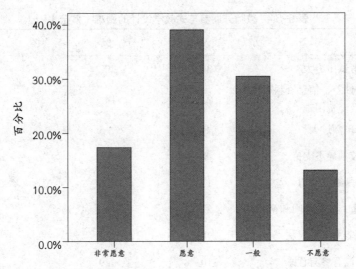

图 5-17　学生是否愿意参与教学设计情况

表 5-50　教师教学设计观点情况

	N	%	
学生拥有参与决策的权利	26	56.5	
浪费学生时间	14	30.4	$df = 3$
对提高成绩没有直接帮助	4	8.7	$X^2 = 31.565^{***}$
教学活动设计是教师的事	2	4.4	
合计	46	100	

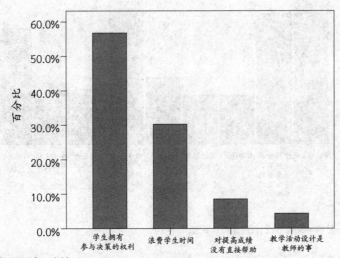

图 5-18　教师教学设计观点情况

表 5-51　教师开展参与式教学设计的困难（多选）

	N	%	
考试压力大	30	20.7	
学校物质条件差，信息资料有限及经费困难	21	14.5	
班额过大	8	5.5	
学校领导不支持	8	5.5	$df = 9$
教师缺乏动力	11	7.6	$X^2 = 38.793^{***}$
教学任务重，没有时间和精力	22	15.2	
教师能力水平限制	9	6.2	
学生没有参与意愿	10	6.9	
学生时间紧	19	13.4	
学生没有能力参与	7	4.5	
合计	145	100	

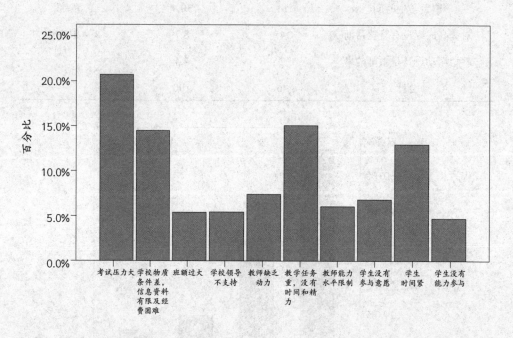

图 5-19　教师开展参与式教学设计的困难（多选）

数据处理结果显示，在其他维度中，除了教师认为学生是否具备参与教学设计的能力这一题教师选择没有差异外，其余四题均存在差异。从表 5-47 的数据可以看出，在教师认为自己所教学科中是否能够推行参与式教学设计的回答中，多数教师认为是合适的，可以适当推行，也有部分教师认为非常合适，能推行，极少部分教师认为所任教的学科比较合适，但不好推行。从表 5-48 的数据可以看出，教师对学生是否具备参与教学设计的能力看法多样，并没有差异。看法从多到少依次为，部分学生具备这样的能力，大部分学生不具备这样的能力，少部分学生具备，大部分学生具备。从表 5-49 的数据可以看出，对学生是否愿意参与教学设计这一问题，39.1% 的教师认为学生愿意，30.4% 的教师认为学生态度一般，17.4% 的教师认为学生会非常愿意参与教学设计，13.1% 的教师认为学生不愿意。从表 5-50 的数据可以看出，56.5% 的教师认为，对于如何开展教学，学生拥有参与决策的权利；30.4% 的教师认为，参与式教学设计学不到什么东西，很可能浪费学生的时间；8.7% 的教师认为，参与式教学设计对提高考试成绩没有直接帮助，因而还是不参与好；剩余 4.4% 的教师则认为，设计教学活动是教师的事，学生没必要参加。从表 5-51 的数据可以看出，教师选择开展参与式教学设计的困难中，排在首位的是考试压力大；排在第二位的是教师教学任务重，没有时间和精力开展参与式教学设计；排在第三位的是学校物质条件差，信息资料有限及经费困难；排在第四位的是学生时间紧没有时间参与教学设计；剩下的困难依次为教师缺乏动力，教师知识、能力水平有限，班额过大，学校领导不支持，学生没有能力参与等。

对以上数据的分析可以看出，大多数教师还是认为自己的任教学科在推行参与式教学设计方面有空间，同时大多数教师对参与式教学设计持肯定态度，支持学生参与；但也有不少教师从时间、考试成绩等方面考虑，认为参与式教学设计对学生意义不大。另一方面，教师又认为学生普遍能力不够，时间不够充裕而且也不是属于学生的责任范畴，同时考虑教学任务的完成以及考试的压力而在教学实践中鲜有让学生参与教学设计。这一点也反映了教师在思想上有接受参与教学价值取向的倾向，而在行动中由客观原因和主观认识又倒向了获得教学价值取向。

（8）开放式问题

在教师问卷中，设置两道开放式问题，从教师的实践角度中，分析教师对获得教学价值取向下的教学方式和参与教学价值取向下的教学方式的认识。根据教师填写的内容以及与教师进行交谈，探讨教师心目中的获得和参与教学价值取向的优缺点如下：

其一，获得教学价值取向的优缺点。教师认为获得教学价值取向下的教学方式的优点为：知识点明确，学生能系统地构建知识框架，知识掌握牢固、扎实，有系统性；同时，教师容易掌握教学进度，教学过程效率高，快捷、省时。总之，获得教学价值取向在知识掌握的量上和质上都很占优势，在应试教育的背景下有着巨大的优势。教师认为获得教学价值取向下的缺点为：授课方式单一，灵活性不够；课堂气氛一般较沉闷；禁锢学生思维，扼杀了学生自主探究的兴趣和能力培养，不利于提高学生分析问题、解决问题的能力；限制了学生学习的积极性、主动性以及创造性的培养和发挥，不利于创新思维培养；没有真正调动学生的潜能，不利于学生将来的发展；教师在教学上也比较疲惫，效果却未必很好。

其二，参与教学价值取向的优缺点。教师认为在参与教学价值取向下教学方式的优点为：从学生角度来说，新课标教学目标明确，知识点全面，学生可以获得系统完整的知识；学生参与度高，学生在参与教学设计的同时也熟悉了教材，更能把握重难点；课堂气氛较好；能够激发学生兴趣，锻炼学生自主学习等各方面能力；学生拥有决策权，促进学生主动学习；利于学生的全面发展，注重知识的建构与应用，学生能得到全面的提高。从教师角度来说，可以发挥师生教学活动的主动性，提高教师的教学能力，提高效率。教师认为参与式教学方式的缺点为：在具体实践过程中，参与式教学耗时长，课堂组织难度大，课堂纪律较难掌握，不易控制，如果组织不好会浪费学生的时间；部分能力有限的同学难以接受；学生由于能力问题，自主学习、探究学习能力较差，课堂教学目标往往达不到预期的效果，同时，对于习惯于被动接受的学生有些浪费时间；并且参与式教学与学生的学业压力有冲突，教师压力大，实现起来困难。因教育体制、师资、学生素质的差异推广存在困难。

（三）结论与讨论

通过调查问卷以及对教师的访谈可以发现不只是在教学理论研究中获得和参与教学价值取向也现实性地共存于教学实践活动中，同时从学生和教师角度能够清晰地透视教学主体自身以及教学主体之间关于获得和参与教学价值取向的冲突，对于冲突的理解在不同的领域有着不同的内涵。政治领域中因利益、意识形态等而形成的斗争、矛盾乃至战争等表现形式都是冲突；而在日常生活领域由于性格、文化背景、需求与目的不同等也会引发复杂多样的矛盾、对抗和不一致等的冲突表现形式，而在本质上说冲突包含着矛盾、斗争以及不一致等。那么获得和参与教学价值取向的冲突主要表现为看待教学实践活动时由于价值取向的不一样，使得教学价值观、教学思维模式以及教学行为方式的对抗、矛盾以及不一致的现象。

1. 获得和参与教学价值取向共存与冲突的表现

总体上说，教育教学改革都是处于特定的文化环境中，其实质是一种文化实践活动，也就是一种文化创造。[①] 当下的改革处于我国社会转型的文化背景下，处于获得教学价值取向为核心的传统教学文化向参与教学价值取向为核心的新的教学文化转型的过程中，通过调研发现两者均存在于当下的教学实践中，同时在教学主体的价值观、思维模式以及行为方式等方面均有所表现，具体表现为以下五个方面：

（1）师生关系方面

在师生关系方面，学生和教师均认为师生关系和谐并能有良好的互动。但事实上，虽然教师更倾向于是学生的朋友以及学习活动的组织者和引导者，而在学生的心目中还是倾向于认为教师更多的是一种权威型的知识传授者。这一表现说明在师生关系中存在着获得教学价值取向的等级制度下的授受的师生观和参与教学价值取向的合法的边缘性参与的师生观的冲突，这样的冲突同样会带来后续，如虽然教师在思想上认为让学生参与教学设计有助于教学质量的提高，但同时也认为学生不具备能力或是学生不该承担这方面的责任，在行为上由教师或者教师组完成的冲突等。

---

① 张华. 道德的课程改革与民主的课程领导［J］. 全球教育展望，2006（4）：7-12.

（2）教学方式方面

在教学方式方面，在新课改的推动下教师在课堂教学中改变了单一的课堂讲授式教学，将小组讨论、合作、对话、探究等教学方式引入课堂教学中。但是这些教学活动的开展又缺乏一种互动参与的氛围，学生只是被动地接受教师所安排的小组讨论等。这样的教学在形式上是参与教学价值取向所提倡的教学方式，但是教师的安排和学生的被动接受在本质上又是获得教学价值取向所强调的"传"与"授"。同时，没有学生的参与，学生的兴趣没有得到激发，使得小组讨论等教学方式只停留于表面。这也正是许多教学研究者所提及的新课改以后教学乱象和失范的表现之一，其实质是一种教学价值观和教学行为之间的冲突；也是在价值观层面还延续着传统教学文化的获得教学价值取向，而在行为层面却接受了参与教学价值取向的教学形式。同时师生均表示高课堂参与度有助于提高教学质量，但是学生对教师安排的活动表现出较小的兴趣，而在事实上参与度不高。

（3）教学过程方面

在教学过程中，师生均反映能够进行良好的互动，教师也注意到学生课堂上的反应并鼓励其独立思考和大胆质疑，这显然是参与教学价值取向所倡导的在互动交往中动态生成。然而在对待学生提出质疑的时候，教师搁置质疑并将其看成教学过程中的"杂音"，而不是将其看成推动教学进程的动力，这显然又回到了获得教学价值取向下的对教学过程的充分预设，从而产生冲突。

（4）课堂评价方面

在课堂评价方面，师生均不再把掌握知识的多少当成评价课堂的唯一尺度，甚至教师在思想上更加认为学生的行为习惯和品德的养成是作为一个好学生的首要标准，但是在考试、升学等方面的压力下，师生在行为上又将掌握知识的多少作为所有项目中的首先项目，而将与学生个性发展息息相关的爱好特长放到了最不重要的位置。这样的一种状态自然就会给教学主体带来迷茫从而导致最终的无所适从。

（5）教学目标方面

在新课改的推动下，教学三维目标已经深入人心，但是在教学中不同的教师各自在知识与技能、过程与方法、情感态度与价值观这三个方面有着各自不一样的认识和教学的侧重点。但是在教师进行教学设计的时候又出于种种原因使知识与技能成为核心。这其中的主要原因在于知识和技能是教学任务完成度以及考试等能够检查得到的一个目标。

2. 获得和参与教学价值取向冲突的类型分析

从教师进行访谈的两个开放性问题中我们可以发现，作为教学主体的教师对于获得教学价值取向和参与教学价值取向能够明白各自的优缺点，但是在教学行为中却总是在两者之间摇摆，或者可以看成两种价值取向在教师的价值观、思维模式以及行为方式中对抗、对话抑或是相互摩擦，同时又能看到其中存在着对话、理解、交融的倾向，在当下特定的教学时空中不断互动，主要表现为一种冲突，从冲突的类型来看主要有以下几点：

（1）自在教学文化与自觉教学文化的冲突

我国传统的教学目标注重为社会培养相关的专业人才，强调学生同质性的单向获得知识和技能，表现为"双基"的课程与教学的基本目标，并由此形成了以获得教学价值取向为核心的自在的传统教学文化。而此次新课程改革注重学生的全面发展，突出过程与方法、情感态度与价值观是此次改革的亮点。这就需要学生用行为参与到教学活动中，在解决问题中学会思维和相应的行为，表现为以参与教学价值取向为核心的自觉的教学文化。然而在自在教学文化与自觉教学文化交替的当下，自在教学文化所强调的"双基"教学目标仍然会在相当长的时间延续并存留在教学主体的头脑中，而教学主体虽然接受了新的"三维目标"但是对其的内化还需要一个过程，同时其教学行为的改变也需要一个过程。

长期以来自在的教学文化是以"教"为中心，强调师道尊严以及学生对教师的绝对服从，在教师的传递和灌输之下充实自身获得发展。而自觉教学文化转向以"学"为中心，强调师生平等，在教学活动中通过自己的行为进行合法的边缘性参与，并在这个过程中不断向中心跃迁，使自身得到生长从而发展。

综上，传统教学文化与现代教学文化对于教学重心、培养什么样的人以及如何培养人的看法有着本质的不同，集中表现为获得和参与教学价值取向的冲突。

（2）本土教学文化与外来教学文化的冲突

韩愈在师说中强调教师的职责在于传道授业解惑，其中的"传"与"授"明确地道出了我国本土的教学文化是一种传递式的教学文化，也就是教师将知识单向度地传递给学生，在获得教学价值取向下以讲授法为主的教学方式也正是这种本土教学文化的延续。而新课改以来所提倡的自主、对话、合作、探究等教学方式是在国与国之间交往频繁的当下传入我国，在为新课程改革注入养料的同时，也将外来的教学文化带入了我国，而当渊源、性质都存在巨大差异的两种文化交汇时，相互的对抗、竞争、冲突也便产生了。

二、获得和参与教学价值取向冲突的原因

前文对获得教学价值取向和参与教学价值取向分别进行了深入的解析，能够清晰地发现两种教学价值取向在价值观、思维模式以及行为方式的诸多不一样，以至于产生了在教学目标观、教学过程观、教学方式观、师生观等诸多方面的矛盾与对抗，同时在理论分析的基础上对当下教学实践中存在的两种价值取向进行了调研，表明其不管是在理论上还是在实际中均存在冲突。而只有在理论上分析两者冲突的原因和特征后，才能据此辅以相关策略而使其走向融合，进而推动教育教学改革的深入，使教学活动更加规范和有序。那么，就获得教学价值取向和参与教学价值取向的冲突的原因来看主要有以下几点：

（一）社会转型与全球化所带来的冲击

新的教育教学改革处于一个中国社会发生重要变革的时期，计划经济的解构、市场经济的确立以及正逐步迈向知识经济。[①] 经济的转型也驱动着中国社会从传统型社会向现代社会转型，新的社会结构的形成涉及经济利益分配调整，同时也带来价值观念、思想以及生产生活方式的变化，而教学系统作为整个社会系统的一个子系统难免会受到一定的冲击。同时，自 2001 年我国加入 WTO 以来，经济逐渐与世界接轨，随着经济的全球化，传统文化与外来文化的冲突同样会延伸到教学活动领域而引起教学价值取向的冲突。

1. 社会转型的冲击

诚如在《社会转型时期的价值观念》一书中兰久富所强调的那样，社会转型必然带来

---

① 靳玉乐.新课程改革的理念和创新［M］.北京：人民教育出版社，2006：3.

价值评价的多元化以及社会方面的转变。① 在传统社会中教育教学的根本任务是为机器大生产培养合格的生产者。那么获得教学价值取向注重知识和技能的传递、用知识充实个体的教学目标观以及等级制度下的授受的师生观等，也就是用来满足这样的一种需要。而在逐步迈入知识经济时代的当下，对知识的创新以及学生个性和创造力的培养被提到了前所未有的高度，人的全面发展不只是知识和技能的掌握，过程、方法、情感、兴趣、态度、价值观等作为全面发展的重要因素同样需要在教育教学中进行关照。因此参与教学价值取向应运而生，强调平等民主的师生关系、反对知识的客观性和权威性、学生成为学习的主人并在体验知识发生和发展的过程中促进自身的生长。在这里由社会转型而对于人才培养规格要求的变化所引起的教学价值取向变化不可能不对教学主体产生影响，事实上在教学理论研究和教学实践中教学主体思想之内以及主体之间正在经历着这种广泛的价值取向冲突。

2. 经济文化全球化的影响

加入 WTO 以后，我国经济全球化的步伐越来越快，随之而来的外来文化也对传统文化带来了影响。文化的影响从来都不是和风细雨和文质彬彬的，而是从价值观、思维模式、行为方式等方面全方位的改变。而大的文化环境的改变必然会对教学文化带来影响。如基础教育中的新课改前我国传统的教学文化强调集体主义以讲授法统一地将知识传递给班级中的学生个体，而西方文化中带有浓烈的个人本位，强调师生平等、消解权威、民主自由等。在新课程改革中所提倡的师生互动交流、自主学习、合作学习、对话、探究等也正是外来文化在教学文化发展中的体现。在这样的背景下，获得教学价值取向所代表的传统教学文化与参与教学价值取向所代表的新的教学文化之间必然会有文化上的冲突，表现在教学价值观上有着追求获得与参与的不一致；表现在教学思维模式上有着权威控制下的收敛思维与强调自由平等下的关系思维的矛盾，表现在教学行为方式上有着预设目标下的传递和生成目标下的互动的对抗。

---

① 兰久富. 社会转型时期的价值观念［M］. 北京：北京师范大学出版社，1999：30.

（二）教学主体需求的多样性

在传统社会中，计划经济的大工业生产中培养合格的生产者是教学的根本任务，而获得相应的知识和技能就能满足机器大工业生产的需要，这时国家代表了教师、学生、家长等教学主体，获得教学价值取向在行政强权的作用下单向度地在全国推广。而新课改以后，市场经济基本建立并向知识经济迈进，人追求个性和创造性发展的需求得到凸显，在参与教学价值取向下人的主体性得到彰显，寻求在参与中进行个体意义建构而不是让国家作为教学主体的代表。然而在教学实践中传统的自在教学文化的延续和新的自觉教学文化还未完全建立，使教学主体以及教学主体之间在价值观、思维模式、行为方式等方面还存在冲突和不适应，这些冲突的原因表现为教学主体需要的多样性，主要表现在以下几个方面：

1. 教师与学生之间

在教学活动中教师主体总是倾向于获得教学价值取向，将应考的知识通过精细化的加工以及严密预设的过程传递给学生，学生获得知识后能够取得好成绩，从而使得升学率提高来满足自身的需要；而学生则需要参与到学习共同体中在知识的建构过程中通过对话、情感体验、兴趣激发等来提升自身的生命品质，以促进自身个体的生长。前文分析了获得教学价值和参与教学价值取向在理论以及具体的教学组织中的种种不同，师生教学主体根据自身需要而进行的不同教学价值追求，必然会带来冲突。

2. 家长与学生之间

家长总是希望学生通过相关的考试得以成龙、成凤，学生能够在考试中取得优异的成绩是家长的需要，也就是说家长更倾向于获得教学价值取向，让学生通过教师的传递和灌输掌握更多的知识，从而在考试中成为佼佼者，最终成为人才。但家长的这个需求取决于学生是否有相同的需要以及能力。但学生在参与教学活动的过程中，更加注重自身的兴趣、情感以及价值观等得到全面的生长，更注重自身个性的养成以及创造性的发挥，而不只指向家长所期望的在考试中胜出，因此在获得与参与教学价值取向的选择上，家长和学生的冲突往往不可避免。

3. 学生与学生之间

在参与教学价值取向下强调在学习共同体中合法的边缘性参与，共同承担责任以及享受权利，在互动交往的过程中实现向中心的跃迁，在这样的环境之下是一种自由、放松以及团队交往的环境。而在最后的考试中，学生又会成为孤独的知识建构者，主要考查其大脑中装入知识的多少，这显然又是一种获得教学价值取向。那么学生与学生之间到底是伙伴还是互为竞争者，必然会引起学生价值观、思维模式以及行为方式的冲突，而使教学主体处于迷茫中。

（三）教学客体的限制性

教学价值的生成是通过教学客体对于教学主体需求的满足，而在教学客体的选择上主要取决于教学主体的认识水平和需要，在于考虑选择怎样的客体来满足自身需要，也就是教学价值取向。在一定时空条件以及物质条件下，我们对于教学客体的选择有着限制性，顾及了一个方面需要的满足必然就会减少另一个方面需要的满足。在获得教学价值取向下将知识与技能的传递作为重点并据此安排和组织教学活动，以发展学生的智力。而在参与教学价值取向下强调让学生参与教学活动中学会思考和行为，要求学生参与教学活动中进行互动交往、自主学习、合作探究等，从而焕发学生的生命活力使学生个体得以生长，那么组织学生参与教学活动中的行为也就成了教学价值客体。

在课堂教学中时间的限制性决定着教学客体的限制性，必然带来教学实践中的冲突，诚如在《冲突与建构——社会转型时期的价值观研究》中陈章龙强调的那样，正是价值客体的匮乏才会形成价值冲突，如物质产品的匮乏会使得物质价值层面的冲突，精神产品的匮乏会带来精神文化层面的冲突。[①] 获得和参与教学价值取向冲突的重要外在原因也在于此，也即是在限定的时空范围内教学主体对于教学客体的选择限制性。

（四）教学价值评价的滞后性

价值评价是指主体对于客体能否满足其需要及其程度的评价，是一种主观形态中对于价值关系的反映。[②] 而在教学活动中同样需要对教学客体进行评价以判断其满足主体需

---

① 陈章龙.冲突与构建——社会转型时期的价值观研究［M］.南京：南京师范大学出版社，1997：52.
② 阮青.价值哲学［M］.北京：中共中央党校出版社，2004：82.

要的程度。在教育部颁布的《基础教育课程改革纲要（试行）》中明确提出：建立促进学生全面发展的评价体系，不仅关注成绩而且要注重发现和发展学生潜能，了解学生发展中的需要从而帮助学生建立自信。该标准与参与教学价值取向的要求相一致，然而在实践中学生仍然是以成绩作为升学、考职等的评判标准，而教师仍然是以学生的升学率等等作为职称晋升等的标准，这又倒向了传统的获得教学价值取向。从这里我们可以看出，新课改以来所提倡的教学评价标准与教学实践中的最终的评价标准存在着冲突。

在基础教育领域的新课改以来依靠行政力量推动教学改革，促使从获得教学价值取向向参与教学价值取向转型，然后在最后的价值评价中仍然采用获得教学价值取向的标准，就会使得师生内心深处感到矛盾，使得教师由行政力量的存在而在表面上附和，但在教学实践中又真实地抵触，从而产生冲突。

三、获得和参与教学价值取向冲突的特征

新课程改革是在整个中国社会进行转型的时间节点上对传统教育教学的改革，以获得教学价值取向为核心的传统教学文化是我国本土固有的一直延续的一种自在教学文化，而提倡自主、合作、对话、探究的参与教学价值取向所代表的新的教学文化是一种自觉教学文化。获得和参与教学价值取向所代表的教学文化在价值观、思维模式、行为方式以及所表现出来的教学目标观、师生观、过程观、方式观、评价观等均存在显著的不一致性，冲突在所难免。而本研究旨在让获得教学价值取向和参与教学价值取向走向共存融合，因此有必要厘清其冲突的特征，以便建构其融合的策略，推动新课程改革的发展和建立与之适应的教学文化。那么，新课程改革前后获得和参与教学价值取向的冲突有哪些特征呢？

（一）深层潜隐性

教学价值取向深藏于教学主体的头脑深处，受教学主体认知、情感以及文化背景等的影响，潜隐于教学活动进行过程中所体现出来的价值观、思维模式和行为方式之中，并通过具体的教学事件反映出来但并不容易被教学主体所察觉。

1. 把握的困难性

获得和参与教学价值取向的冲突作为形而上的存在难以被把握，但是在纷繁的教学事实世界中确实大量存在。比如：教师在讲授某一教学内容时，学生对内容或对教师的讲授方式不感兴趣而影响了课堂学习的质量，该如何改进，不同的回答代表着不同的教学价值取向，冲突也便产生了。以获得教学价值取向来看：以"教"为中心，学生个体应该积极接受教师所传递的知识，自身应该在相关思想和行为上做出调整以适应教师的"教"；以参与教学价值取向看：以"学"为中心，教师应该让学生参与到教学活动中而不是被动接受，从而需要对教学组织进行调整。这样的案例在教学活动的事实世界中比比皆是，但是其事关教学主体的教学价值取向而进入价值世界，而要从事实世界的种种现象中把握价值世界的冲突需要进行科学理性的思辨，对获得和参与教学价值取向的理论基础、价值观、思维模式、行为方式以及在教学实践中的具体表现去关照教学的事实世界，从而透视深层潜隐其中的价值取向冲突。只有对难以把握的获得和参与教学价值取向冲突进行透视之后，才能更好地进行教学价值取向融合。这也是前文从教学文化学的视角对获得和参与教学价值取向进行深度剖析和比较的原因所在。

2. 冲突原因的深层性

人们进行教学活动的实质在于对某种教学利益的追求，也是教学价值的实现过程。[①]在传统教学下获得教学价值取向立足于"双基"，以教师、教材、课堂为中心，以教师独霸教学话语权的形式展开教学。而新课程改革以后，提倡师生在学习共同体中平等互动交往，以自主、合作、对话、探究的方式展开教学。这势必打破传统的思维与既定的行为路径。传统制度的惯性使得坚持获得教学价值取向的教学主体会对教学改革有所抵触，从而与新课改的倡导者与践行者产生冲突。这样的冲突源自教学活动中众多元素及其系统，势必引起深层次的调整。从获得教学价值取向到参与教学价值取向的转变中带来了利益结构和需要的深层次变革，从而带来了价值观、思维模式、行为方式等的冲突，最终表现为教学目标观、教学过程观、师生观、教学方式观等的冲突。

---

① 李长吉. 教学价值观念［M］. 兰州：甘肃教育出版社，2004：86.

3.冲突内容的潜隐性

长期以来，我国传统教育教学的"双基"理念、围绕"三中心"以讲授法为主的知识传递、教学主体关系等方面都相对稳定，而新课改的冲击打破了这种平衡。这就使得教学主体在教学行为方面显得无所适从，是延续传统教学还是革新为新课改所倡导的教学，以至于教学主体在新旧教学系统之间摇摆而产生冲突。张欣和李长吉曾强调：冲突已不局限于对教学行为的点评，教学观念以及教学论的根本问题都涉及其中；教学本质的认识冲突、师生关系、功能与目的等实质上是一种传统与现代教学论的冲突，表现了教学主体对于传统教学论的质疑以及对现代教学论的迷茫。[①] 从而我们可以看出，教学主体行为的冲突是由其社会文化背景、情感态度、需要利益、认识水平等而引发，但其涉及教学价值观、思维模式、行为方式以及两种教学价值取向所依赖的理论基础等的冲突，同时也潜隐着教学发展方向以及重构教学文化等内容。只有对教学价值取向表面冲突做深入挖掘才能透视其潜隐性内容，再对获得和参与教学价值取向以文化学角度做了深入剖析的基础上，辅以相应的策略以便融合两种价值取向，从而重构教学文化。

（二）逆转生成性

教学活动自身就是不断生成的实践过程，新课改以后以获得教学价值取向为核心的传统教学文化与以参与教学价值取向为核心的新教学文化冲突也在不断遇到新问题、新情境以及新领域中由浅入深地显现出来，首先表现在教学行为中对于传统自在教学文化的质疑和新的自觉教学文化迷茫的冲突上；然后是理论研究对现实的关照而发出的两种声音所产生的延续传统教学文化与倡导新教学文化的冲突。这样的冲突虽然带来了教学实践和教学理论研究的方向性困惑，表现为一种消极因素；但是同时在冲突中不断融合达成共识也可为新课程改革的进一步发展提供契机和开辟道路，而转变为积极因素。

1.生成性

教育教学改革是一个自上而下的、由宏观理念到微观实践逐步推进的过程，然而教

---

① 张欣，李长吉.论教学价值观念冲突的类型与特点［J］.哈尔滨学院学报，2007（1）：126-129.

学价值取向的冲突首先显现于教学实践之中，传统自在教学文化的惯性使得教学主体的教学思维和行为与新近所提倡的合作、探究等冲突，进而是只注重双基的教学和三维教学目标的冲突，最后直至教学观念的冲突。这样的冲突是一个由局部到整体、由浅入深逐步生成的过程。比如：开始的时候，某一堂数学课中师生会对采用讲授法教学还是探究教学来让学生学习一个定理产生冲突；进而会引发到底应该是以教为主还是以学为主的冲突、师生关系冲突、教学方式冲突等，逐步由教学行为上的选择困惑的积累生成上升到思想观念层面的冲突，最后形成在价值观、思维模式、行为方式三个层面的全面冲突，从而导致新课程改革中教学主体的价值失范，造成在教学活动中对于获得和参与教学价值取向的困惑和左右摇摆。

2. 逆转性

在新教育教学改革中产生的获得和参与教学价值取向的冲突客观上使得教学主体的行为，既不融于传统的教学规范，又不能完全适应新的规范，在某种程度上表现为一种无序和失衡的状况，这显然不利于教育教学的深入推进和发展。但是冲突往往能够提供更多观察和思考的视角，让获得和参与教学价值取向对视并进行比较，发现各自的优缺点，从而相互扬弃；这样就会使得冲突的有害方面逆转为有利方面，从而更好地推动创新型人才的培养。正是因为这些冲突使教师、学生以及教学研究者重新审视教学实践、重新审视教学价值取向、重新审视自我，在无序和失衡的状况下发现方向，为新课程改革提供新的动力。在获得和参与教学价值取向冲突中无论是教学实践领域还是教学理论研究领域相关主体之间都进行着斗争、对话、交融等，这无疑能够起到相互吸收、促进的作用，从而在失范、迷茫、困惑的同时为教学主体的能动性和创造性提供更加广阔的空间。从根本上说，教学价值取向的冲突就是矛盾双方相互扬弃的过程，也是在两者冲突的基础上进行调适从而达到更高层次的有序和平衡的过程。

（三）可调适性

新的教育教学改革所倡导的教学文化与传统教学文化之间存在较大的差异和不一致性，传统教学文化深深地植根于教学主体之中，影响着教学主体的价值观、思维模式和行为方式，具有延续传承的趋势。而新的自觉教学文化在政府和相关理论倡导者的推动下发展，要被教学主体所接受并内化为自身的价值观、思维模式和行为方式需要一个长期的过程，在其间难免产生冲突。而要将这种冲突控制在一定范围内，将冲突的消极效应转化为积极效应，发挥教学主体的能动性和创造性对冲突进行适应也不失为推动新课改前进的动力，从而更好地为教学实践服务，同时，两种教学文化在冲突、斗争、排斥之后会逐渐转向交叉、融合和相互吸收，从而具有可调适性。

1. 调适的必要性

新课改后，获得和参与教学价值取向所带来的冲突使教学主体处于困惑、迷茫的状况：一方面在教学行为上要么固守双基坚持讲授，要么注重活动堂堂课出新但又显得无序和失范；另一方面在思想观念上也矛盾重重，教师既不能用传统的价值观来指导自我的教学行为，又不能用新课改所倡导的评价标准来衡量自己的教学结果，[①] 而在两种教学价值取向之间摇摆，带来心理上的折磨和痛苦。因此必须要对两种教学价值取向的冲突进行调适，将其不利的效应通过教学主体的反思以及能动的创造转化为新课改的动力，同时在调适两种教学价值取向的过程中为新课改提供前进的方向。

2. 调适的可能性

获得和参与教学价值取向的冲突其实是一种新旧教学文化的冲突。对于文化冲突来说，其本质上蕴含着文化融合，两者具有辩证统一的关系。任何一种文化都由多种成分组成，其复杂性又与人类生活的个性和共性相对应，个性的一面引起冲突而共性的一面走向融合。[②] 而对于以获得和参与教学价值取向为核心的新旧教学文化而言，其冲突具有共时性和历时性的特征，就共时性而言表现为中西教学文化的冲突，也就是中国传统强调传递的教学文化与西方强调探究的教学文化的冲突；就历时性而言表现为我国自在教学文化与新课改所提倡的自觉教学文化的冲突。新课改后，获得和参与教学价值取向为核心的新旧教学文化无论在教学实践中还是在教学理论研究中，都进行了激烈的交锋，各自的个性得

---

① 贾英健.经济全球化进程中价值冲突的双重效应及其调适［J］.山东师范大学学报：人文社会科学版，2007（3）：3-8.

② 刘伟.文化冲突与文化融合的哲学思考［J］.内蒙古社会科学，1987（2）：22-26.

以凸显而表现为冲突。但是对于教学活动而言，无论哪一种教学价值取向也都具有共性的一面，比如在本质上都是为了促进学生的发展；那么也就为相互之间的调适提供了契机，不同教学价值取向的教学主体之间通过对话、理解、沟通等在共性的基础上吸收各自的优点并扬弃各自的缺点从而消除冲突实现融合。

四、获得和参与教学价值取向评价

我们在理论上梳理了获得和参与教学价值取向，同时考量了两者在教学实践中的实然状态，那么作为现实共存的两种教学价值取向其自身的优缺点到底如何？厘清该问题才能够在冲突中不断对话、理解、取长补短并最终实现融合。

（一）获得教学价值取向的困境

对获得教学价值取向进行深入分析可以发现：其将学生个体作为切入的基本单位，视知识为个体的心智属性，那么学习必然发生于个体心智中，而大脑便是与外界物质和精神世界相隔离的知识容器。[①] 在这样的前提假设下，从行为主义、认知主义到个人建构主义，其知识、概念、图式等都被隐喻为能够被学生实实在在获得的实体，而教师对于整个教学过程的预设，在等级制度下所赋予的权威，采用讲授的方式将知识传递给学生无疑能够节省时间，在类似于"粘贴""复制"的过程中能够提高知识传递的效率，正因为如此，获得教学价值取向有着自身的优势，并在相当长的时间占据着我国教学实践中的主导教学价值取向地位。然而获得教学价值取向也有其固有的局限性。主要有以下两大困境：

其一，诚如柏拉图在《对话录》的美诺篇中诘问苏格拉底：你怎么去研究你还不知道的东西？你提出什么来作为你的研究对象？你怎么会知道你所不知道的东西就是你要研究的东西？[②] 对这三个诘问进行理解就是：我们不可能去探究我们不了解或者是没有意识到的存在，也就是说，我们所获取的知识都是在已有知识基础上的延伸和发展；但是如果

---

① 左璜，黄甫全.试论学习的第三种隐喻［J］.外国教育研究，2013（8）：61-70.
② 北京大学哲学系.古希腊罗马哲学［M］.北京：商务印书馆，1982：190.

是我们已经知道的东西那么就没有必要再用传递的方式将其装入我们的大脑。也就是说，对于学生而言，必须拥有一定的认知结构，而且这种认知结构也应该是与将要获得的知识在结构上具有同质性且较之高级。简言之，我们不能去获得我们尚未意识到的存在，而去认识已经知道的东西就显得没有意义，因为不能增长新知识。这就意味着要用学生个体的心智活动来解释学习就必须归因于现在的认知结构，同时这种认知结构要同获得的认知结构一样复杂。这就如同维果茨基提出的最近发展区概念一样，有教学的地方就有儿童的发展，并且对学生来说，所谓发展，即是"各种习惯的积累"。这就是教学获得价值取向的第一大局限，按照这一思路，人类是不能获得不同质的知识的，但是在实际生活中我们又能够学习自己完全不知道的知识。在实际生活中，当下社会信息大爆炸，知识更替日新月异，如果我们对不同领域和不同思维模式的知识不闻不问，那我们将无法在当今社会生存。比如电脑、手机在几十年前没有如此普及，有些地方甚至根本就没有，但是当今的人们都会使用手机、电脑。如果个体没有这种先在的认知结构，何以能发展呢？

其二，价值问题困境。用实体获得来隐喻学生的学习，容易产生观念的迁移，将知识的拥有量与财富等实体的拥有量进行对照，就会自然产生学生个体身份和社会地位的差异。为了获得更高的身份和地位，学生在获得知识时就会产生竞争和不和谐，更强调个体成就而忽视合作、团结等集体意义。比如当下学生之间、班级之间、学校之间都要为排名而竞争，这无疑更强调个体的成就。在获得教学价值取向下，知识被视为财富，知识的多少代表了学生的天赋和能力。同时按此对学生进行分级并贴上相应的"标签"，这显然有悖于尊重学生个性和学生全面发展的价值追求，同时在多元文化背景下也不利于各种创新创造能力的培养。

（二）参与教学价值取向的反思

新课改所提倡的参与教学价值取向尊重学生的主体性地位，强调学生个体在学生共同体中的参与行为，建立平等、民主和相互尊重的师生关系，在一定的教学情境中建构知识，充分体会知识的发生和发展并在此过程中体验过程与方法、情感态度和价值观等，促进自身的生长进而得到发展。这无疑能够调动学生的积极性，强化学生的学习动机，使学

生的个性和创造性得到充分的发展，但其自身同样会带来两大局限性：①

其一，迁移问题。学习的迁移要求学生能够将所学习的知识携带并跨越情境的边界，然而参与教学价值取向并不把知识视为独立存在的实体，也拒绝视情境为具有明确边界的领域，那么就没有什么知识可以携带，也就没有什么边界可以跨越了。

其二，学科内容难题。参与教学价值取向强调学生的情境性学习，在实践中通过自己的行为成为学生共同体的成员进行合法的边缘性参与并逐步跃迁到中心。在此种情况下，不同的情境中学科内容会发生很大的变化，导致确定的学科内容逐渐模糊甚至消失；而当下的教学实践是建立在学科课程的基础上的，没有了清晰的学科内容，教与学的整个过程就会迷失方向，陷入迷茫、混乱以及模糊的失范状态。

（三）从冲突走向融合

在新教育教学改革以后的教学实践中，获得和参与教学价值取向虽然存在着冲突，但是两者确实又真实地共存于教学实践中。转换一个思路，如果让两者在共存中进行融合，将获得和参与教学价值取向均当成看待教学活动不同的视角，相互扬弃其缺点而吸收各自优点，那么获得和参与教学价值取向就能从冲突走向融合，从而共同推动改革的进一步发展，以及建立起适应其发展的教学文化。正如哲学家罗蒂所说："不可公度性（incommensurability）蕴含着不可还原性（irreducibility），但并不蕴含着不相容性（incompatibility）。"② 分歧并不代表着对立，这使两种教学价值取向具有能够和平共存的可能性，同时两者在教学实践领域中共存并造成教学实践某种意义上的失范使其融合具有必要性。

获得和参与教学价值取向有着不同的理论基础、价值观、思维模式、行为方式以及表现形式，前面的研究对两者进行了深入的剖析，能够让教学理论研究者和实践者保持清醒而避免落入片面认识的陷阱，然而两者的融合是基于教学，是为了促进学生在全面发展

---

① Sfard, A. On Two Metaphors for Learning and the Dangers of Choosing Just One［J］. Educational Researcher，1998，（2）.

② Rorty R. Philosophy and the Mirror of Nature［M］.Princeton N J：Princeton University Press，1979：388.

的共性基础上，相互吸收各自的优点而扬弃其缺点，从而更好地促进教学实践的开展。获得教学价值取向视角强调学生个体心智对于间接性经验（知识）的加工和内化，采用教师传递给学生的方式，注重学生头脑中建构知识结构的方式，以及建构起来的知识结构；而参与教学价值取向视角强调情境的重要性，采用在学习共同体中让学生进行合法的边缘性参与，从而体验知识的发生和发展的过程，注重合作、体验以及如何组织教学情境以便为学生的行为参与提供机会。安德森的研究团队认为：个体心智的认知建构与情境互动的行为参与这两种视角都是需要的，未来应该展开更多二者兼顾的研究。① 那么，在教育教学实践活动中，如何对两种价值取向进行抉择？如何兼顾又如何融合呢？杜威曾言二元对立是人们惯常思考问题的方式，他们的信念阐述往往采用非此即彼的公式性语言。② 新课改以来，在政府的强势推动下参与教学价值取向备受推崇，而获得教学价值取向则备受诟病。讲授法似乎成了扼杀学生个性和创造性的洪水猛兽。在课堂上师生不管教学目标、教学内容、教学环境等而滥用自主、合作、探究等时髦的教学方式的情况时有发生，使课堂教学的学科味丧失；同时参与教学价值取向所要求的学生在真实生活情境中学习却难以实现，因为学校很难提供类似学徒手工作坊的真实生活情境场所，而使教学过程的组织迷失方向。③ 因此我们不能走极端，不能因为倡导或者偏爱参与教学价值取向而完全废止获得教学价值取向，反之亦然。

在选择、兼顾以及融合两种教学价值取向时，受多方面因素的影响，这些因素主要有以下几个方面：

其一，教学实践者要达到的教学目标是什么？例如，如果目的是高考、中考的分数，那么毋庸讳言，获得教学价值取向的知识传递更容易让学生记住公式、解题方式等；如果是让学生参观博物馆之后谈感受，那么参与教学价值取向的效果无疑更佳；如果是让学生依据一定的原理进行小发明创造，那么首先用获得教学价值取向让学生明了相关原理，而后用参与教学价值取向在自主、合作、对话、探究的学习共同体氛围中展开发明创造，无

① Anderson, J. R., Greeno, J. G., Reder, L. M., et al. Perspectives on Learning, Thinking, and Activity ［J］. Educational Researcher, 2000, 29（4）：11–13.

② 约翰·杜威. 我们怎样思维·经验与教育［M］. 姜文闵, 译. 北京：人民教育出版社, 2005：243.

③ 徐学福. 获得学习模型的困境与参与学习模型的转向［J］. 教育学报, 2014（4）：50–57.

疑是最好的选择。

其二，教学方式的选择必须依据相关条件，比如依据教学目标的需要，还比如教学方式自身容易理解、具有弹性和充满想象空间，同时其理论基础具有说服力等。

其三，教育行政部门的导向问题。如当下新课改所倡导的探究教学等，在这样的理念指导下，参与教学价值取向必然会备受推崇。

其四，教学实践工作者的教学习惯。在具体的教育教学实践过程中，教师的教学习惯在很大程度上影响着教学方式的选择，有的教师习惯了"满堂灌"的授受式教学方式，让他们采用参与的教学方式是比较困难的，特别是年龄较长者。

第六章

获得和参与教学价值取向的融合

获得和参与教学价值取向优势互补，实现其共生发展是当前教学价值取向的应然选择，让两种已然存在的二元对立的教学价值取向走向实然的共存与融合。以"核心素养"概念来统整"获得"和"参与"，使教学活动变为有机的"学科知识获得"和"学科活动参与"的统一；再用中国传统的"和合"智慧，在和合生一的策略下促成获得和参与教学价值取向的融合并生成"知参守获"和"知获守参"的能动状态；进而阐述和合生一后的价值层面、思维层面、行为层面以及在教学目标观、教学方式观、教学过程观、师生关系观、教学评价观的融合；最后探讨了融合的保障条件。

一、获得和参与教学价值取向的融合原则

当下教学理论研究与实践领域中共存的、以获得教学价值取向为核心的、传统自在教学文化和以参与教学价值取向为核心的新的自觉教学文化的冲突带来了人们思想上的迷茫以及教学行为的失范。要在教学实践中消除教学主体的这种思想迷茫和行为失范的现象，让两种教学价值取向进行调适并最终使其融合是应然选择和必由之路，使教学主体在价值观、思维模式、行为方式等方面兼顾传统教学文化延续以及新课改所提倡教学文化发展方向协调一致的基础上，相互促进并最终达到一种和谐平衡的状态。在获得和参与教学价值取向的冲突中孕育融合，但这种融合不会自动生成，需要在一定原则的基础上运用相关策略、发挥教学价值主体的主观性和能动性，才能减少教学价值失范，推动新课改的深入发展。

（一）正视并科学应对冲突

当下从基础教育到高等教育的教育教学改革是在经济全球化和我国社会转型的大背景之下进行的，传统自在教学文化与新的自觉教学文化以及本土教学文化与外来教学文化的冲突在所难免，而这些冲突在教学理论研究及教学实践领域主要表现为获得和参与教学

价值取向的冲突。而对于冲突无论在教学理论研究领域还是在教学实践领域都存在着回避的现象，有些人坚持获得教学价值取向，固守双基阵地而对过程与方法、情感态度和价值观视而不见；有些人追赶时髦，表面迎合参与教学价值取向的各种新颖的教学方式而堂堂课求新最终偏离三维教学目标；这两种极端的做法在本质上都是对教学价值取向冲突的回避。

回避并不是解决问题的方式，而应该正视冲突，看到获得和参与教学价值取向的冲突是新课改中教学主体的迷茫、困惑与教学行为方式失范等的深层原因；同时也应该对这样无序、失衡的状态采取科学应对方式，应该看到冲突中隐含着的、融合的契机。在教育教学改革中对于获得和参与教学价值取向都不应该一味地肯定或者一味地否定，应该让两种教学价值取向无论是在教学理论研究中还是在教学实践中都保持合理的张力，要看到两者各自的优点与缺点，依据促进学生全面发展的目标来协调获得和参与教学价值取向的融合，在这个过程中扬弃两种教学价值取向的缺点，从而促进新课程改革的深化发展。

（二）在对话中求同存异

获得和参与教学价值取向的冲突只是在如何促进学生发展方面的观念选择不一致，并非一方必须消灭另一方的敌我矛盾，同时两者都是为了更好地促进学生发展，不应该采用彼此保守封闭的方式来处理冲突；而应该在教学理论研究和教学实践中将获得与参与教学价值取向置于一种共存状态，两者之间都应该正确地认识对方和容忍对方的存在。获得和参与教学价值取向从总体上说都能够满足学生发展的需要，都有存在的文化环境和现实土壤，代表传统自在教学文化的获得教学价值取向需要传承和延续，而代表新的自觉教学文化的参与教学价值取向也需要融入中国本土的和传统的教学文化才能为其更好地开辟发展道路。而在对话中求同存异无疑是最佳方式，在彼此相互扬弃中完善两种教学价值取向并最终走向融合。

教育教学改革是一个历史进程，承接着过去并走向未来，传统的自在教学文化与新的自觉教学文化、本土的教学文化与外来的教学文化必然会争鸣、对抗、碰撞，因此必然会经历产生冲突的阶段；而经过沉淀和反思之后，合作与交融将成为主旋律，在教学理论研究领域和教学实践领域共存着的获得教学价值取向和参与教学价值取向，采用平等对话并进行优势互补的方式契合入新课程改革中，必然会使教学活动更加有序和规范，同时能够更好地促进学生的全面发展。

（三）以"核心素养"概念来统整"获得"和"参与"

获得教学价值取向和参与教学价值取向在促进学生发展方面具有不同的作用，而要使其能够融合就需要在促进学生发展方面用更上位的概念将两者统一起来。核心素养这一概念能够很好地对获得和参与教学价值取向进行统整。核心素养涉及文化学习、自我发展、社会参与三个大的方面，而要提高学生的核心素养需要以学科知识为载体，以学科活动为渠道。[①] 那么，在教学活动中对于学科知识的学习就应该采用获得教学价值取向，而对于组织学科活动的开展则应该采用参与教学价值取向。

这里的学科知识主要表现为三维教学目标中的"知识与技能"维度，学生不能掌握相应的学科知识，核心素养便无从谈起。但是如果只是简单地将学科知识传递给学生，学生的核心素养同样无法得到提升。而学科活动要求学生在学习共同体中进行合法的边缘性参与，从学科的视角发现、思考以及解决问题，并在其中参与活动而成为学习共同体中的一员；这就有别于一般性活动，具有极强的学科味。比如数学的学习，要求学生在学习共同体中要像数学家一样思考问题，在活动中用数学的方法解决相关的问题；在这里学科活动主要表现为三维教学目标中的"过程与方法"维度。而"情感、态度和价值观"维度强调学科的意义、文化以及精神，将"学科知识"与"学科活动"统整在一起，形成学生的"关键能力"以及内化学生的"必备品质"。以学科知识为载体，以学科活动为渠道培养起来的关键能力和必备品质也就构成了学生的核心素养。

核心素养的概念为获得和参与教学价值取向的融合提供了契机和开辟了道路，同时也很好地整合了三维教学目标。教学目标对教学活动而言有着价值导引和统帅全局的作用。[②] 比如基础教育的新课程改革将传统的"双基"目标扩展为"三维"目标，也就是说

---

① 余文森. 从三维目标走向核心素养 [J]. 华东师范大学学报：教育科学版，2016（1）：11-13.
② 王策三. "三维目标"的教学论探索 [J]. 教学研究与实验，2015（1）：1-11.

教学除了基础知识和基本技能的培养以外，同时需要加强过程与方法的指导以及情感态度与价值观的引导。钟启泉教授曾言：学生学习和生活的课堂要真正成为落实三维目标的场所。然而这里的课堂不能简单地理解为每一节课。三维教学目标是一个整体的而不是落实到每一节课的局部的目标，同时在三维目标中的"情感态度与价值观"维度本来就需要长时间的熏陶过程，也不可能通过一节课就得以实现。因此三维目标是对一定阶段教学活动完成之后的质的规定性，而不是每一节课都需要完成的目标。

对于每一节课而言，都应该有其重点所在，有侧重知识与技能维度的、有侧重过程与方法维度的，也有侧重情感态度和价值观维度的，抑或兼顾其中的二、三者。在这时一贯地采用获得价值取向或是一贯地采用参与教学价值取向就会出现问题，造成教学实践中的失范现象。而正确的处理方式应该是坚持以核心素养为统领，根据教学目标以及相应的教学内容选取和组合相关教学要素的原则，使每一节课都达成相应的教学目标，进而促进学生核心素养的提升。

二、和合生一的融合策略

获得教学价值取向主要强调学生与知识之间是一种人与物的关系，凸显着对于学科知识的学习。获得教学价值取向往往被隐喻为：学生如同一个空罐子，知识就好比那大海的水，学习（教学）就是不断地向罐子里装水；秉持此种理念的教学活动中，教师只要把知识传递给学生就算完成教学任务，学生只要获得了知识就算完成学习任务，学校等则通过考试分数来判断学生头脑中装入知识的多少。而参与教学价值取向则将学生与知识的关系避而不谈，而是将视线转向学生在教学活动中的参与行为，通过行为的参与体验知识的发生和发展过程，强调学生参与到实际情境中用行为进行实践的重要性，强调教学中交互作用的重要性，认为知识建构活动是通过学生的行为参与而发生，凸显着学生对于学科活动的参与。与传统教学相比"情境学习""学习共同体""合法的边缘性参与"等语汇所构成的新的话语体系进入人们的视野，参与教学价值取向作为一种全新视角让我们重新审视习以为常的获得教学价值取向，而获得教学价值取向之所以能够长期占据传统教学，是因为自身也有着一定的优势能够对新课改以来出现的参与教学价值取向有所关照。对二者差异的比较见表 6-1。

表 6-1　两种价值取向的比较

维度	获得教学价值取向	参与教学价值取向
目标	充实个体	促进个体生长
教学方式	传递	自主、对话、合作、探究
学习	获得某种实体	成为实践共同体成员
学生	接受者	合法的边缘性参与者、学徒
教师	提供者	专家、对话与实践的维持者
认知	占有	参与、归属、交往
关键术语	财产、拥有	行动、实践、体验

从表 6-1 中可以看出，获得和参与教学价值取向存在诸多不一致，但两者都同时指向促进学生的发展，同时强调"学生参与"的观念与现代教育中注重知识和方法的观念并不对立。[①] 而"核心素养"恰恰能够统整两者，学科知识需要学生获得，而学科活动需要学生积极参与，二者就恰似一枚银币的两面，是一个有机的整体，构成了核心素养的两个方面。区分教学价值取向是为了解决教学问题，而不是为了讨论问题本身。在教学过程中，绝不能说哪种教学价值取向完全有利于教学，完全有利于学生发展，也绝不能说哪一种教学价值取向对教学完全无意义。

在"核心素养"的统整下，教学实践中围绕学科知识和学科活动展开教学，就需要获得和参与教学价值取向的共存与融合，那么在实际教学中如何让其"共存"与"融合"？在这里借助中国传统的"和合"智慧，将获得和参与教学价值取向置于一种"睦而不争""聚而不散"的状态。在教学活动中，将两者的诸多优点以及相关要素进行融合，而在两者的不同质的要素进行多元融合的过程中必然会产生新事物，在核心素养的协调

---

① 郭法奇."学生参与"：一个历史与现实的话题 [J].高等师范教育研究，2003（3）：55-61.

下，吸收了获得和参与教学价值取向优势要素而产生的新质事物具有很强的能动性，进而使教学过程达到一个有序、有机的状态。而这样的一种有序、有机的状态也就是在不同的阶段和条件下处于一种"知参守获"和"知获守参"的能动状态。这就犹如老子在《道德经》中所做的阐释："道生一，一生二，二生三，三生万物。万物负阴而抱阳，冲气以为和。"① 而获得和参与教学价值取向也恰似包孕万物的"阴""阳"，而应用和合智慧所生之"一"便是"知参守获"和"知获守参"的能动状态。这个"一"会根据不同的情况加以变化解决教学活动中的相关问题，在核心素养的统整下，以学科知识为主进行教学时则表现为"知参守获"，也是主要采用获得教学价值取向展开教学，同时也要为后续在学习共同体中学科活动的开展事先留有空间。以学科活动为主进行教学时则表现为"知获守参"，也是主要采用参与教学价值取向展开教学，同时也要为学生后续获得新的学科知识创造条件。如此循环往复，在"获得"和"参与"教学价值取向的和合中促进"核心素养"的不断生成和提升，进而使教学活动处于一种有序的规范状态。

（一）和合生一的内涵

对于和合生一内涵的理解首先要从"和"与"合"字的含义说起：

"和"字在《说文解字》中解释为"和，相应也，从口，禾声"，在这里所指为声音彼此呼应，连贯配合得到而产生出和谐的效果。② 对于获得和参与教学价值取向而言，就犹如两个音符，虽然此起彼伏但并不是一方压倒另一方，而是在"核心素养"的统整下相互应和，通过"获得"与"参与"两个"音符"的不同排列在围绕"学科知识"和"学科活动"的教学中奏出和谐的乐章。在教学活动中存在获得和参与两种教学价值取向，这也正是推动新课程改革得以发展的动力所在，如果只有一种教学价值取向，则会"同而不继"；正是因为两种教学价值取向的存在，所以才能打破已有教学遇到的瓶颈，在对立统一中重整诸要素，进而推动教学实践的发展，实现"和实生物"。

"合"字在《说文解字》中解释为"合，合口也，从口"，在这里所指将原来相分

---

① 张立文.中国文化的精髓——和合学源流的考察［J］.中国哲学史，1996（Z1）：43-57.

② 郭齐."和合"析论［J］.四川大学学报：哲学社会科学版，1999（2）：22-34.

离的部分聚合在一起。①对于获得和参与教学价值取向而言，两者虽然共存于当下的教学实践中，但是彼此的不一致性使其出现冲突而相背离。"合"的意图就是要将本来相冲突的两种教学价值取向重新聚合在一起，而要聚合则需要找到两者的共同点，在教学活动中，两者的根本目的都是在于促进学生的发展，因此能够用"核心素养"将两者聚合在一起，达到凡事合则成、离则败的意境，使教学活动变得更加有序和规范。

　　"和""合"二字连用最早出现在春秋时期，《管子·幼官》中有着这样的描述："畜之以道，则民和，养之以德，则民合。和合故能习"，在这里"合"是交，而"和"是融，合是使其聚拢在一起，和是使其协调达到和谐。②对于获得和参与教学价值取向而言，传统的"和合"智慧就是将两者聚拢在一起，进行协调配合，用"核心素养"概念来表达学生的全面发展，进行有序的组合应用。而"和合生一"是指在和合智慧的基础上，获得和参与教学价值取向均备于教学主体的意识之中，处于一种"知参守获"和"知获守参"的能动状态，以"一"的不变来应对教学活动中出现的万变。这就犹如计算机代码只由"1"和"0"组成一样，根据不同的需要而使"1"和"0"不断地组合创造出不同的程序来满足需要。对于教学实践而言，就是促进核心素养的生成和提升。教学主体在"知参守获"和"知获守参"的能动状态中，依据教学过程发展的需要选择获得教学价值取向和参与教学价值取向，不断地组合，不断地协调，从而达到最终的融合。

（二）和合生一的实现

　　"和合"智慧具有有序、有机的特质而不是简单机械的拼凑和切割，和合不是首先确定"体"和"用"再选择性地吸收，它是对诸多优质要素的一种新的扬弃，打破原有结构按照"和合体"自身需要进行调和，这就犹如画画过程中依据画面的要求选择颜料进行不同的调和一样，在承认多元共存的基础上，将各种异质要素整合为一个"和合体"。③经过这样组成的和合体是一个处于完整与不完整之间、协调与不协调并存的状态，也就是说"和合体"在不断连续、反复的能动，不被定型和凝固，同时用于进行和合的诸多要素又

---

①② 郭齐."和合"析论［J］.四川大学学报：哲学社会科学版，1999（2）：22-34.

③ 张立文.中国文化的精髓——和合学源流的考察［J］.中国哲学史，1996（Z1）：43-57.

随时为"和合体"所用，使"和合体"始终处于"一"的状态。也就是说在"核心素养"统整下，"和合体"从诸多异质要素的对立状态实现优质要素扬弃融合而变得有机、有序后而使和合生一得以实现。

对于获得和参与教学价值取向而言，无论是在教学理论研究领域还是在教学实践领域两者都存在着冲突，两者无论是在价值观、思维模式、行为方式以及具体的教学表现方面均存在着诸多不一致，两者的对立是现实存在的，但是并不是说两者不能统一，在促进学生发展这一点上两者具有一致性，而"核心素养"能够成为两者统一的基石。获得和参与教学价值取向在围绕学科知识和学科活动开展的教学中各具优势，又各有不足，对构成获得和参与教学价值取向方方面面的剖析能够更好地对其要素进行扬弃融合，来达到"知参守获"和"知获守参"能动的"和合体"状态。在"核心素养"的统整下，获得和参与教学价值取向的诸多教学要素都为教学主体根据教学实际需要来进行选取和使用，共同促进学生核心素养的生成和提升。同时应注意的是，实现获得与参与教学取向的和合生一之后，并不是对获得和参与教学价值取向的消灭，事实上它们仍然共存于教学实践之中。"教学是一个复杂系统，具有复杂系统的各种因素和性质。教学的熵与负熵、非平衡态、耗散结构、混沌、突现和突变、自组织等是教学复杂性现象的突出表现。"[1] 面对复杂的教学系统，教师在"核心素养"的统整下，应用"知参守获"和"知获守参"能动的"和合体"，根据具体情况选择合适的教学元素来组织教学，从而更好地使学生得到发展，推动新课程改革的深化。

具体而言，基础教育领域新课改所提倡的"三维教学目标"，从本质上来说是立足于人的整体性全面发展，是"核心素养"在教学实践中的具体体现。其中知识与技能维度强调学生"学会"，过程与方法维度强调学生"会学"，而情感态度与价值观维度强调学生"乐学"。[2] 而这里的"学会"主要是指掌握相关的学科知识，"会学"主要是指参与学科活动，用相应的学科思维和行动方式去发现、分析和解决实际问题；"乐学"主要是指关键能力和必备品质内化入学生的精神世界，从而促成"核心素养"最终生成。三维教学

---

① 张进清，蒋士会.论教学的复杂性［J］.广西师范大学学报：哲学社会科学版，2010（2）：100-106.
② 王爱玲.课程改革的重要问题：关注人的整体性发展［J］.教育研究，2009（7）：40-44.

目标的三个维度犹如长方体的长、宽、高，三者的综合也就构成了学生的"核心素养"，而教学活动就是要在教学过程中提高学生的"核心素养"而使学生得到全面的发展。在第二章教学的获得价值取向与第三章参与教学价值取向中，分析并明确了两种教学价值取向都能够依据三维目标对学生的发展有所促进，但是落实到作为系统的三维目标的具体操作上，到底那一维目标采用那种教学价值取向更好，同时又使三维目标得到整体协调的发展来生成"核心素养"是值得探讨的问题，同时也是获得和参与：教学价值取向研究对教学实践进行关照的旨趣所在。

1.知识与技能维度

对于知识与技能维度的理解，首先，知识主要包含三个方面：其一，主要是学科知识，这一部分知识是人类间接经验和智慧的结晶；其二，学生在社会和生活中所意会的知识；其三，通过网络、图书馆、同学之间的交流等取得的信息知识。在这部分的教学中无疑学科知识起着基础和统领的作用，其他两部分的知识都是围绕学科知识展开的。那么作为人类间接经验和智慧的知识本身具有良好的结构，让学生去体验其发生和发展的过程必然带来教学效率的低下，同时也没有必要。更有效率的做法是教师经过精密加工后准确地传递给学生，而对于围绕其展开的意会和信息知识则需要学生自己体验，在自主学习、交往互动的学科活动中通过在相关行为的参与中进行建构。由此可见，在这部分教学过程中，"知参守获"和"知获守参"能动的"和合体"表现为"知参守获"，以获得教学价值取向为主展开教学活动比较有利于"核心素养"的生成。

对于技能，一般认为有以下四种：其一，犹如读、写、算等基本技能；其二，犹如做操、打球、做实验等动作技能；其三，犹如记忆、想象、推理等智力技能；其四，如计划自己的学习、评价自己的作业等有关自我调节的自我认知技能。对于这部分的教学，前期教师应给学生做足够的示范，在学生对相关技能基本掌握的基础上，鼓励学生在学习共同体中开展互动交流为主的对话、合作、探究等，让以上技能在这种交流互动中转化为学生自身个性化的技能。由此可见，在这部分教学过程中，"知参守获"和"知获守参"能动的"和合体"表现为前期的"知参守获"以及后期的"知获守参"，在学科知识获得和学科活动参与的互动中将基本技能转换为自身个性化的技能，发展"核心素养"。

2. 过程与方法维度

过程的理解主要是指在学生认知的基础上对于学生知、情、意、行等方面的系统培养和发展。在一定的情境中，通过师生之间的对话、合作、探究解决相关的问题，也即是师生在学习共同体内进行学科活动。学生从中进行体验，而教师只是作为平等中的首席，把握对话和探究的学科方向，在问题解决后学生通过参与学习共同体的相关行为，建构得到关于过程的体验。比如，对于某一道数学难题的解题方法的选择过程，每一个学生通过自主学习和探究提出解题方法，然后在学习共同体中进行对话，再通过合作探究的方式找到最优的解题方法。由此可见，在这部分教学过程中，"知参守获"和"知获守参"能动的"和合体"表现为"知获守参"，在学科活动中去体验过程和提升"核心素养"。

对方法的理解主要是指在学习过程中，学生所学会、掌握和应用的方法，更为具体的方法主要包括观察事物的方法、探究问题的方法、合作交流的方法、解题方法、思维方法等。培养和形成学生方法的教学，类似于技能的培养，同样需要由教师提供并传递给学生最为基本的方法，而学生在参与学生共同体的行为中，通过互动交往将这些方法融合、系统化并转化为自身个性化的方法体系。由此可见，在这部分教学过程中，"知参守获"和"知获守参"能动"和合体"表现为前期的"知参守获"以及后期的"知获守参"，让学生在自身行为的参与中不断体验，并将基本方法融会贯通并形成体系，转换为自身个性化的方法，融入"核心素养"。

3. 情感态度与价值观维度

情感的理解主要是指人的需要在得到满足时的一种态度体验，主要包括情绪、兴趣、动机、求知欲、审美等方面。态度除了指对于学习的责任以外还包括对生活、科学、人生等的态度。价值观主要是指对于学习中产生的问题的看法，同时也包括树立学生内心的真、善、美等价值观念。这一维度是一个潜移默化的长期过程，教学主体通过获得教学价值取向是能够将情感态度与价值观符号化为文字传递给学生的，但是缺乏体验的说教显得空洞无物，同时也很难让学生使其内化为自身的情感态度与价值观而进入学生的精神世界。而参与教学价值取向所倡导的平等和谐的学习共同体让学生通过自身行为进行合法的边缘性参与，通过互动交往，是进行情感态度与价值观培养的更优方式，也即是学生参与学科活动的方式。由此可见，对于该目标维度的实现，"知参守获"和"知获守参"能动的"和合体"表现为"知获守参"，以参与教学价值取向为主展开学科活动比较有利于学生的发展和"核心素养"的升华。

以上是为了探讨方便才对"三维目标"的每一个维度进行了分别讨论，事实上三维目标是一个有机整体，在具体的教学活动实施过程中不能将其割裂、格式化和教条化，而教师应该在对教学内容、教学条件、学生情况等进行相关把控的基础上综合实施。

（三）学科知识获得与学科活动参与的融合

在获得教学价值取向下将知识看成某种实体，教学过程就是教师将知识传递给学生，学生获得知识的过程，通过考试分数衡量学生获得知识的多少。而在参与教学价值取向下强调学生的行为，在学习共同体中通过行为体验知识的发生和发展进而发展思维，成就学生的个体生活意义与创新能力。获得教学价值取向一切旨在学生的知识获得，而参与教学价值取向一切旨在学生的行为参与，两者都有其内在的合理性，而和合智慧旨在使其彼此扬弃而使获得和参与价值取向在教学价值观层面进行融合。

在"核心素养"的统整下，作为载体的学科知识需要学生获得，而作为渠道的学科活动则需要学生参与；那么获得教学价值取向和参与教学价值取向通过教学三维目标这一中介来实现学生对学科知识的获得和学科活动的参与。在教学活动中，学生具有多重角色，既是知识的接受者，同时也是交互活动中的探究者，还是价值意义的建构者。那么在教学价值观念层面上一切为了学生的获得和一切为了学生的参与都具有片面性，而正确方式应是应用和合智慧将两者融合，也即是在获得的基础上参与，在行为参与中获得。两者是辩证关系，获得相关的基础知识和技能是参与的基础，在参与中随着学生学习的过程与方法、情感态度与价值观两个维度的发展，学生的"核心素养"得到提高，从而能够获得更高层次的知识和技能，以此往复，推动教学活动的不断深入。获得和参与教学价值取向融合的教学价值观主要表现为学科知识获得和学科活动参与的和合。

（四）单向收敛和双向互动的融合

在获得教学价值取向下，知识由具有绝对权威的教师单向度地传递给学生，教学的一切均在教师的预设之中，简言之是一种收敛的单向思维。而参与教学价值取向下，师生自主平等地在学习共同体中生活并进行教学活动，在这里教师只是平等中的首席，师生通过互动交往体验知识的发生和发展，学会发现、分析以及解决问题。简言之是一种互动的关系思维。

在"核心素养"的统整下，教学价值层面的学科知识获得和学科活动参与的融合必然需要获得和参与教学价值取向在思维层面的融合。在教学过程中，教师在授课之前会对教学结果有一个假定预设，而这样的假定预设对于依靠复制、记忆等进行学习的学科知识是可行的。教师可以通过设计教学的每一个环节，传递给学生并设置相关的练习让学生掌握，用这种单向度传递保证学生的获得。但是在这个过程中，并不是所有结果都可以预见，师生在进行学科活动中，对过程与方法、情感和态度与价值观等的学习是一种在对话、合作、探究的环境下进行的，师生的主体性决定了其结果是一个动态生成的过程，在互动交往中师生都要根据具体情况进行调整，才能保证自己的行为能够参与教学活动，并符合教学活动发展的方向，这种调整是师生的一种双向的互动。学科知识是进行后续学科活动的基础，同时也构成学习共同体进行互动交往的语境基础，作为学习共同体成员必须要首先获得，才具有对话、合作、探究的学科基本能力。而在学科活动中对过程与方法，情感、态度与价值观等的体验能够使学生具备该学科的思维模式和行为方式来解决实际问题的能力，同时又是保证学生个性与创造性得以生成的重要源泉。因此两者都不可偏废，只注重互动交往的关系思维容易使教学活动失范，而只注重收敛的单向思维又容易使教学死板，学生的个性和创造性得不到充分发挥。

通过以上分析可以发现，在教学活动中需要一个大方向的假设性预设，以保证学科知识的获得，而随着学科活动的开展，师生在互动交往中会生成无法预期的具体情况，因而需要对假设性的预设进行不断的调整，在预设和调整中不断地推动教学活动的开展。所以在教学思维模式层面表现出：单向收敛和双向互动的和合。

（五）预设传递和互动生成的融合

　　教学价值观层面和教学思维方式层面决定着教学的行为方式，同时教学行为方式也是对教学价值观和思维模式的反映。在获得教学价值取向下，一切为了学生获得的价值观以及权威控制下的思维模式决定了其预设目标下传递的行为方式，这一方式隔绝生活世界，在一个完全封闭的环境中完成传递以及考评，向着预设的目标程式化地迈进；在参与教学价值取向下，一切为了学生参与的价值观以及自主平等下的关系思维方式决定了其生成目标下的互动行为方式，这一方式不再与具体的生活情境分离，而是通过教学活动中的师生主体间、师生与知识间、生生主体间以及师生自我的行为互动等将师生与知识在开放的情境中连接起来。

　　预设目标下的传递行为对知识和技能的教学来说充满了效率，犹如工厂的流水线，通过预设工序和精准加工，学生最后获得犹如标准化产品的知识。然而过程与方法、情感、态度与价值观等往往不能做出完全预设，过程与方法是通过师生的共同实践，通过行为在共同解决问题中逐渐生成和建构，也即是需要在学科活动中养成学科思维和行为，从合法的边缘性参与逐渐向中心跃迁；情感、态度与价值观更需要长时间熏陶，在师生、生生的互动交往中体验，通过自身的体悟来提升，而呈现生成性。

　　作为整个教学来说，要通过教学行为使学生的"核心素养"得到提升，预设目标下的传递行为方式和生成目标下互动的行为方式都是需要的，两者存在着辩证关系，而表现为一种预设传递和互动生成的和合。

三、获得和参与教学价值取向融合在教学中的表现

　　对获得和参与教学价值取向融合的原则、策略以及融合后在价值观、思维方式、行为模式等方面变化进行了探讨，在"核心素养"的统领下从和合生一的总体策略出发，教学实践中的教学目标观、教学方式观、教学过程观、教学评价观以及教学活动中师生观均会调适融合，下文将作细致阐释。

（一）个体充实与生长和合的教学目标观

教育的根本目的是促进人的全面发展，教学目标则是教育目的的具体化，而教学目标观则是关于如何达到教学目标的总体看法。在获得教学价值取向下，认为充实个体让学生掌握更多的知识，能够促进人的全面发展，主要指向个体知识的增长，以知识获得的多少作为目标达成的规定标准，是一种"只见知识不见人"的教学生态。在获得教学价值取向下充实个体教学目标观的优势主要表现为：其一，无论采用教师讲授或是学生主动建构，教师通过目标明确、程序既定、系统化的教学使学生能够在短时间内获取丰硕的、系统的基础知识，提高了知识传递的效率和速度。充实个体的教学目标观将教学活动规定为特殊的认知活动能够尽可能地免除学生认知过程中不必要的曲折和困难，尤其能够有效地保证绝大部分学生在短时间内学到人类在漫长历史中积累起来的知识和技能。其二，充实个体的教学目标观能够提供知识保障促进学生的智力发展，进而使学生能够得到全面发展。前述已及，学生的智力发展与知识积累是一种相互促进的关系，而在"知—情—意—行"的系统中，知识也具有基础性作用，只要将充实个体的内容系统进行整合就能促进学生的全面发展。然而，在获得教学价值取向下充实个体的教学目标观也有着自身无法克服的困境。充实个体教学目标观下，书本、教师、教案等必然构成课堂教学的"三个中心"，教师的权威必然会使得教学活动缺乏交流和对话，使得课堂教学变为一种独白式教学，在批判声中教师的独白逐渐失去其合法性，而作为传递知识主要方法的讲授法也因此受到了质疑进而被削弱。[①]这样的反思和批评始于 20 世纪 80 年代，在 20 世纪 90 年代末至 21 世纪初这样的批评越来越普遍。归结起来其矛头主要指向独白式的书本知识灌输，强调学科而忘记学生、重视教师主导而忽略学生主体、追求效率而失去意义等。正是这样的反思和批评使我们逐渐看到充实个体的教学目标观的价值困境。获得教学价值取向的充实个体教学目标观容易依据学生的这种学习方面的潜能与天赋将其分为不同的类型与等级，从而人为地给学生贴上"标签"。这种标记性往往会带来诸多的隐喻从而限定学生的发展。

而在参与教学价值取向下，以学生为中心，尊重学生的教学主体地位，以学生的生

---

① 陈振华 . 讲授法的危机与出路［J］. 中国教育学刊，2011（6）：41-43.

长作为教学目标观，这里的生长不同于用知识充实个体，没有了犹如工厂加工产品似的统一标准，而是学生在学习共同体中，依据自身的特长、发挥自身个性，依托内在的好奇心与求知欲，进行知识建构，体验知识的发生和发展。在这个过程中更加注重教学过程中的"人"而不是知识，强调人的参与行为，知识存在于学习共同体中，而人是通过其行为在体验中建构知识，同时在知识、技能、情感、态度、价值观等方面均发生变化，使个体在保持自身个性的基础上生长。在参与教学价值取向下促进个体生长的目标观是否给我描述了一个促进学生全面发展的好愿景，但是促进个体生长的教学目标观忽略了学生作为"未知"个体对知识的依赖，忽视了学生需要系统知识的获得，同时任何知识都让学生用行动去感受其发生和发展过程，使教学效率大大降低，而在限定时空的教学情境中，教学效率的降低会导致教学任务难以完成，从而使学生的发展无法得到保障。

从以上分析可以看出，充实个体的教学目标观和促进个体生长的教学目标观都有着自身的优势和不足。依据前文所述，以"核心素养"为统领并应用和合智慧进行融合的理念，对充实个体和促进个体生长进行和合，我们认为充实个体和促进个体生长互为目的和手段，具体而言就是在保证学生个体学科知识获得的基础上，在学科活动中寻求学生的个性化生长，而个性化的生长后学生的核心素养将会得到提高，反过来又会促进学生个体获得新的学科知识。如此反复，在充实个体和促进个体生长的不断和合中，学生在知识、技能、情感、态度、价值观等方面均能得到全面发展。

（二）单向传受与互动参与和合的教学方式观

教学方式是实现教学目标的方式方法，受教学目标的制约，而教学方式观同样也与教学目标观一脉相承，在获得教学价值取向下，强调用知识对个体进行充实，那么教学方式观就直接指向教师的"传"和学生的"受"，用高度统一的教学内容经过精密加工，采用相同的步调传递给学生，学生则在班集体中认真聆听，接受教师传递的内容，教学围绕着讲授展开。在这样的教学方式观下，方便教师进行传递，能够很好地进行系统知识的灌输，时空、人员以及秩序等整体性强且稳定，便于学生获得知识，从而得到发展。然而学生一贯被动接受，学习积极性和兴趣很难得到激发，学生的主体性得不到发挥必然会使实践创新能力得不到发展，从而制约着学生的全面发展。

而在参与教学价值取向下，教师的传变得不那么重要，教师只是平等之中的首席，互动参与更加注重学生兴趣、求知欲、好奇心等的激发，注重学习共同体内的自主、合作、对话、探究等教学方式的开展。在这样的教学观下，学生的个性以及创造性能够得到很大程度的发挥，然而这样的教学又容易失去方向，使得教学活动的学科味不浓厚，这也正是新课改以后教学实践中经常出现教学失范的原因所在，而教学活动的失范必然会影响学生的发展。

从以上分析可以得出，单向传递有利于学生获得系统的知识，而容易导致学生实践创新能力的丧失；而互动参与一方面有利于激活学生的主体性以及兴趣、求知欲、好奇心等内驱力，另一方面却又容易使教学活动丧失学科味而处于一种失范状态。而单向传授与互动参与的和合能够对两者进行扬弃，也就是在"核心素养"的统领下，在学科知识以及教学大方向的把握上教师要充分发挥主导作用采用单向传授，使学生具有互动参与的基本能力以及保证教学的整体发展和教学的学科味；同时在教学中要捍卫学生的主体地位，引导学生积极互动参与学科活动，学会用学科思维模式和行为方式去发现、分析和解决相关问题；从而促使学生全面发展。

（三）预设与生成和合的教学过程观

长期以来，人们都将教学过程看作特殊的认识活动过程。这一认识论是以工具理性为基础，注重知识本位的哲学方法。在这种认识论的指导下，教学过程中强调系统知识的获得，进而发展学术能力，是一种知识本位的文化观。[①] 获得教学价值取向下的充分预设在某种程度上确实能提高知识传递的效率，然而它仍然拥有自身无法克服的弊端。传统教学一切都在预设中，不利于培养学生独立、自主、创新的能力。由于传统教学太过强调课本知识的权威性，过分强调教学过程的预设性，本身充满活力的教学变成了知识灌输的过程。尽管教学中教师也可能组织学生进行讨论，但教师是学生发言的权威和绝对的评判

---

① 徐学福.教学论［M］.北京：人民教育出版社，2012：36.

者，学生主动性、积极性受到抑制，制约了学生思维能力的提高，忽视了师生、生生之间的互动以及学生心理世界的差异性。在这种情况下，学生常常不是主动地运用思维去思考和分析问题，而是在猜测教师想要的答案是什么，最终导致提问和讨论成了一场猜谜会。长此以往，学生的自主性和独立性就渐渐被消磨殆尽，不利于学生的发展。

参与价值取向更加强调教学过程的生成性，强调学生在交往活动中发现问题进而建构知识。然而，提倡完全的生成性而忽视教学的预设也不现实，教师不可能在毫无准备的情况下去完成一堂优秀的课堂教学，任由教学活动自动生成，必然带来教学的失范，从而影响整个教学活动的开展。

因此，在获得和参与教学价值取向融合理念下，学生"核心素养"的提高需要将教学预设与生成进行和合，也是我们提倡教学的预设与生成的双重逻辑。双重逻辑性要求我们需要有学生获得学科知识的预先计划，也要有学生如何参与学科活动的预先计划，而在学科活动的具体开展过程中要为师生的活动参与留足空间，也是允许师生在活动参与的过程中，根据实际情况的需要来创生课程。

（四）规约制度与合法参与和合的师生观

师生关系是教学活动过程中一对重要的矛盾，甚至可以认为合理的师生关系决定着教学的成败，由此可见师生关系在教学中极其重要。因此，合理的师生观的构建是教学的基本任务。教学价值取向直接影响教师和学生的师生观。师生观包括教师对学生的认识和看法，也包括学生对教师的认识和看法。教学的获得和参与价值取向在师生观上有着较大区别。

获得教学价值取向下的师生观体现的是一种制度下的规约。受中华传统文化影响，课堂教学中同样充斥着严重的等级观念。教师就是知识的权威，学生就是被动的接受者。"师"和"生"都意味着一种制度下的符号。"师"意味着知识的"传授者""组织者"和"传播者"。"生"意味着知识的"接受者""被组织者"和"学习者"。在严格的制度规约下，教师和学生形成一种约定俗成的身份等级观念，各自处于职权分明的固定关系之中。

参与教学价值取向下的师生观则体现出一种合法的边缘性参与。合法的边缘性参与是一个积极概念，其与教学的情境性密切相关；莱夫·温格把合法的边缘性参与和学习概念紧密联系，认为这是表达学生参与教学的恰当描述。[①] 师生是一种平等的关系，共同用自己的行为参与到教学活动中，承担责任并分享权利。参与教学价值取向提倡师生之间是一种整体关系，是共同促进的关系。学生的合法性参与被认为是将教学的环境和整个生活世界联系起来的活动，其强调师生之间的共同参与作用，祛除教学中的等级观念和上下关系。由上述两种不同的教学价值取向的区别可见，二者之间在看待教师和学生两者的地位以及两者的关系上存在差异，但是又紧密联系着的。

师生关系观的和合，其主要的契合点就在于两种教学价值取向的融合能够达到对师生关系的完满认识，在"核心素养"的统整下，教师即具有作为权威传授学科知识的一面，同时也具有作为平等中的首席参与学科活动的一面。因此，我们提倡获得和参与教学价值取向融合视域下的师生观应当是在规约制度下的合法性参与观。教师的一项基本任务就是组织教学，因此，一定的规约是必不可少的，但绝不允许这种规约影响学生参与教学的权利。

（五）竞争与协同和合的教学评价观

就教学评价而言，不同的教学价值取向具有不同的评价观。获得价值取向是为了个体知识的增长；与此目的相对应的就是一种竞争性评价，这种评价更多的是从结果上确认学生获得的知识量，是一种总结性评价。而参与价值取向是为了在学习共同体构建的基础上促进学生个体的生长，允许和提倡教学中的生成性，注重学生在教学过程中的参与程度。在此价值取向指引下，其对应的是一种形成性评价，强调的是学生参与教学过程，注重学生对教学的共同理解和共同的心理建构。

由此可见，获得和参与教学价值取向在教学评价上各有侧重，一个注重过程，一个注重结果；一个强调个体在竞争中发展；一个强调个体在相互理解和共同的心理建构中发

---

① J. 莱夫. 情景学习：合法的边缘性参与［M］. 王文静，译. 上海：华东师范大学出版社，2001：18.

展。这两者之间各有利弊，而正是这种能够相互扬弃的评价观为其进行和合提供了可能。

因此，在获得和参与教学价值取向融合理念下，竞争与协同的和合把在竞争中协同的心理建构作为教学评价的基本理念和认识论基础。在竞争中协同承认了教学活动中个体发展的重要性，把教学活动看作一个在竞争中发展的特定场域，其首先承认竞争的存在，继而强调在竞争过程中的协同，在竞争与协同的和合中共同促进学生"核心素养"的提高。协同主要是指教师与学生在教学过程中的相互理解以及在交互中发展，促进学习共同体的进步；而竞争是为了促进和检验个体的发展。既强调教学过程的竞争性又强调教学中的协同性能够更好地引导学生形成团结协作的生存技能，也能不断提高学生的个体知识，从而更好地促进"核心素养"的提升和学生的发展。

四、获得和参与教学价值取向融合的条件保障

教学价值的实现是教师、学生在教学过程中相互作用的结果，因此在"核心素养"统整的和合生—策略下，获得和参与教学价值取向融合而生成的"知参守获"和"知获守参"能动状态对于教学问题的处理能够得到具体实施，需要智慧型的教师、主动的学生以及依据需求而变化的教学过程来加以保障。

（一）成为智慧型教师

作为教学主体的教师是影响教学价值取向的重要因素，要实现获得和参与教学价值取向的融合，需要教师对其有充分的认识并在价值观、思维模式以及行为方式等层面进行相关的转变，而这一转变的核心在于需要教师成为智慧型教师。

1. 成为智慧型教师的基本内涵

著名的教育家夸美纽斯早在 17 世纪就强调，教学是将一切知识教授给任何人的艺术。在当下，虽然教学到底是艺术还是科学的争论尚未停息，但越来越多的人相信，教学既是一种科学也是一门艺术，因为其兼具了科学与艺术两种品质。这样的认识为研究"核心素养"统整下的"知参守获"和"知获守参"能动状态对于教学问题的关照提供了依

据，教学既然作为一门艺术，就需要智慧的存在，这也为教师成为智慧型教师提供了可能。

（1）何为智慧

要使教师成为智慧型教师，首先需要明确智慧的内涵。对于智慧，不同的学者站在不同的角度有着不同的观点，一般意义上讲，智慧本质上是智力的上位概念，集感知、知识、记忆、联想等多种能力于一体，能够在不同的问题中合理地提出科学策略并加以解决。《墨子·尚贤中》中表述道："若此之使治国家，则此使不智慧者治国家也，国家之乱，既可得而知已。"在这里提到的"智慧者"是拥有智慧方可治国的人，将智慧视为一种解决问题的策略。再如嵇康在《大师箴》中表述到"下逮德衰，大道沉沦，智慧日用，渐私其亲"。其中的智慧则与中国哲学中的"道"相类似，得道便是得到智慧。由此可以看出智慧是一种长期积累形成、具有独特性和情境性的能力的综合，表现为一种策略。

在获得和参与教学价值取向的融合中，需要教师在教学实践活动中具有中国传统的和合智慧，在获得和参与教学价值取向共存的复杂系统中，采用"知参守获"和"知获守参"能动状态来处理教学的现实问题，而最终目标则是指向学生"核心素养"的提升和全面的发展。

（2）智慧的实践本质

智慧蕴含着多种能力的综合和策略性，同时其还具有实践的本质性特征。在日常生活中，智慧通常与智者相联系，而智者多出于佛教话语体系之中，用来指通过修行、体悟世间事事的得道者。上升到哲学层面，智慧往往作为思想者的象征，但其也不局限于形而上的范畴和思辨的高度，而是落于实践，将思想中的智慧真正地用于实践之中，才能使策略得到实施，问题得到解决，而成为实践的智者。

教学是艺术性的实践活动，本身就内涵着智慧的因素。教师不但作为教学主体，同时更是学习共同体中平等中的首席，更需要其成为一名智者。在获得和参与教学价值取向融合中，和合智慧下生成的"知参守获"和"知获守参"能动状态要对新课改以来的教学实践起到推动和提升作用，需要教师作为智慧实践者而存在，这种存在需要贯穿于教师的整个职业生涯，在自身的教学情境中不断积累，不断扬弃，并与教学实践相统一。

（3）作为智慧实践者的教师

在获得和参与教学价值取向融合中，首先，教师要作为智者的身份，也即是中国传统和合智慧拥有者的身份，在"核心素养"的统整下应用"知参守获"和"知获守参"能动状态不偏不倚地正确处理教学过程中的价值问题。

其次，基于教学是一项实践性活动，具有区别于纯粹理论工作者而体现在具体的行为中的特征，因此身在教学生态之中的教师智慧是基于实践形成的，教师只有在教学过程中才能体现作为教师的价值，教师的教学价值取向也只有在教学过程中才能彰显，其本质上是一种实践的智慧。也就是说教师在教学过程中，对于获得和参与教学价值取向会有着自身的体验和理解，在对获得和参与教学价值取向和合所产生的"知参守获"和"知获守参"能动状态在理论上进行把握之后，需要在其职业生涯之中反复积累实践经验，以"核心素养"为统整解决实际教学情境中的教学问题。

最后，教师作为智慧实践者需要具有综合的行动能力。教学实践的复杂性导致教学中的问题和现象的复杂性，这种复杂情境需要的不只是教师某一方面的能力，也不是某一种方法，更不是某种模式的照搬与运用，而是需要教师综合各种能力，智慧地处理问题。获得和参与教学价值取向和合也是处于一种"知参守获"和"知获守参"的能动状态。这就需要教师在复杂性中追求平衡的价值取向，而教师的智慧则是达到这种平衡的必然要求。

2. 成为智慧型教师的基本要求

"核心素养"统整下和合生一融合策略能够很好地实现，"知参守获"和"知获守参"能动状态能够很好地指导教学实践，这主要需要教师的智慧。而教师要成为智慧型教师同样需要遵循一些基本要求，只有在遵循基本要求的基础上，才能为成为智慧型教师作好充分准备。认识是指导行动的基础，只有在观念上建立了初步的行动纲领，才能有效地指引实践，进而在实践中得出更高级的认识。基于此，教师要作为智慧的实践者存在，应该在对教学实践活动认识基础上，在理解教学活动时，对持有的价值观、思维模式、行为方式等均根据"核心素养"的统整，在学科知识获得与学科活动参与的不断变换中能动，同时在职业生涯中积累更多这方面的知识和实践经验。

（1）正确教学实践认识论的树立

在"核心素养"的统整下要实现和合生一的融合策略，需要教师树立正确的教学实践认识论。理论与实践的关系问题一直是教学理论界与实践界关注的焦点。我们应当承认理论的效用，但是绝对不可忽略实践的意义，应当充分认识到，实践才是知识的来源，不仅理论能够指导实践，而且实践同样能够指导实践。

因此，教师要实现"知参守获"与"知获守参"能动状态的价值实践策略就需要对教学固有的实践性有充分的认识，不要固执地认为教学就是获得学科知识，也不要偏执地认为教学就是学生参与学科活动的过程，而应当认识到教学实践的复杂性，根据自身的经验对教学要素中的教学内容、学生状况以及具体的教学情境等做出判断，是采用获得教学价值取向、参与教学价值取向抑或是两者兼有。同时应该考虑两者兼有时如何将两者进行很好的衔接，总之都是为了更好地提升学生的"核心素养"和保证学生的全面发展。教师在其职业生涯中长期积累的这些实践经验往往能够在教学活动中灵光一现，解决实际的教学问题，推动教学活动的不断深入。

（2）拥有在复杂性问题中融合多元文化的能力

新课改以来获得和参与教学价值取向的冲突本质上是新旧教学文化的冲突，而教学问题本质上是一种复杂性问题，面对复杂性问题需要消解长期以来的二元对立思维影响，和合智慧正是消解了获得和参与教学价值取向的这种二元对立的状态，在"核心素养"的统整下而不是将其置于非此即彼的关系中，是一种"知参守获"与"知获守参"的能动，是教学可以根据教学实际情况的需要选取获得教学价值取向或参与教学价值取向的任何一个教学要素进行组合，协调解决教学中遇到的问题。

因此，教师需要拥有在复杂问题中融合多元文化的能力，注重对教学过程中生成问题的考量，力求从全局上把握动态的教学过程，在"核心素养"的统整下准确处理教学中的各种问题，这也是成为智慧型教师的基本要求。

（3）注重实践性知识的生成和积累

前文提到教学理论指导教学实践的重要性，同时也强调了教学实践指导教学实践的重要性；这里需要进一步对这种实践认识论加以说明。知识无疑是教师之所以作为教师的根本，也是教师作为智慧实践者的根本保证。关于教学知识的研究非常丰富，总体上又认为当前存在两者截然不同的知识形态，即理论性教学知识和实践性教学知识。理论性教学知识统领教学论学科多年，我们对其熟悉程度不言而喻。关于实践性知识的研究则是近年的事情。所谓的实践性知识正是基于上述实践认识论所得出。舒尔曼、舍恩、范梅南等人都认为，存在一种区别于理论性知识的实践性知识。这种知识存在于教师的实践之中，是一种在行动中的知识，即动态和开放的知识。这种知识是教师在长期的教学实践中形成，是解决教学实践中所产生问题的策略、方法或者机智。这种知识的存在无疑提升了教师处理教育教学问题的能力，也是教师成为智慧实践者的基本条件。

因此，教师不仅要拥有扎实的理论知识功底，还需要对获得和参与教学价值取向的和合策略在理论上加以把握，改造自己的思想。而更重要的是积累在教学实践中"知参守获"与"知获守参"能动状态如何生成、演变和发展，不同的教学情境中两者的和合方式一定会不一样，在教学活动中对这些实践性教学知识的积累，能够方便在今后的教学中更好地被应用。要像注重理论性知识一样注重实践性教学知识的存在和发展，以武装头脑，从而成为一名智慧型教师。

3. 教师作为智慧实践者的实现路径

"核心素养"统整下和合生一策略生成的"知参守获"与"知获守参"能动状态需要教师成为智慧型的实践者，在厘清其基本内涵和基本要求之后，还需要讨论其具体的实现路径以便作为教师向智慧型实践者转化的行动纲领。

（1）在行动中认识自我，完善自我

成长为智慧型教师需要在行动中认识自我、完善自我；需要从内部和外部创造充分的条件，并具体落实于行动之中。在行动中进行自我认识和完善自我是智慧型教师成长的第一步，也是非常重要的一步。自我认识就是对自己本身的认识，包括对自己的教学价值观、教学思维模式以及教学行为方式的认识，也包括对自己的职业角色的认识以及对所从事的活动性质的认识。更进一步而言，就是要对自身价值取向的审视，也就是对新课改当下两种教学价值取向进行评价，并形成自己的观念。如果不能认识自己究竟是何种价值取向的教师，那就很难使自身进一步形成更加完善的价值观。假设一名教师所持有的是获得教学价值取向，那么在和合生一的融合策略下就应当在进一步完善获得价值取向认识的基础上，去理解和综合参与价值取向。假设一名教师持有的是参与教学价值取向，那么就应当在完善参与价值取向认识的基础上，去学习与融合获得的价值取向。只有在对两种教学价值取向认识和理解的基础上，才能谈得上"核心素养"统整下和合生一的融合，也才能使自身对"知参守获"与"知获守参"能动状态进行有效的把握。

（2）在行动中认识教学活动

认识自我是实现智慧型教师的内部条件，认识教学活动则是对内部和外部衔接点的认识过程。从一定程度上来讲，教师如何认识教学活动或者说认识教学活动的程度，决定了教师教学智慧的底蕴，进而决定教师所持有的教学价值取向。因此"核心素养"统整下和合生一的策略提倡教师应当拥有积极的教学勇气。这里的教学勇气是指有质疑教学的勇气，有超越自身教学的勇气，有高度职业成就意识的勇气，具体而言，就是要求教师有转变自己的教学价值取向的勇气。如果没有认识和转变自身教学价值取向的勇气，一生坚持自己的教学价值观，就很难实现专业性的继续成长。教师在进行教学活动中要不断地对其进行认识，尝试在教学活动中对其诸教学要素进行调整，在"核心素养"的统整下借助三维教学目标实现学生全面发展，在获得和参与价值取向的和合中使得教学活动的开展不断有序和规范。

（3）在行动中积极构建教学学术共同体

共同体是当前社会所积极提倡的一种生活方式或者说是存在生态，其核心要素在于"利益"。"对共同体的认识出自于人的主观体验：我们每个人都可以决定自己的共同体构成形式，它可以基于我们的工作同事、邻里关系、宗教信仰和民族群体等等。"[①] 基于此，要推动获得与参与教学价值取向融合，构建教师学术共同体是一条良好的路径。在长期的教育教学实践中，中小学自然形成了许多的教学共同体，但是尚未建立教学学术共同体。一方面是受到获得教学价值取向的影响，没有认识到教学的复杂性。另一方面是中小学教学研究没有得到足够重视，实践性知识没有得到基本的认识，因此，在中小学没有形

---

① 保罗·霍普. 个人主义时代之共同体重建［M］. 沈毅，译. 杭州：浙江大学出版社，2010：139.

成以学术利益为核心的共同体，而建立教学学术共同体是从外部实现和合生一融合策略的有效方式。

（二）作为主动学习者的学生

"核心素养"统整下和合生一策略不仅需要作为教学主体的教师有所变化，同时要求作为另一教学主体的学生也有所变化，从而适应"知参守获"与"知获守参"能动状态下新的教学价值追求。毋庸置疑，教师作为智慧实践者是实现教学价值融合与共存的前提，但要使教学活动真正发生变化，还必须认识到学生及师生共同活动所形成的教学过程的重要性。教师能否成为智慧型教师，也需要学生在教学实践中积极地配合，在交往互动中用行动积极地参与到教学活动中来，在个人心智对知识的建构中积极地获得，也就是需要学生成为主动的学习者。因此，努力促使学生自身的改变也是极其重要的方面。在获得和参与教学价值取向的共同指引下，教学活动应由拥有实践智慧的教师和主动学习的学生组成，由两者在不断互动交往的教学过程中，不断诠释"知参守获"与"知获守参"的能动状态，以此促进新课程改革的不断深化和发展，同时也使学生能够得到全面的发展。

1. 学生作为主动学习者的基本内涵

在教学实践活动中，教师作为实践者是对教师的基本要求，而要求教师作为"智慧"的实践者则是一种新要求，这种新要求告诉我们，教师不再是机械的教书匠，教学工作变得极具艺术性，是具有较高创造性的职业。同样，在教学活动中，学生作为学习者是亘古不变的真理，而要求学生作为"主动"的学习者则是一种新要求，学生不再是静态的、被动的知识袋子，而是一个主动探索外部世界的鲜活生命。

在传统教学中，教师注重学生知识的获得，认为学生的学习就是知识的获得过程，因此而忽视了学生作为生命体本身的生长过程。故而在传统的教育教学中，仅仅关注学生的学业考试，仅仅关注学生知识量的增长，而与这种目标相对应的是教师教给了学生多少知识的教学目标。灌输、接受、死记硬背等就成了教学中的惯习，在这种教学情境下，学生被动地获得了丰富的知识，但是没有学会如何学习。因此，新课改以来特别强调学生通过自身行为参与教学活动以及学生如何主动学习等问题。诚然，要达到这样的设想，首先应该认识到学生主动学习的重要性，认识到主动学习本身作为一种知识形态的重要性，教师应该把这种过去被忽略的知识形态教授给学生，以便于学生成为主动的学习者。

因此，一方面，学生作为主动学习者强调的是学生的主动性。这里的主动在一般意义上来说，是指个体在陌生客观约束的情境下，能够向好的方向发展，创造有利局势。进一步而言，学生主动学习能够最大限度地发挥他们的主观能动性，能够促成学生内心的变化，是一种由内而外的，来自学生内心深处的变化。另一方面，学生作为主动学习者强调他们参与教学过程。参与是行动的前提，参与是学生主动学习的基础，没有参与作为前提，学生就没有尝试学习的机会。但是，教师又要意识到，提倡学生用行动参与到教学活动之中，并不是否定获得知识的必要性。如前所述，获得学科知识和参与学科活动，都是为了促使学生自身的发展。在激发学生内在学习动机、兴趣以及求知欲等的基础上，教会学生如何参与教学活动以及如何进行个人心智模式下的知识建构至关重要，只有这样才能使学生成为主动的学习者。

当学生成为主动学习者之后，才有可能适应"知参守获"与"知获守参"能动状态下学科知识获得与学科活动参与之间的切换，也就是在教师传递基础性、间接性经验的学科知识的时候，学生能够将其装入自己的大脑中，同时又能在学习共同体中体验学科活动，养成学科思维和行为；并在其中取得"核心素养"的全面提升。

2.学生作为主动学习者的基本要求

学生作为主动学习者是和合生—策略下获得和参与教学价值取向融合得以实现的主要条件。那么如何促使学生成为主动学习者就成为本研究需要探讨的重要问题。在中国教育生态中，特别是在教学活动中，要使学生主动学习需要一个转变的过程。回顾历史原因，学生被动学习方式根深蒂固，故而这个转变就需要一定的内外部条件，促使主客观条件的合法化，进而促成学生成为主动学习的学生。学生作为主动学习者需要满足以下一些条件。

（1）强化教师的主导作用

在探讨学生作为主动学习者时离不开教师的主导对学生的主要引导和指引作用。具体而言，就是学生作为主动学习者同样离不开教师的指导。前文提到，"如何主动学习"

本身就作为一种知识形态存在，如果这种关于学习的元知识没有教师的指引，学生虽然能够通过在实践中摸索取得，但是这个过程会非常低效。毕竟，教育教学的最终目的是学生的发展，学生如何主动学习，也是为了提升自身的"核心素养"，进而促成自身的发展。从这个逻辑上来说，教师的指导能够起到较大的作用，能够使学生得到更好更快的发展。

（2）合理安排教学方式

众所周知，教的方式和学的方式是一种相辅相成的辩证关系，在和合生一策略下，要使学生成为主动的学习者，单一的接受式学习或者是单一的探究式、合作式学习等都难以满足。也就是说，在"知参守获"与"知获守参"能动过程中，需要学生获得学科知识时采用接受式学习，而需要学生参与学科活动时则需要采用探究式、合作式学习等，只有这样才能够生成学习的意义，而只有意义才能够调动学生内在的学习动机、求知欲、兴趣等，从而促进"核心素养"的提升。而教的方式和学的方式是一种辩证关系，在传统教学中以教为主，教的方式决定学的方式。新课改以来，切实以学生为中心，以学的方式来决定教的方式。因此要使学生主体性得以发挥，成为主动学习的学生就需要在和合生一策略指导下合理安排教学方式，围绕学科知识获得和学科活动参与不断变化。

（3）通过改变价值观、思维模式来转变学生的学习行为

受传统教学方式和学习方式的影响，中小学生形成的"静坐式"的学习生态，用一支笔和一张纸能够解决诸多学习问题。因此，在传统的教学活动中，很少关注学生参与教学的程度，而只关注试卷的分数、学生的智力发展。这种学习境况下，严重制约着学生成为主动的学生者，在学生固有的价值观和思维模式中是否就是做好一切准备，等待教师的传递而自己竭尽全力去获得。

新课改以后的教学实践中过分追求时髦，堂堂课求新，使得学生的行为参与处于一种失范状态，导致课堂丧失了学科味，而流于一般性的活动和日常生活化的对话。

上面两种学习行为都是作为主动学习者所不应该的，而是要站在价值观和思维模式层面的改造来对学生的学习行为进行改造，对需要获得学科知识则需要采用获得教学价值取向所提倡的学习方式，而需要参与学科活动则需要采用参与教学价值取向所提倡的学习方式。同时在价值观和思维模式层面让学生适应"知参守获"与"知获守参"能动的切

换，让学生的学习行为得到良好改变，培养主动学习的氛围和习惯，形成主动学习的行为方式。

（4）提供应有的学习材料

与传统教学方式、学习方式、学习行为相对应，教学所用的材料一直被称为"教材"，顾名思义，就是为教而准备的材料。这种教学材料并不利于学生主动学习。因此，应当考虑适当增加学生学习所需要的基本材料，保证学生进行主动学习的必要物质条件——学材。学材是指以满足学生主动学习需要为主要指向的学习基本材料。为学生提供必要的学习材料，应作为学生主动学习的外部条件和基本条件而不容忽视。

3.学生作为主动学习者的实现策略

"核心素养"统整下的和合生—融合策略需要学生的主动学习，也即是无论是在个体心智的知识建构还是在参与教学活动中，都需要学生充分发挥主体性来实现，下面结合新课程改革所提倡的三种学习方式来分析将学生培养为主动学习者的具体策略。

（1）指导学生个体进行自主学习

培养学生的自主学习能力是使学生成为主动学习者的第一步，在获得一定的学科知识之后，首先要让学生学会用学科思维去发现问题以及依据问题进行相关资料的收集。在这个过程中，引导学生按照探究性学习的基本步骤来思考问题，也即是形成发现学习中的问题以及学生自身所存在的疑惑，从而在此基础上建立起解决问题的假设，进而设计出解决问题的计划和步骤。在问题得到解决之后，让学生通过面对面交流、文本抑或是网络等对话方式，发表交流自己的成果和收获，将其中共性部分在学习共同体中进行经验推广。而在其中，教师主要起到启发诱导的作用，并在学生独立完成这一系列活动遇到困难时给予应有的启发、鼓励和帮助，这样的启发、鼓励和帮助可以是在课堂教学中以指导的方式完成抑或是在日常的生活中以非正式的交流方式完成。

（2）引导学生进行合作学习

"核心素养"统整下的学科活动中，合作学习是以问题或者是共同关心的话题作为学习情境，在其中，对学生进行分组是合作学习的前提和基础，通常采用自由分组；但教师也可以采用异质性原则对分组进行调整。合作学习的根本任务在于综合和集结自主学习中提出的问题，让个人的问题变成小组学习共同体的问题，进而分工合作收集资料，建立假设，设计验证以及最后的成果发表和经验交流都是在小组成员的协同与对话中完成。在其中教师担任引导者的角色，并在小组合作学习的主题上给予相应的指导并对其进行确认，这样的指导和确认通常采用课堂集中指导的方式展开。

（3）组织学生进行探究学习

探究性学习处于新课改以来所提倡的教学方式的核心位置，同时需要学生花费大量精力。有学者认为的探究教学具有一个典型的模型，并把这个典型的探究教学模型分为五个具体的阶段，即形成问题、建立假设、设计验证、表达交流、推广应用五个阶段，这五个阶段紧密联系，周而复始，形成永无止境的探究教学"环"。课题确立过程也是各小组具体问题形成的过程，继而按照建立假设、设计验证、表达交流、推广应用的步骤依次展开。在其中，教师应起到维持各个小组探究的持续性和有效性的作用，教师的这种探究教学的监控行为主要通过与各小组长联络、了解研究进展或者开展课题研究中期检查等方式来进行。

（三）因需而变的教学过程

有了智慧型的教师和主动学习者的学生，要实现获得和参与教学价值取向的融合，使和合生一策略下的"知参守获"与"知获守参"的能动状态能够有效运行的条件还是不够。教师和学生是在特定的教学情境中进行互动，依据需要对教学价值取向进行变化，这就需要一个变化着的教学过程。同时"知参守获"与"知获守参"的能动状态，之所以是能动的原因在于在"核心素养"的统整下，学科知识获得和学科活动参与会不停地转换，师生也会随着这种转换产生不同的需要，这个需要就是引起能动状态发生变化的动力，而教学价值取向的变化又会联动教学过程的变化，因此，因需而变的教学过程是实现和合生一融合策略的重要保障和条件。

1. 教学过程变化的前提

主动调整价值主体与价值客体之间的关系，并使之朝着更有利于主体价值追求的方向变化需要智慧的存在；然而这种主体智慧下的主动调整并不是一种强加，而是在一定的规律作用下发生于实践之中。获得和参与教学取向存在着巨大差异，同时两者之间均存在着优势和不足，正因为如此就需要在教学活动之中，将两者进行和合从而产生"知参守获"与"知获守参"的能动状态，教学过程也随之产生变化。在进行教学过程变化时需要考虑以下几个前提条件：

（1）认清学科知识获得的基础性作用

获得教学价值取向作为传统教学文化的核心，存在并延续于教学活动之中有着其内在的合理性，将作为间接性经验的学科知识直接传递给学生能够在短时间内将大量知识传递给学生，能够为学生参与学科活动等奠定良好的基础，例如诗歌、历史事件、名言等。无论我们采用什么样的教学方法，始终是为了让学生"记住"和理解。实际上，我们应该承认，如果学生无法牢记这种必要的知识点，理解也是空谈，也谈不上学生自己在生活情境中的体验。所在"知参守获"与"知获守参"的能动中，首先强调学生作为学科知识获得者的一面，因为学习共同体的所有活动都需要一个共同的学科知识基础作为话语背景，以便在其中能够通过不断的对话而产生出更多的学习共同体的新知识，这样才能使学生能够在学习共同体中通过行为的参与去体验，并养成学科思维和行为。那么"知参守获"与"知获守参"的能动首先需要学生获得学科知识，然而传递多少知识给学生，智慧型教师需采用获得教学价值取向在教学活动中来把握，太少不能形成作为话语背景的共同的知识基础，太多则激发不起学生进行自主、合作、探究学习的兴趣。但总体来说，先行获得一定的学科知识仍然是进行"知参守获"与"知获守参"能动，从而引起教学过程变化的前提条件，这也是由提升学生"核心素养"和促进学生全面发展的需求所决定。

（2）获得到参与、参与到获得切换的时机把握

虽然学科知识获得具有基础性作用，但是如果不及时切换到学科活动参与就会重新陷入获得教学价值取向的藩篱。参与教学价值取向在学科活动教学中具有明显的优势，可以使教学回到生活世界，用学科思维和行为去发现、分析和解决问题；用探究、对话、合作等教学方式展开教学，能够激发学生的兴趣、学习动机以及求知欲等。但是当一定时空阶段学生掌握了学科思维和能进行学科行为之后，学生的核心素养得到提升，而这时教学活动又需要重新切换到获得教学价值取向，以便学生能够获得新的学科知识，进而参与更高层次的学科活动。如此反复才能不断提升学生的"核心素养"，使学生变得更具个性和

创造力，那么把握两种教学价值取向的切换时机就变得尤为重要。

教师在让学习共同体具有了一定共同基础知识这一需求得到满足之后，就应该由知识的传授者转变为活动的组织者，让学生能够在学习共同体内进行自主、对话、合作以及探究学习。在这里教学过程需要由获得教学价值取向的规定性转向参与教学价值取向的规定性，从而教学过程也随之切换。在一个共同话题或问题具有共识或解决之后，新的教学任务需要新的学科知识注入，如果任由参与教学价值取向的规定性控制教学过程，则可能会发生丧失学科味等教学乱象和失范，从而又重新陷入参与教学价值取向的藩篱，那么此时就应该转向获得教学价值取向，重拾一定学科知识获得的基础性作用。

综上所述，依据需要进行教学过程的变化的另一个重要条件是把握住获得教学价值取向和参与教学价值取向切换的时机，教学价值取向的转化随之带来教学过程的变化，而这一切又对立统一于提升学生"核心素养"和促进学生全面发展的需要中。

（3）对教学情境特征的分析和认识

教学是在特定的时空中完成相关教学任务的实践性活动，由于其对象的复杂性以及教学主体之间互动作用的无限可能性，使其具有复杂变化着的场域的特征，在进行获得到参与，参与到获得的切换以变化教学过程时，特定时空教学情境中的各个教学要素需要认真的分析和认识，以保证有充足的教学条件来保证教学过程的变化。总之特定的教学情境中变化教学过程需要随时变化并做到随机适应。

2. 教学过程变化的策略

获得和参与教学价值取向的融合所生成的"知参守获"与"知获守参"能动的实现得益于"核心素养"统整下不断变化的教学过程，同时智慧型教师与作为主动学习者的学生的具体交往互动行为也通过变化的教学过程得以体现。而整个教学过程所密切涉及的要素包括教学目标、教学内容、教学对象以及教学事件等。正是这些要素牵引着教师教学方式的应用，因此按照需求变化的教学过程的具体实施策略包含以下几个方面：

（1）依据课堂教学目标变化而变化的策略

新课改以来所提倡的三维教学目标旨在提升学生的"核心素养"和促进学生的全面发展，而三维目标具体落实于整个教学活动中，对于每一节课而言不可能将其全部实现，只会以其一维或二维定为具体的课堂教学目标。确定后的课堂教学目标为教学活动的开展指明方向，这一方向同时也为和合生一策略下"知参守获"与"知获守参"的能动指明方向。比如在实际的教学中，该堂课到底是为了实现知识与技能目标、过程与方法目标，还是情感态度价值观目标抑或是一个复合目标则会产生不同形式的能动，以知识和技能目标来说，该堂课主要应该采用获得教学价值取向为主，同时应该把握好"知参守获"的意蕴，为后续参与教学价值取向的介入和开展创造必要的条件。

（2）依据教学内容的变化而变化

教学内容直接受教学目标影响，实现不同的教学目标必然选择不一样的教学内容。新课改以后，强调教师即课程的观点，也就是教师在组织教学内容时，已经将教学内容实施结合在其中进行考虑，真正呈现在教学实践中的教学内容注入了教师的创造性。而这个创造性又体现在：教师会根据教学内容的不同而结合相应的教学价值取向，以此来组成新的教学内容体系。比如教学内容为某一首诗歌的学习，首先需要用获得教学价值取向使得学生能够诵读诗歌，再采用参与教学价值取向结合生活让学生体会其中的意境，再由学习共同体通过对话的方式对各自的理解进行讨论等。对于相同的教学内容在"知参守获"与"知获守参"的能动状态中，选择获得为主还是参与为主，其所达到的教学效果会截然不同，那么分析教学内容内涵于三维教学目标的那一个维度就显得尤为重要。上例所提到的某一诗歌的教学，能够诵读是知识与技能目标，体会意境、对话、理解是情感态度与价值观目标。因此，对教学内容的深入分析进而依据教学内容的变化选择获得或参与教学价值取向，并由此变化教学过程显得尤为重要。

（3）依据教学对象变化而变化

这里的教学对象主要是指学生。需要强调的是：这里并不是否认学生的主体地位，也不是坚守教师的权威地位。之所以强调在教学过程中关注教学对象的差异和变化，恰恰是为了彰显学生的主体地位，为了促使学生成为主动学习者和为了使教师能够成为智慧型教师。因为学生具有差异性，不同年级、不同性别、不同性格的学生都会体现出不同的学习方式需求。在教学过程中，应当尽量考虑不同教学对象的需求，在获得和参与教学价值取向融合下的"知参守获"与"知获守参"能动状态中选择最有利于学生发展的教学要素组合，比如对于低年级的学生，因其自身所掌握的学科知识较少，更多时候应该倾向于获得教学价值取向，为其打下坚实的学科知识基础。

（4）依据教学事件的发生而变化

教学事件是组成整个教学活动的基本单元，在教学过程中，教师对每个教学事件的处理能力直接影响着教学效果，教师对这些教学事件的处理也彰显出教师的教学智慧，而认真组织每个教学事件的发生与发展则直接影响着教学方式的有效程度。但是教学事件又极其复杂和具有不确定性，除了教师设置的基本教学事件之外，教学中还会发生许多意想不到的突发事件，对突发事件的处理则更多取决于教师的智慧，从更高层面上来讲，取决于教师的教学价值取向。

如果教师单一坚持获得教学价值取向，那么突发教学事件将被视为教学活动中的噪声，而将教学突发事件搁置一边，并继续自己的讲授教学。如果教师所持有的是参与教学价值取向，其强调的是学生行为在教学活动中的参与，强调师生通过对话、合作、探究等对问题的解决，则会将教学突发事件视为一种推动教学过程开展的教学资源。

那么，"核心素养"统整下和合生—策略中，对待教学事件的发生也应该采用一种能动状态，即把其看成一种噪声，又把其看成一种教学资源，视其具体的性质结合获得和参与教学价值取向处理教学事件的方式而灵活处理，教学过程也随之变化。具体而言，在获得学科知识的教学活动中，教学过程不应该被突发事件打断；而在参与学科活动中则需要根据突发事件的具体情况而对教学过程做出调整。

后　记

　　基础教育到高等教育的新一轮的教育教学改革的教学目标、教学过程、教学方式、教学评价等均发生了很大的变化，这些变化从本质上说是教学文化的变化。随着社会的发展，掌握基本知识和技能的人才已经不适应时代的需要，学生的创新实践能力在当下被提到一个前所未有的高度，这就需要教育教学进行相关的调整和改变。正是在这样的背景下将教学的中心从重视"知识获得"向注重"学生参与"转移，而两者分别代表着不同的教学文化。任何文化的交替都难免发生冲突，同样在两种教学文化变迁过程中必然引发冲突，这样的冲突不仅表现在教学理论研究领域，同时也表现在教学实践领域；而从本质上说两种教学文化冲突集中表现为教学价值取向的冲突，也即是获得和参与教学价值取向的冲突。这样的冲突使得教学主体迷茫、困惑、痛苦，进而造成了教学活动的失范，影响教育教学改革的进一步深入开展。本书围绕获得和参与教学价值取向展开研究，提出了融合两种教学价值取向的具体策略，取得了以下一些成果：

　　其一，借用库恩的范式理论将教学理论研究和教学实践中的两种倾向归纳为获得教学价值取向和参与教学价值取向，并对两种教学价值取向进行了界定。

　　其二，以文化学为视角对获得和参与教学价值取向进行分析，分别阐明了其价值层面、思维层面以及行为层面的具体表征；在此基础上研究了两种教学价值取向在教学理论研究和实践中所表现出来的教学目标观、教学方式观、教学过程观、教学评价观以及师生关系观等，从而在理论上形成了对获得和参与教学价值取向的全面认识，把握了其质的规定性。

其三，理论上厘清在获得和参与教学价值取向的基础上将视线转向教学实践领域，通过问卷调查以及访谈等方式对现实存在的获得和参与教学价值取向冲突进行了透视。并对现实存在的冲突进行了理论研究，在研究获得和参与教学价值取向优缺点的基础上提出了两者从冲突走向融合的观点。

其四，以"核心素养"概念统整"获得"和"参与"为基石，在中国传统和合智慧的启迪下，应用和合生一策略实现获得和参与教学价值取向的融合，探讨了两者在和合生一策略下价值层面、思维层面以及行为层面的融合，并描述了获得和参与教学价值取向融合后所生成的"知参守获"和"知获守参"能动状态在教学目标观、教学方式观、教学过程观、教学评价观以及师生关系观中的具体表现。最后提出了获得和参与教学价值取向融合的保障条件。

以获得教学价值取向为核心的传统教学文化向以参与教学价值取向为核心的新的教学文化转变，符合社会和时代发展的趋势，同时也是学生在新的社会趋势下实现全面发展的必然要求。但是当我们注重学生在教学活动中的行为参与时也不能简单地认为知识获得就不再重要。恰恰相反，知识的获得和行为的参与对学生的全面发展而言，正好犹如一枚硬币的两面，两者共同促进着学生的全面发展。在从获得到参与教学文化的转变中，一方面我们不能固守传统拒绝改革，另一方面我们也不能对传统全面舍弃，而是要在传承传统教学文化的基础上对其进行超越，在融合两种教学文化的基础上进行转变。

本书厘清了教育教学改革前后的以获得和参与教学价值取向为核心的两种教学文化，并从文化学的角度探明了当下教学研究领域和教学实践领域的两种教学价值取向冲突的实质，再用"核心素养"概念统整两种教学价值取向，进而基于和合智慧提出了融合两者的策略，希望能够起到抛砖引玉的作用，借此促进教学研究领域和教学实践领域的研究者的合作，一起共同正视当下教学文化冲突所引起的教学失范问题，并进行更多的相关研究来很好地解决这种冲突。本书还未深入到两种教学文化融合后相关教学模式、策略以及教学设计等研究领域，同时也还没有深入到高等教育中的具体学科和专业的教学。希望能够通过本书的抛砖引玉引出更多的相关成果，满足社会经济发展对于创新型人才培养的需求。

参考文献

一、中文著作类

[1] 埃德加·莫兰.复杂性理论与教育问题［M］.陈一壮,译.北京：北京大学出版社,
2004.

[2] 保罗·霍普.个人主义时代之共同体重建［M］.沈毅,译.杭州：浙江大学出版社,
2010.

[3] 北京大学哲学系外国哲学史教研室.古希腊罗马哲学［M］.北京：商务印书馆,
1982.

[4] B.S.布卢姆,等.教育评价［M］.邱渊,等,译.上海：华东师范大学出版社,1987.

[5] 杰罗姆·布鲁纳.教育的文化：文化心理学的观点［M］.宋文里,译.台北：远流
出版公司,2001.

[6] 布鲁斯·乔伊斯.教学模式［M］.荆建华,等,译.北京：中国人民大学出版社,
2011.

[7] 车文博,等.西方心理学史［M］.杭州：浙江教育出版社,1998.

[8] 陈章龙.冲突与建构——社会转型时期的价值观研究［M］.南京：南京师范大学出版社,
1997.

[9] 约翰·杜威.民主主义与教育［M］.王承绪,译.北京：人民教育出版社,2001.

[10] 约翰·杜威.我们怎样思维·经验与教育［M］.姜文闵,译.北京：人民教育出版社,

2005.

[11] 约翰·杜威.学校与社会·明日之学校［M］.赵祥麟,等,译.北京:人民教育出版社,

1994.

[12] 恩斯特·卡西尔.人论［M］.甘阳,译.上海:上海译文出版社,2004.

[13] 方展画.罗杰斯"学生为中心"教学理论述评［M］.北京:教育科学出版社,1990.

[14] 斐迪南·腾尼斯.共同体与社会［M］.林荣远,译.北京:商务印书馆,1999.

[15] 冯忠良.智育心理学［M］.北京:教育科学出版社,1981.

[16] 弗.布罗日克.价值与评价［M］.李志林,盛宗范,译.北京:知识出版社,1988.

[17] 戈布尔.第三思潮:马斯洛心理学［M］.吕明,等,译.上海:上海译文出版社,

2006.

[18] 顾明远.教育大辞典·教育心理学［M］.上海:上海教育出版社,1990.

[19] 赫尔巴特.普通教育学·教育学讲授纲要［M］.李其龙,译.北京:人民教育出版社,

1989.

[20] 黄甫全.新课程中的教师角色与教师培训［M］.北京:人民教育出版社,2003.

[21] 靳玉乐.课程论［M］.北京:人民教育出版社,2012.

[22] 靳玉乐.新课程改革的理念和创新［M］.北京:人民教育出版社,2006.

[23] 克莱德·伍兹.文化变迁［M］.何瑞福,译.石家庄:河北人民出版社,1989.

[24] 孔企平.数学教学过程中的学生参与［M］.上海:华东师范大学出版社,2003.

[25] 夸美纽斯.大教学论［M］.傅任敢,译.北京:人民教育出版社,1984.

[26] 任钟印.昆体良教育论著选［M］.北京:人民教育出版社,2001.

[27]W.A.拉伊.实验教育学［M］.沈剑平,瞿葆奎,译.北京:商务印书馆,1996.

[28]J.莱夫.情景学习:合法的边缘性参与［M］.王文静,译.上海:华东师范大学出版社,

2001.

[29] 兰久富.社会转型时期的价值观念［M］.北京:北京师范大学出版社,1999.

[30] 李秉德.教学论［M］.北京:人民教育出版社,2001.

[31] 李德顺.价值论［M］.北京:中国人民大学出版社,2007.

[32] 李德顺.新价值论［M］.昆明：云南人民出版社，2004.

[33] 李森.课堂教学创新策略研究［M］.重庆：西南师范大学出版社，2008.

[34] 李森.现代教学论纲要［M］.北京：人民教育出版社.2005.

[35] 李长吉.教学价值观念论［M］.兰州：甘肃教育出版社，2004.

[36] 联合国教科文组织国际教育发展委员会.学会生存——教育世界的今天和明天［M］.北京：教育科学出版社，1996.

[37] 邬焜.信息认识论［M］.北京：中国社会科学出版社，2002.

[38] 刘宏武.主动参与教学模式［M］.北京：中央民族大学出版社，2004.

[39] 露丝·本尼迪克特.文化模式［M］.王炜，译.北京：生活·读书·新知三联书店，1988.

[40] 罗素.西方哲学史（下卷）［M］.马元德，译.北京：商务印书馆，2015.

[41] 马克思.马克思恩格斯全集（第1卷）［M］.北京：人民出版社.1972.

[42] 中共中央马克思恩格思列宁斯大林著作编译局.马克思恩格斯全集（第26卷）［M］.北京：人民出版社，1961.

[43] 麦丁斯基.世界教育史［M］.叶文雄，译.北京：五十年代出版社，1952.

[44] 孟宪承.中国古代教育史资料［M］.北京：人民教育出版社，1961.

[45] 皮亚杰.发生认识论原理［M］.王宪钿，译.北京：商务印书馆，1981.

[46] 皮连生.教育心理学［M］.上海：上海教育出版社，2005.

[47] 齐格蒙特·鲍曼.共同体［M］.欧阳景根，译.南京：江苏人民出版社，2003.

[48] 瞿葆奎.教育学文集·教育研究方法［M］.北京：人民教育出版社，1988.

[49] 阮青.价值哲学［M］.北京：中共中央党校出版社，2004.

[50] 让-保罗·萨特.存在主义是一种人道主义［M］.周煦良，译.上海：上海译文出版社，1988.

[51] 沈灌群.中国古代教育和教育思想［M］.武汉：湖北人民出版社，1956.

[52] 施良方，崔永漷.教学理论：课堂教学的原理、策略与研究［M］.上海：华东师范大学出版社，1999.

[53] 施良方. 课程理论——课程的基础、原理与问题 [M]. 北京：教育科学出版社，
    1996.

[54] 施良方. 学习论 [M]. 北京：人民教育出版社，2001.

[55] 赫·斯宾塞. 斯宾塞教育论著选 [M]. 胡毅，王承绪，译. 北京：人民教育出版社，
    2005.

[56] 田本娜. 外国教学思想史 [M]. 2 版. 北京：人民教育出版社，2002.

[57] 田慧生，李如密. 教学论 [M]. 河北：河北教育出版社，1996.

[58] 托马斯·库恩. 科学革命的结构 [M]. 金吾伦，胡新和，译. 北京：北京大学出版社，
    2003.

[59] 汪民安，等. 后现代性的哲学话语——从福柯到赛义德 [M]. 杭州：浙江人民出版社，
    2000.

[60] 王策三. 教学认识论 [M]. 北京：北京师范大学出版社，2002.

[61] 吴杰. 外国现代主要教育流派 [M]. 长春：吉林教育出版社，1989.

[62] 吴效锋. 新课程高效教学 [M]. 沈阳：辽宁大学出版社，2006.

[63] 武杰. 跨学科研究与非线性思维 [M]. 北京：中国社会科学出版社，2004.

[64] 徐学福. 教学论 [M]. 北京：人民教育出版社，2012.

[65] 闫祯. 参与式教学活动的设计与实施 [M]. 西安：陕西师范大学出版社，2006.

[66] 叶澜. 教育概论 [M]. 北京：人民教育出版社，2006.

[67] 袁贵仁. 价值学引论 [M]. 北京：北京师范大学出版社，1991.

[68] 约翰·D. 布兰思福特. 人是如何学习的——大脑、心理、经验及学校 [M]. 程可拉，
    孙亚玲，王旭卿，译. 上海：华东师范大学出版社，2002.

[69] 瞿葆奎. 教育学文集·教育目的 [M]. 北京：人民教育出版社，1989.

[70] 张岱年. 张岱年全集（6）[M]. 石家庄：河北人民出版社，1996.

[71] 张建伟，孙宴青. 建构性学习——学习科学的整合性探索[M]. 上海：上海教育出版社，
    2005.

[72] 赵健. 学习共同体——关于学习的社会文化分析 [M]. 上海：华东师范大学出版社，

2006.

[73] 中华人民共和国教育部制定.基础教育课程改革指导纲要（试行）［M］.北京：人民教育出版社，2003.

[74] 钟启泉，等.为了中华民族的复兴为了每位学生的发展：基础教育课程改革纲要（试行）解读［M］.上海：华东师范大学出版社，2001.

[75] 朱德全.现代教育理论［M］.重庆：西南师范大学出版社，1999.

[76] 庄锡昌.多维度视野中的文化理论［M］.杭州：浙江人民出版社，1987.

[77] 佐藤学.学习的快乐——走向对话［M］.钟启泉，译.北京：教育科学出版社，2004.

二、中文期刊类

[1] 包宵林.论思维模式在认识过程中的功能机制［J］.学术界，1994（2）：8-11.

[2] 陈媛.参与性教学方法在马克思主义基本原理课程中的运用初探［J］.南方论刊，2008（10）：71-73.

[3] 陈振华.讲授法的危机与出路［J］.中国教育学刊，2011（6）：41-43.

[4] 薛焕玉.对学习共同体理论与实践的初探［J］.中国地质大学学报：社会科学版，2007（7）：1-7.

[5] 崔允漷，王中男.学习如何发生：情境学习理论的诠释［J］.教育科学研究，2012（7）：23-25.

[6] 董丽，孙海燕.多元智能理论视域下音乐教学价值取向［J］.时代文学，2009（6）.

[7] 巩在暖.知识经济时代教学应完成的基本任务［J］.外国教育研究，2000（3）：1-5.

[8] 郭法奇."学生参与"：一个历史与现实的话题［J］.高等师范教育研究，2003（3）：55-61.

[9] 郭华.新课改与"穿新鞋走老路"［J］.课程·教材·教法，2010（1）：3-11.

[10] 郭齐."和合"析论［J］.四川大学学报：哲学社会科学版，1999（2）：22-34.

[11] 郝文武.教学方式对能力发展作用的价值取向和实践整合［J］.北京师范大学学报：

社会科学版，2007（3）：15-21.

[12] 黄黎明. 知识教学：文化哲学的检讨与出路［J］. 教育学报，2009（1）：18-24.

[13] 贾英健. 经济全球化进程中价值冲突的双重效应及其调适［J］. 山东师范大学学报：
人文社会科学版，2007（3）：3-8.

[14] 黎琼锋，王坤庆. 引导选择：让教学成为丰富的价值世界［J］. 华东师范大学学报：
教育科学版，2005（4）：9-16.

[15] 李寒梅. 中学政治课程价值取向的反思与建构［J］. 课程·教材·教法，2013（4）：
85-90.

[16] 李仁武. 正确认识当代西方哲学对传统哲学的超越［J］. 云南师范大学学报：对外汉
语教学与研究版，1993（5）：20-25.

[17] 李森，杨正强. 论教师的教学方式及其变革［J］. 当代教师教育，2008（3）：33-37.

[18] 李艺，单美贤. “教师”的智慧：谈程序教学思想的兴起与归宿［J］. 电化教育研究，
2013（7）：11-16.

[19] 廖晓翔. 实践与反思：新课程的“三维目标”［J］. 教育导刊，2005（5）：19-22.

[20] 刘俊生，余胜泉. 分布式认知研究述评［J］. 远程教育杂志，2012（1）：92-97.

[21] 刘伟. 文化冲突与文化融合的哲学思考［J］. 内蒙古社会科学，1987（1）：22-26.

[22] 柳士彬. 追寻潜隐性：一种新的教学价值取向［J］. 天津市教科院学报，2004（1）：
7-10.

[23] 潘洪建. “学习共同体”相关概念辨析［J］. 教育科学研究，2013（8）：12-16.

[24] 邵迎生. 话语心理学的发生及基本视域［J］. 南京大学学报：哲学·人文科学·社会科学，
2000（5）：109-115.

[25] 沈小碚，宋秀红. 对现代教学价值观的哲学思考［J］. 西南师范大学学报：人文社会
科学版，2004（3）：79-83.

[26] 宋秋前. 教学时间的结构化多维分类研究［J］. 浙江海洋学院学报：人文科学版，
2004（2）：64-68.

[27] 孙振东. 学校知识的性质与基础教育改革的方向［J］. 教育学报，2006（2）：11-24.

[28] 田浩，葛鲁嘉.文化心理学的启示意义及其发展趋势［J］.心理科学，2005（5）：1269-1271.

[29] 王爱玲.课程改革的重要问题：关注人的整体性发展［J］.教育研究，2009（7）：40-44.

[30] 王策三."三维目标"的教学论探索［J］.教学研究与实验，2015（1）1-11.

[31] 王策三.认真对待"轻视知识"的教育思潮——再评由"应试教育"向素质教育转轨提法的讨论［J］.北京大学教育评论，2004（3）：5-23.

[32] 王春锡.人文关怀：学校教学的新价值取向［J］.当代教育科学，2003（7）：24-25.

[33] 王辉，华国栋.论差异教学的价值取向［J］.教育研究，2004（11）：41-45.

[34] 王秋梅.笛卡尔理性主义哲学透视［J］.哈尔滨工业大学学报：社会科学版，2005（4）：36-39.

[35] 王彦明.教学共同体：一种社会学的分析［J］.当代教育科学，2012（11）：13-16.

[36] 温恒福.论教学方式的改变［J］.中国教育学刊，2002（12）：42-45.

[37] 文阁.生成性思维：现代哲学的思维方式［J］.中国社会科学，2000（6）：45-53.

[38] 吴岳军.传统师生关系的透视及其现代转型［J］.现代教育管理，2010（1）：73-74.

[39] 肖正德.国外教学研究文化学取向述评及启示［J］.比较教育研究，2007（8）：28-33.

[40] 熊华军.大学教学价值取向的生存论反思［J］.大学教育科学，2008（1）：53-56.

[41] 徐学福.获得学习模型的困境与参与学习模型的转向［J］.教育学报，2014（2）：50-57.

[42] 徐学福.论探究学习的失范与规范［J］.教育学报，2009（2）：21-25.

[43] 杨季兵，李森.论教学价值观的人性理论基础［J］.江苏教育研究，2009（7）：3-7.

[44] 姚建光.参与式教学：理论建构与实证样本［J］.中国教育学刊，2011（1）：54-56.

[45] 余文森.从三维目标走向核心素养［J］.华东师范大学学报：教育科学版，2016（1）：11-13.

[46] 张华.道德的课程改革与民主的课程领导［J］.全球教育展望，2006（4）：7-12.

[47] 张健.关于教学评价功能问题的思考［J］.西北师大学报:社会科学版,1995（6）:
68-70.

[48] 张进清,蒋士会.论教学的复杂性[J].广西师范大学学报:哲学社会科学版,2010(2):
100-106.

[49] 张立文.中国文化的精髓——和合学源流的考察［J］.中国哲学史,1996（Z1）:
43-57.

[50] 张庆辉.试论人本主义心理学的教育思想及其当代价值[J].安康师专学报,2005(2):
104-107.

[51] 张铁牛,田水泉,夏志清.教学方式研究的理论探讨［J］.许昌学院学报,2004（6）:
124-126.

[52] 张晓亮,李森.课堂教学价值取向的反思与建设［J］.当代教育科学,2015（2）:
48-51.

[53] 张欣,李长吉.论教学价值观念冲突的类型与特点［J］.哈尔滨学院学报,2007（1）:
126-129.

[54] 张杨.新课改理念下的师生关系探究［J］.河南科技学院学报,2011（2）:51-53.

[55] 赵文平.教学价值研究:教学论亟需深入关注的领域[J].当代教育科学,2010(23):
17-21.

[56] 曾文婕,柳熙.获得·参与·知识创造——论人类学习的三大隐喻［J］.教育研究,
2013（7）:88-97.

[57] 钟启泉.概念重建与我国课程创新——与《认真对待"轻视知识"的教育思潮》作者
商榷［J］.北京大学教育评论,2005（1）:48-57.

[58] 周波.新课改中教学价值观的冲突与调适［J］.教育理论与实践,2009（20）:17-
18.

[59] 周宁,刘将.心理学的"语言转向"考评[J].内蒙古师范大学学报:哲学社会科学版,
2007（5）:21-25.

[60] 左璜,黄甫全.试论学习的第三种隐喻［J］.外国教育研究,2013（8）:61-70.

三、学位论文类

[1] 刘冬岩.实践智慧：一种可能的教学价值 [D].南京：南京师范大学，2006.

[2] 马志颖.教学价值观再认识 [D].银川：宁夏大学，2005.

[3] 齐丹.基于网络的学习共同体的研究与设计 [D].长春：东北师范大学，2004.

[4] 田娟.讲授法对实现教学三维目标的价值分析 [D].重庆：西南大学，2010.

[5] 熊华军.意义生成：当代大学教学价值的新取向 [D].武汉：华中科技大学，2008.

[6] 杨莉萍.社会建构论心理学的思想与理论形成 [D].南京：南京师范大学，2004.

[7] 张俊烈.教学文化变迁研究 [D].重庆：西南大学，2010.

[8] 周先进."学会关心"取向的教学价值观研究 [D].重庆：西南大学，2009.

四、英文类

[1] Anderson，J. R.，Greeno，J. G.，Reder，L. M.，Simon，H. Perspectives on Learning，Thinking，and Activity [J].Educational Researcher，2000（4）.

[2] Anna Sfard. Two metaphors for learning and the dangers of choosing one [J].Educational Researcher，1998（2）.

[3] Carroll，J，B. A model of school learning[A]. In Fisher，C.W.&Berliner，D.C. Perspectives on Instructional Time [M].New York：Long Man.1985.

[4] Charles G. Morris，Contemporary Psychology and Effective Behavior（7th Ed.）[M]. Scott，Foreman and Company，1990.

[5] Cole，M.，Engeström，Y. A Cultural-Historical Approach to Distributed Cognition [A]. Salomon，G. Distributed Cognitions：Psychological and Educational Considerations [C]. Cambridge：Cambridge University Press，1993.

[6] Colin J.Marsh. Key Concepts for Understanding Curriculum [M].London：Rout ledge Fainer，2004.

[7] David Hicks. Charles Townley， Teaching world studies： an introduction to global perspectives in the curriculum [M].New York：Longman，1982.

[8]Deborah Court. Studying Teachers' Values [M] . Cambridge : The Duckpin Publishing Group, 1993.

[9]Dudley Plunkett.Secular and Spiritual Values: grounds for hope in education [M] . London: Rutledge, 1990.

[10] H.Susan. Evidence and inquiry: towards reconstruction in epistemology [M] . Oxford, Cambridge: Basil Blackwell, 1993.

[11] Halliday. A. K. An Introduction to Functional Grammar [M] . Beijing : Foreign Language Teaching and Research Press, 2008.

[12] HANS-GEODE GADAMER. Education is Self-Education [J] .Journal of Philosophy of Education, 2001（4）.

[13] Helen Longino. Science as Social Knowledge [M] . Princeton: Princeton University Press, 1990.

[14] Hubert Dreyfus and Stuart Dreyfus. Mind Over Machine: The Power of Human Intuition and Expertise in the Era of the Computer [M] . New York: Free Press, 1988.

[15] Hubert Dreyfus. Being in the World: A Commentary on Division I of Bootlegger' s Being and Time [M] . MIT press, 1995.

[16] J.C.Pearson, P.E.Nelson. An introduction to human communication [M] . New York: Times Mirror Higher Education Group Inc, 1997.

[17] K.R.Popper. Conjectures and refutations [M] . London & Henley: Routledge and Kegan Paul, 1963.

[18] M. Polanyi. The Study of Man [M] . London : Routledge & Kegan Paul, 1957.

[19] M. B. Tinzmann, L.Friedman, S.Jewell—Kelly, P.Mootry, P.Nachtigala, nd C.Fine NCREL. Why Should Schools Be Learning communities ? [M] .Chicago: Oak Brook, 1990.

[20] Mayer R. Multimedia learning [M] .New York: Cambridge University Press, 2001.

[21] Merle B. Marks, Johanna K .Lemlech, As a Study of Values for the Metropolitan Teacher [J].

The Journal of the Association of Teacher Educators, vol. ix, 1987（3）.

[22] Newrnann F.M.student Engagement and Aehievement in Ameriean Secondary School [M] .New york：Teaehers College Press, 1992.

[23] Richard D.Van Scotter.Social Foundations of Education [M] . New Jersey：Prentice-hall Inc. 1991.

[24] Richard H. Schlagel. Contextual Realism：A Meta-physical Framework for Modern Science [M] . New York：Paragon House, 1986.

[25] Robin Alexander. Culture and pedagogy：international comparison in primary education [M] .Oxford, Blackwell Publishers, 2000.

[26] Rorty. R. Philosophy and the Mirror of Nature [M] .Princeton, NJ：Princeton University Press, 1979.

[27] Samuel Lodes. Body and World [M] . The MIT Press, Cambridge, Massachusetts, and London, England, 2001.

[28] Wenger. E. Communities of Practice：Learning, Meaning, and Identity [M] . New York：Cambridge University Press, 1998.

附 录

学生问卷

亲爱的同学：

您好！

非常感谢您在百忙之中抽出宝贵的时间接受我们的调查，为了保证研究的科学性，

请您在回答问题时，注意以下几个方面：

1. 本测验仅用于科研和论文写作，没有任何别的目的，因此你不必有什么顾虑。本

测验为匿名测验，涉及的私人问题一定会帮你保密，不会让除你以外的其他人知道。

2. 本测验没有时间限制，但对测验题不必多费时间反复考虑，只要认真阅读问题后，

实事求是地选择最符合你的实际情况的答案就可以，答案没有对错之分。

3. 本测验为正反两面，请您认真阅读每部分的指导语，认真回答，不要漏题。

您认真和真实的回答对我们的研究起到至关重要的作用。

谢谢您的合作！

一、基本信息

1. 性别：（1）男，（2）女。

2. 年级：（1）初一，（2）初二，（3）初三。

二、师生关系

1. 班级里多数学生与老师之间的互动（　　　）。

    A. 无论课堂上还是课后，都有很多交流　　　B. 仅限于课上有交流

    C. 无论课上课下，几乎无交流

2. 你认为你的老师大多属于下列哪种类型？（　　　）

    A. 民主型　　　　　　　　　B. 权威型　　　　　　　　　C. 放任型

3. 你认为老师应该是（　　　）。（可多选）

    A. 知识的传授者　　　　　　　B. 学习活动的组织者、引导者

    C. 学生的伙伴、朋友　　　　　D. 家长的代言人

三、教师的授课方式（教学方法）

1. 课堂中，教师采用小组讨论、学生教学、亲自体验或实践等环节。（　　　）

    A. 经常　　　　　B. 有时　　　　　C. 偶尔　　　　　D. 从不

2. 教学过程中，大部分教师（　　　）。

    A. 教学方法灵活，善于启发，学生有一定的自主学习时间

    B. 教学方法比较灵活，注重启发，学生自主学习的时间较少

    C. 不太注重教学方法，以讲为主，学生没有自主学习时间

3. 授课教师在教学之前会征求学生们的意见吗？（　　　）

    A. 经常　　　　　B. 有时　　　　　C. 偶尔　　　　　D. 从不

四、教师的课堂氛围

1. 同学们的课堂表现通常为（　　　）。

    A. 绝大多数学生积极参与学习过程，课堂气氛融洽热烈

    B. 多数学生参加学习过程，秩序好，课堂气氛比较融洽

    C. 只有少数学生参与学习过程，课堂气氛沉闷

    D. 几乎没有学生参与学习过程，课堂气氛沉闷

2. 在教学过程中，师生、同学之间会沟通交流、分享各种学习资源，共同完成学习任务。（　　　）

    A. 经常   B. 有时   C. 偶尔   D. 从不

3. 教学中，教师能注意运用启发式教学，鼓励学生大胆质疑、提问就探索内容进行双向交流。（　　　）

    A. 经常   B. 有时   C. 偶尔   D. 从不

4. 在课堂上或平时，当学生对某些问题的看法与老师不一致时，你觉得老师的态度怎样（　　　）。

    A. 高兴，并与学生一起交流探讨

    B. 不太高兴，但会给出解释

    C. 忽略，把学生的问题压下去

五、课堂参与度

1. 通过你的观察和了解，你认为班级学生的课堂参与情况（　　　）。

    A. 较高   B. 一般   C. 较低

2. 你认为学生课堂上积极参与对教学质量的提高是否有帮助（　　　）。

    A. 有帮助，愿意参加   B. 帮助不大，可以参加   C. 没有帮助，不愿意参加

3. 你对自己课堂上的课堂参与度的客观评价是（　　　）。

    A. 积极听课、思考、发言、参与互动交流

    B. 部分课程参与度高，另一部分很少参与

    C. 很少参与互动，经常走神或者做其他的事

4. 你积极参与课堂学习的原因是（　　　）。

    A. 教师的授课方式吸引人   B. 教师个人魅力很大

    C. 对所学课程非常有兴趣   D. 课程对自己发展有好处

    E. 迫于老师的考核方法   F. 其他同学的榜样作用

    G. 家长的要求   H. 其他

5. 你课堂参与度不高的原因是（　　　）。

    A. 老师的教学方法不太适合自己　　　　　B. 老师不关注自己

    C. 对课程有兴趣，但是上课内容比较枯燥　D. 对课程本身不感兴趣

    E. 感觉课程实用性不高　　　　　　　　　F. 其他

6. 影响你课堂参与度的原因是（　　　）。

    A. 教师的教学方法、授课方式　　　　　　B. 教师的个人因素

    C. 学生个人因素　　　　　　　　　　　　D. 课程本身的内容

    E. 课堂环境　　　　　　　　　　　　　　F. 教师考核、考试

    G. 其他

7. 课堂上喜欢参与教师布置的教学活动（　　　）。

    A. 非常喜欢　　　　　B. 喜欢　　　　　C. 一般　　　　　D. 不喜欢

8. 如果让你自己参与设计课堂上的活动，你愿意。（　　　）

    A. 非常愿意　　　　　B. 愿意　　　　　C. 一般　　　　　D. 不愿意

9. 你喜欢和其他同学一起合作完成项目。（　　　）

    A. 经常　　　　　　　B. 有时　　　　　C. 偶尔　　　　　D. 从不

六、课堂评价（三维教学目标）

1. 通过课堂学习，你基本理解和掌握教学内容准确掌握概念、内容和方法。（　　　）

    A. 总是　　　　　B. 一般　　　　　C. 偶尔　　　　　D. 极少

2. 通过教师的教学，激发了你的学习兴趣（　　　）。

    A. 总是　　　　　B. 一般　　　　　C. 偶尔　　　　　D. 极少

3. 通过课堂学习，锻炼了你独立思考的能力，学习能力和创新能力有所提高

（　　　）。

    A. 总是　　　　　B. 一般　　　　　C. 偶尔　　　　　D. 极少

4. 你认为老师平时对同学关心的方面有哪些？请按关心程度在下列选项中依次选取

4 项即可。（　　　）

A. 思想品德　　　B. 学习成绩　　　C. 学习能力

D. 身心健康　　　E. 爱好特长　　　F. 学习兴趣

再次感谢您的参与！

教师卷

亲爱的老师：

您好！

非常感谢您在百忙之中抽出宝贵的时间接受我们的调查，为了保证研究的科学性，请您在回答问题时，注意以下几个方面：

1. 本测验仅用于科研和论文写作，没有任何别的目的，因此你不必有顾虑。本测验为匿名测验，涉及的私人问题一定会帮你保密，不会让除你以外的其他人知道。

2. 本测验没有时间限制，但对测验题不必多费时间反复考虑，只要认真阅读问题后，实事求是地选择最符合你的实际情况的答案就可以，答案没有对错之分。

3. 请您认真阅读每部分的指导语，认真回答，不要漏题。

您认真和真实的回答对我们的研究起到至关重要的作用。

谢谢您的合作！

一、基本信息

1. 性别：_____　　　　　2. 教龄：_____

3. 所教学科：_____　　　　4. 所教年级：_____

二、师生关系

1. 在您所教的学生中，大多数学生与您的关系是（　　）。

    A. 亲密　　　　B. 和谐　　　　C. 有距离　　　　D. 疏远

2. 与学生相处时，您习惯呈现的角色是（　　）。

    A. 师长　　　　B. 朋友　　　　C. 父母

3. 您认为老师应该是（　　）。（可多选）

    A. 知识的传授者　　　　　　B. 学习活动的组织者、引导者

    C. 学生的伙伴、朋友　　　　D. 家长的代言人

4. 您认为好学生的主要标志是（　　　）。

    A. 对学习有浓厚兴趣，考试成绩好   B. 品行端正，行为习惯好

    C. 身心健康   D. 比较听话，很守规矩

三、教学目标

1. 在教学活动中，您更看重（　　　）。

    A. 学生知识的获得   B. 学生过程的参与

2. 教学过程中，三维教学目标中，您更侧重于哪一块目标？（　　　）

    A. 知识与技能   B. 过程与方法   C. 情感态度与价值观

3. 在教学过程中，三维教学目标中，哪一块是难点？（　　　）

    A. 知识与技能   B. 过程与方法   C. 情感态度与价值观

四、教师的教学方式

1. 您的教学设计方案通常是如何完成的（　　　）。

    A. 独自完成   B. 和其他教师共同完成

    C. 和学生一起完成   D. 其他

2. 您认为以下哪种方式对学生学习更为有效（　　　）。

    A. 教师传授   B. 自主   C. 合作   D. 探究

3. 课堂中，教师采用小组讨论、学生教学、亲自体验或实践等环节（　　　）。

    A. 经常   B. 有时   C. 偶尔   D. 从不

4. 教学过程中，您通常（　　　）。

    A. 教学方法灵活，善于启发，学生有一定的自主学习时间

    B. 教学方法比较灵活，注重启发，学生自主学习的时间较少

    C. 不太注重教学方法，以讲为主，学生没有自主学习时间

五、教师的课堂氛围

1. 课堂上，学生的表现通常为（　　　）。

　　A．绝大多数学生积极参与学习过程，课堂气氛热烈、融洽

　　B．多数学生参加学习过程，比较融洽

　　C．只有少数学生参与学习过程，沉闷

2. 教学过程中，您能注意学生反应，及时与学生进行沟通、注重双向交流，调动学生情绪，激发学生学习兴趣。（　　　）

　　A．经常　　　　　　B．有时　　　　　　C．偶尔　　　　　　D．从不

3. 教学中，您注重启发式教学，鼓励学生大胆质疑，独立思考。（　　　）

　　A．经常　　　　　　B．有时　　　　　　C．偶尔　　　　　　D．从不

六、课堂参与度

1. 您认为学生课堂上积极参与对教学质量的提高是否有帮助？（　　　）

　　A．有帮助，愿意采用　　　　　　　　B．帮助不大，可以采用

　　C．没有帮助，不愿意采用

2. 您对自己课堂上学生参与度的客观评价是（　　　）。

　　A．大部分学生积极听课、思考、发言、参与互动交流

　　B．部分学生参与度高，另一部分很少参与

　　C．很少学生参与互动，大部分学生经常走神或者做其他的事

3. 您认为影响学生课堂参与度的原因是什么？（　　　）

　　A．教师的教学方法，授课方式　　　B．教师的个人因素

　　C．学生个人因素　　　　　　　　　　D．课程本身的内容

　　E．课堂环境　　　　　　　　　　　　F．教师考核、考试

　　G．其他

七、课堂评价（三维教学目标）

1. 您评价课堂效果的标准是什么？（　　）

   A. 学生基本理解和掌握了教学内容、教学知识，随堂测验分数合格

   B. 课堂气氛活跃、秩序好，学生参与度高

   C. 激发了学生的学习兴趣

   D. 对授课教师的总体印象好

2. 通过课堂学习，学生基本理解和掌握教学内容准确掌握概念、内容和方法。
（　　）

   A. 大部分学生　　B. 部分学生　　　C. 少部分学生　　D. 极少部分学生

3. 通过教师的教学，激发了学生的学习兴趣。（　　）

   A. 大部分学生　　B. 部分学生　　　C. 少部分学生　　D. 极少部分学生

4. 通过课堂学习，锻炼了学生独立思考的能力，学习能力和创新能力有所提高。
（　　）

   A. 大部分学生　　B. 部分学生　　　C. 少部分学生　　D. 极少部分学生

5. 每一次课堂结束，您在知识、教学方法等方面有新的收获。（　　）

   A. 经常　　　　　B. 有时　　　　　C. 偶尔　　　　　D. 从不

八、其他

1. 您认为您所教学科中是否能够推行参与式教学设计？（　　）

   A. 非常合适，能　　　　　　　B. 合适，适当可以

   C. 比较合适，但不好推行　　　D. 完全无法推行

2. 您认为您的学生是否具备参与教学设计的能力？（　　）

   A. 大部分学生具备　　　　　　　　　B. 部分学生具备

   C. 少部分学生具备　　　　　　　　　D. 大部分学生不具备

3. 您认为您的学生是否愿意参与教学设计？（　　）

   A. 非常愿意　　　　　B. 愿意　　　　　C. 一般　　　　　D. 不愿意

4. 对教学设计的观点，您赞成哪些？（　　　）

　　A. 对于如何开展教学，学生拥有参与决策的权利

　　B. 参与式教学设计学不到什么东西，很可能浪费学生的时间

　　C. 参与式教学设计对提高考试成绩没有直接帮助，因而还是不开设为好

　　D. 设计教学活动是教师的事，学生没必要参加

5. 您认为开展参与式教学设计的困难有哪些，最主要的是什么？（　　　）

　　A. 考试压力

　　B. 学校物质条件、信息资料及经费的困难

　　C. 班额过大

　　D. 学校领导不支持

　　E. 教师没有开展参与式教学设计的动力

　　F. 教师教学任务重，没有时间与精力开展参与式教学设计

　　G. 教师知识、能力、水平限制

　　H. 学生没有参与意愿

　　I. 学生时间太紧，没有时间参与教学设计

　　J. 学生没有能力参与

　　K. 其他

九、开放式问题

1. 您认为参与型教学（新课标）有哪些优点？又有哪些缺点？

2. 您认为获得型教学（传统）有哪些优点？又有哪些缺点？

图书在版编目（CIP）数据

获得和参与：教学价值取向研究 / 皮永生著.－－
重庆：重庆大学出版社，2021.1
（四川美术学院学术文丛）
ISBN 978-7-5689-1974-6

Ⅰ.①获… Ⅱ.①皮… Ⅲ.①教学研究 Ⅳ.
①G420

中国版本图书馆CIP数据核字（2020）第006073号

四川美术学院学术文丛

获得和参与：教学价值取向研究
HUODE HE CANYU : JIAOXUE JIAZHI QUXIANG YANJIU
皮永生 著

策划编辑：张菱芷

责任编辑：李桂英 何俊峰 版式设计：琢字文化

责任校对：刘志刚 责任印制：赵 晟

*

重庆大学出版社出版发行

出版人：饶帮华

社址：重庆市沙坪坝区大学城西路21号

邮编：401331

电话：（023）88617190 88617185（中小学）

传真：（023）88617186 88617166

网址：http://www.cqup.com.cn

邮箱：fxk@cqup.com.cn（营销中心）

全国新华书店经销

重庆共创印务有限公司印刷

*

开本：787mm×1092mm 1/16 印张：15.25 字数：268千

2021年1月第1版 2021年1月第1次印刷

ISBN 978-7-5689-1974-6 定价：68.00元